아무도 내게 꿈을 묻지 않았다

아무도

내게

꿈을

묻지
않았다

선감학원 피해생존자 구술 기록집

오월의봄

기획 비마이너 글 하금철·홍은전·김유미·강혜민

어떤 소년의
대결

최민식의 사진집을 본 적이 있다. 한국전쟁 후 가난했던 거리의 풍경을 담은 것이었다. 며칠을 굶었을 것 같은 작은 여자아이가 길에 쪼그리고 앉아 허겁지겁 국수를 먹고 있는 모습, 한쪽 다리가 없는 남자가 외다리로 선 채 신문을 팔고 있는 모습, 비 오는 날 시장 바닥에 앉아 비닐을 둘러쓴 채 생선을 팔고 있는 아낙의 모습 등은 그 시절 춥고 배고팠던 거리의 풍경을 생생하게 기록하고 있었다. 시간 가는 줄 모르고 책장을 넘기던 나는 어떤 사진 앞에서 잠시 숨을 멈추었다. "부산, 1965"라고 적힌 사진 속에서 한 소년이 땅바닥에 납작 엎드린 채 두 손을 모으고 있었다. 구걸을 하고 있는 것이었는데, 마치 기도하는 것처럼도 보였다. 1965년 부산 어느 거리에서 최민식이 그랬을 것처럼, 졸지에 나는 내 발 아래 엎드린 소년에게 꼼짝없이 붙들리고 말았다.

나는 침을 한 번 삼키고 조심스럽게 소년을 내려다보았다. 뒤통수엔 커다란 땜통이 있었고 윗도리를 입지 않아 드러난 왜소한 등허리엔 날갯죽지가 툭 튀어나와 있다. 공손히 손을 모으기 위해 소년의 온몸이 팽팽하게 긴장해 있었다. '2019, 서울'에서도 구걸하는 사람을 보는 게 그리 어렵지 않지만, 이토록 노골적인 구걸과 이토록 적나라한 시선은 적이 낯설고 충격적이었다. 무엇보다

인상적이었던 것은 사진 옆에 쓰인 작가의 말이었다.

"가난을 뼈저리게 경험한 나에게, 가난한 사람들, 그들의 얼굴은 타인이 아닌 바로 나 자신의 얼굴이었다. 난 자신의 운명과 대결하며 씨름하고 있는 슬프고 고독한 사람의 모습을 전하고 싶었다."

구걸하는 소년에게서 '굴복'이 아니라 '대결'을 읽어내는 일, 그것은 정말로 가난을 뼈저리게 경험해본 사람만이 할 수 있는 일일 거라고 나는 생각했다. '대결'이라는 단어 때문에 나는 땅바닥에 코가 닿아 있을 소년의 얼굴이 궁금해졌다. 소년은 무슨 생각을 하고 있을까. 하루의 노동을 끝내고 무릎을 툭툭 털고 일어난 소년은 어디로 가게 될까. 최민식은 한국전쟁이라는 민족적 재난 위에 태어난 소년이 수치스러움 따위는 사치였을 자신의 운명과 싸우는 치열한 현장에 몇 푼의 동전을 던지는 일은 적절치 않다 여겼던 것 같다. 그는 카메라를 들고 소년의 준엄한 대결을 기록했고, 그것이 그가 자기 시대와 대결하는 방식이었을 것이다.

50여 년이 흘렀다. 살아 있다면 70대에 접어들었을 소년은 어떻게 되었을까. 한국 사회가 기아를 벗어나 국가를 재건하고 고

도성장을 이루었던 그 세월을 소년도 함께 무사히 통과했을까. 선감학원의 피해생존자들을 만난 후 나는 아마도 그러지 못했을 것이라고 생각하게 되었다. 그들은 '부랑성'과 '불량성'을 이유로 선감학원에 수용되었던 이들이었다. 가장 처참하게 재난을 겪었으나 복구에선 가장 먼저 배제된 사람들, 그들에게서 '모두가 가난하였지만 콩 한쪽도 나누어 먹었다'고 전해지던 그 시절의 진짜 밑바닥 이야기를 들었다. 가난을 없애는 게 아니라 가난한 사람들을 없애는 손쉬운 길을 택한 국가가 '명랑한' 사회 건설을 위해 거리의 소년들을 쓰레기처럼 청소하는 동안, 가난을 뼈저리게 경험한 사람들은 자신보다 더 가난한 이들이 당하는 폭력에 눈감았다. 먹고 사는 일이 죽기 살기로 힘들었던 시절, 사람들은 그렇게 가난에 굴복하고 말았다.

　　선감도로 끌려간 소년들은 밤낮으로 얻어맞으며 강제노역에 동원되었고, 고통을 견딜 수 없었던 소년들은 목숨을 걸고 탈출했다. 아카시아 가시덤불 속을 맨손으로 헤치며 나아갔고 굴 껍데기 위를 맨발로 뛰느라 얼굴까지 튀어 오르는 피 냄새를 맡으며 달렸다. 그렇게 자신의 운명과 대결했다. 탈출에 성공한 소년들은 다시 거리에서 신문이나 껌을 팔았지만 경찰은 집요하게 그들을 쫓왔다. 소년들이 또다시 붙들려간 곳들은 모두 간판에 복지와 교육을 내걸고 있었는데, 이를테면 형제복지원이나 삼청교육대 같은 곳이었다. 소설보다 더 극적이고 드라마보다 더 막장이며 영화보다 더 스펙터클이 넘치는 이 이야기가 선감학원 피해생존자들의 인생 위에 비슷한 패턴으로 반복된다는 것은 그들의 피해가 얼마나 국가적이고 조직적이었는지를 보여준다. 그것이 바로 그 시대 가난의 지도일 것이다.

우리 네 명의 기록자는 1982년 선감학원이 폐쇄될 즈음 태어났다. 가난을 뼈저리게 경험한 세대가 아닌 우리에게 그 지도는 고고학적 유물처럼 낯설고 충격적이어서 신비로울 지경이었다. 어떻게 그런 폭력이 가능했을까. 마치 사라진 시대의 전설을 듣듯이 그들의 이야기에 흠뻑 빠져서 듣다가 아연해지는 순간들이 있었다. 요약된 설명엔 선과 악이 명확해서 잡고 잡히는 사람, 가두고 갇히는 사람, 때리고 맞는 사람들만 보였다. 그러나 그들 한 사람 한 사람의 이야기를 따라가다보니 이 폭력을 떠받치고 있는 수많은 평범했던 사람들의 얼굴이 드러나는 것이었다. 죽을힘을 다해 헤엄쳐온 소년을 신고해서 밀가루 한 포대와 바꾸는 사람과 자신의 낙지잡이 배에 태워 부려먹는 사람, 구걸하는 아이의 쪽박을 깨는 사람, 배가 고파 건빵을 훔쳐 먹은 소년을 퇴학시켜서 배움의 기회를 영영 끊어버린 교사, 고아라는 이유로 업신여기고 냉대했던 동료들, 출소자들이 마을에 들어오는 것을 반대하는 주민들…… 그리고 그 끝엔 '무고한 피해자'라 여겼던 구술자가 '범죄자'가 되어 나타났을 때 자신도 모르게 한 발짝 뒷걸음질 치던 우리 자신의 모습이 있었다. 그리하여 이 전설에서 우리 역시 자유로울 수 없음을 깨닫고 모든 이야기를 처음부터 복기하게 되는 일, 기록자들에게 일어났던 그 강렬했던 체험이 부디 독자들에게도 일어날 수 있기를 진심으로 바란다. '2019년 한국'에는 장애인과 가난한 사람들을 수용하는 수많은 시설들이 여전히 존재하고 있기 때문이다.

소년들이 밤바다를 헤엄친다. 갯벌은 광활하고 물은 순식간에 불어나며 수렁은 보이지 않아서 더욱 깊고 공포스럽다. 한 아이가 포기하고 돌아가면서 울었다.

"너네는 죽지 말고 꼭 성공해라."

뒤에 가던 소년도 무서워서 엉엉 울었다. 소년들의 나이 고작 열셋이었다. 죽을힘을 다해 헤엄치던 소년이 작은 섬마을로 떠밀려오는 것을 멀리서부터 지켜보고 있던 어민들이 있었다. 포기하고 돌아간 소년은 죽었는지 살았는지 알 수 없고, 탈출에 성공한 소년은 어민들에게 붙잡혀 1년 동안 굴양식에 부려졌다. 수십 년이 흘러 노년에 접어든 소년들은 선감학원의 진상규명과 국가의 사과를 요구하고 있다. 평생 국가의 추격으로부터 달아나야 했던 사람들은 방향을 바꿔 일생일대의 대결을 시작했다.

선감도에서 희생된 소년들에게 애도의 마음을, 귀한 증언을 해준 피해생존자분들께 존경과 연대의 마음을 전한다. 그들의 곁에서 아픈 기억을 기록하고 함께 싸우고 있는 안산지역사연구소 정진각 소장님께도 깊은 고마움을 전한다. 이 기록이 선감학원의 진상규명에 작은 도움이 되길 바란다.

기록자들을 대신해 홍은전 씀

일러두기

본문에서 언급되는 '사舍'는 선감학원 내의 기숙사 건물을 지칭한다.
각각의 기숙사 건물은 세심사, 각심사, 성심사 등으로 불렸다. 각 사는
군대 막사처럼 여러 개의 방으로 나뉘어 있었고, 한 방에서 25~30명
정도의 아동이 함께 생활했다. 각 사와 각 방에는 '사장'과 '방장'이
임명되어 생활 감독 및 규율 등을 책임졌다.

1부

수렁에
빠진
소년들

살기 위해 돌멩이를 들었다

김성민(가명) 구술
홍은전 글

죽었다는 아이들은 그래서 죽었을
거예요. 도망가다 죽은 애들이
많다는 소문을 들었거든요.
물에 닿았을 때는 몸에 힘이 다
빠져서 조금도 못 움직일 정도로
지쳐 있었으니까 조금만 더 힘이
빠졌더라면 그대로 떠내려갔을
거예요. 그럼 죽는 거죠.

2017년 5월 27일 경기도 안산시 선감도에서 열린 희생자 추모제. 죽은 아이들이 묻혀 있는
야산에 아이들을 상징하는 종이 인형이 세워져 있다. ⓒ 비마이너

소년의 부모는 빚을 지고 피신을 다녔다. 1963년 소년이 열세 살 되던 해, 가족은 평택 어느 개울가 옆에 다 허물어져가는 집을 짓고 살았다. 돈 벌 재주가 없는 소년에게 부모님은 구두통을 하나 만들어주었다. 소년은 그것을 들고 나와 구두를 닦았다. 쉽지 않은 그 시간도 오래가지 못했다. 3일째 되던 날 경찰에게 붙들려 선감학원에 들어갔기 때문이다.

내가 김성민에게 전화를 걸어 인터뷰를 요청한 것은 그로부터 54년이 흐른 2017년 2월이었다. 내 손엔 그가 경기도청에 찾아가 직접 쓴 선감학원 피해자 신고서가 들려 있었다. 1951년생인 김성민은 1963년 경찰에게 끌려가 강제로 선감학원에 입소되었고 2년 후 탈출했다고 적혀 있었다. 어디에서 인터뷰를 하는 게 편하겠느냐고 묻자 그가 자신의 집이 좋다고 대답했다. 그 연배의 노인들처럼 카페 같은 공간이 익숙지 않은가보다 생각한 것도 잠시, 그가 집 주소를 불러주며 "어플

보면서 찾아올 수 있죠?"라고 말하자, 나는 그가 그 연배답지 않게 스마트하다고 생각을 바꾸었다. 붉은 벽돌의 다세대주택이 늘어서 있는 서울 중화동의 한적한 동네 1층에 그의 집이 있었다. 혼자 사는 살림은 단출했고 집 안은 조금 어두웠지만 단정하고 따뜻했다.

짧은 소개를 마친 후 자리에 앉자마자 김성민은 어떤 이야기를 풀어놓기 시작했다. 그것이 선감도를 탈출하던 밤의 이야기였음은 그의 말을 한참 더 듣고 난 후에야 알았다. 어디에서부터 말해야 할지 모르지만 뭔가 이야기해야 한다는 의무감에 떠밀린 사람처럼 그는 허겁지겁 말을 이어갔다. 그렇게 10분 정도 흘렀을까. 그가 갑자기 이야기를 멈추었다. 갯벌을 건너다가 경비들에게 붙잡힌 열다섯 살의 김성민이 원생들에게 '다구리'(집단 구타)를 당했던 순간에서였다. 가슴속에서 왈칵 게워져 나온 뜨거운 것을 다시 삼켜보려고 안간힘을 쓰던 그는 결국 아이처럼 울음을 터뜨리고 말았다.

"나는 힘들게 살아서…… 눈물이 다 말라버린 줄 알았어요……"

아이처럼 우는 노인 앞에서 나는 어쩔 줄 몰랐다. 그 모습을 똑바로 쳐다볼 수도 없었고 그렇다고 쳐다보지 않을 수도 없었다. 어떤 기억은 정말 뼛속에 각인되는 것일까. 그렇지 않다면 열다섯 살 소년은 그동안 어디에 숨어 있다가 52년의 세월을 뚫고 이렇듯 생생한 모습으로 나타났을까. 잊힌 줄 알았던 소년을 불러낸 것이 후회스러웠는지 김성민은 깊은 한숨을 내쉬며 말했다.

"이거, 괜한 짓을 한 거 아닌가 모르겠네요."

나는 마음속으로 이미 인터뷰를 단념하고 집으로 터덜터덜 돌아가는 내 모습을 상상하고 있었다. 그런 내 마음을 붙들 듯이 그가 이내 눈물을 닦았다.

"그래도 억울한 건 억울한 거야."

김성민은 이 문장을 지팡이 삼아 '끄응' 하고 일어서듯 말했다. 그러고는 한층 차분해진 어조로 이야기를 이어가기 시작했다. 실컷 두드려 맞은 열다섯의 소년이 눈물을 쓱쓱 훔치고선 다시 힘차게 갯벌을 헤치고 걸어가기 시작했다.

조금만 더 힘이 빠졌다면 죽었겠죠

"두어 번 도망치다가 붙잡혔어요. 갯벌 건너가기가 무척 힘들었어요. 발이 푹푹 빠지는 데다 사방에 아무것도 없으니까 도망치는 모습이 다 보이잖아요. 도망가는 족족 잡히지 않을 수가 없었어요. 잡히면 엄청 맞죠. 한 사솔에 방이 여러 개 있고 그 앞에 복도가 있었어요. 도망가다 잡힌 아이가 있으면 원생들을 복도 양옆에 주욱 늘어서게 해요. 그러고는 그 애가 지나가면 무조건 때리라고 하는 거예요. 잡힌 애한테는 그 복도를 몇 번 왕복하라고 시켜요. 세 번이면 세 번, 네 번이면 네 번. 잡힌 애가 팔로 얼굴을 가리고 몸을 잔뜩 웅크리고 지나가면, 보통 아이들은 때리는 척만 하지 그렇게 세게는 못 때리는데, 방장이나 사장은 그것도 조그만 권력이니까, 앞에서 발로 들고차버려요. 그러면 뒤로 나자빠지죠. 왕복은커녕 한 번도 통과하기가 어려워요. 일명 '다구리'라고 하죠.

어느 날 한 친구가 도망가다가 잡혀서 다구리를 맞고 누워 있었어요. 걔는 세 번째쯤 잡혔던 것 같아요. 잔뜩 맞아서 훌쩍훌쩍 울고 있었어요. 내가 다가가서 '이번에는 나랑 도망갈래?' 하니까, 그렇게 맞고서도 대번에 '그러자'고 해요. 그래서 일단 밖으로 나왔죠. 제가 있었던 곳은 성심사였는데, 그 앞에 작은 길이 나 있었고, 그 아래 커다란 하수구가 있었어요. 산에서 내려오는 맑은 물이 흘렀어요. 눈에 띌까봐 일단 그 안에 숨긴 했는데 아카시아가 잔뜩 있어서 더는 들어갈 수가 없었어요.

조금 있으니까 위에서 '야, 누구누구 없어졌다!' 하는 소리가 들리더니 경비들이 모이기 시작했어요. 경비들도 다 원생이에요. 나이가 네다섯 살 더 많은 원생들. 어린 나이에도 생각하기를, 경비들이 다 모여서 사방으로 배치되어 흩어지기 시작하면 도저히 빠져나갈 방법이 없겠더라고요. 지금이 아니면 안 되겠다 싶어서, 아카시아 가시에 찔리면서도 앞으로 막 밀고 나갔어요. 잡혀서 맞는 게 더 무서운 일이니까. 그렇게 얼마쯤 헤치고 가니까 하수구 끝에 갯벌이 쭉 펼쳐져 있었어요.

갯벌을 한참 힘을 써서 걸어갔어요. 다행히 경비들이 쫓아오진 않았어요. 그리고 바다를 헤엄쳤죠. 물때 같은 것도 계산 없이 나왔는데 다행히 물이 빠졌을 때였어요. 그런데 물살이 셌어요. 그 바다가 제 기억으로는 100미터, 혹은 150미터 정도 거리가 아닌가 싶어요. 가까운 거리처럼 보이는데도 그걸 건너기가 그렇게 힘들었어요. 닿을 듯 안 닿고 닿을 듯 안 닿고. 대부도에 도착했을 때는 우리가 예상했던 것보다 더 아래쪽 지점에 도착했더라고요. 물살에 휩쓸려 그만큼 떠내려간 거죠.

헤엄칠 때 바닷물에 옷이 다 떠내려가서 둘 다 발가벗고 있었어요. 어느 집에 널려 있던 빨래를 걷어서 입었어요. 이제 쫓아오는 사람이 없어서 숨을 좀 돌릴 수 있었죠. 그랬더니 슬슬 배가 고프더라고요. 고구마나 토마토 같은 걸 따서 먹으면서 갔어요. 고구마를 캐면 손가락 두 마디 정도로 아주 작았어요. 토마토도 아직 익지 않은 파란 것들이 매달려 있었고요. 아마도 5월쯤이지 않을까 싶어요.

인천으로 나가는 배가 대부도에선 없고 선재도에서 있다고 알고 있었어요. 그러니까 대부도 끝까지 가서 다시 선재도로 헤엄쳐 가야 했어요. 낮에는 밭이나 숲에 숨어 있다가 밤이 되면 살살 움직였어요. 주민들한테 붙잡힐까 무서워서 많이씩은 못 갔어요. 도망친 애들을 잡아다 주면 주민들한테 밀가루 한 부대씩을 줬거든요. 옛날 사람들은 순진해서 그랬는 지, 아무리 '부랑아'라고 해도 그 작은 아이들이 질이 나쁘면 또 얼마나 나쁠 거라고, 무조건 잡아다 줬어요. 저는 도망칠 때 마다 경비들한테 붙들렸지만 주민들한테 잡혀오는 아이들도 많았어요.

대부도를 가로질러 가는 데 일주일 정도 걸렸어요. 똑 바로 간다고 갔는데, 모르겠어요, 똑바로 갔는지, 지그재그로 갔는지. 대부도 끝에 도착하니까 바다 건너에 선재도가 보이 더라고요. 헤엄쳐 건너기는 그 바다가 더 힘들었어요. 물살이 더 셌어요. 죽었다는 아이들은 그래서 죽었을 거예요. 도망가 다 죽은 애들이 많다는 소문을 들었거든요. 대부도에서 선재 도로 넘어갔을 때도 눈앞에 보이던 그곳이 아니라 그보다 한 참 더 아래쪽에 닿았어요. 뭍에 닿았을 때는 몸에 힘이 다 빠져 서 조금도 못 움직일 정도로 지쳐 있었으니까 조금만 더 힘이 빠졌더라면 그대로 떠내려갔을 거예요. 그럼 죽는 거죠. 저는 물귀신이란 소릴 들을 만큼 수영을 잘했거든요. 그래서 살았 던 것 같아요.

선재도는 선감도보다 더 작게 느껴졌어요. 같이 도망친 아이가 어디서 구했는지 1,000원을 가지고 있었는데 그중에 500원을 나 쓰라고 줬어요. 그 돈을 쥐고 선착장에 갔어요. 인 천 가는 큰 배가 거기에 바로 닿는 게 아니라 작은 배를 내려 서 사람들을 태우고 갔어요. 그런데 선재도 선착장에서 표를 파는 사람이 선감도에서 나온 사람이었어요. 그 사람이 그렇게 말했어요. 자기는 선감도에서 나온 사람이라고요. 딱 걸린 거죠.

그 사람이 우리를 보고 자기한테 뒷돈으로 30원씩을 주면 통과시켜주겠다고 했어요. 그때 뱃삯이 30원이어서 우리가 배표 사려고 갖고 있던 돈을 그 사람한테 주면서 우리를 좀 봐달라고 빌었어요. 그렇게 해서 무사히 배를 탈 수 있었어요. 뱃삯 30원은 따로 지불했고요. 당시 30원이 어느 정도였냐면, 육지로 나와서 그 돈으로 반바지를 하나 사서 입었어요. 그렇게 그 섬을 빠져나와서 2년 만에 평택으로 돌아갔어요. 그런데 집을 찾으니까 없어졌더라고요."

진짜 '부랑아'가 되다

"그때부터 객지 생활을 했어요. 선감학원에서 말하던 진짜 부랑아가 된 거죠. 열차에서 장사를 했어요. 흔히들 '잡상인'이라고 부르는 그런 일이죠. 그런데 그 생활이 되게 힘해요. 왕초가 있어요. 물건 팔아서 번 돈은 전부 왕초에게 갖다 바쳐야 돼요. 열아홉 살 정도가 돼야 풀어줘요. 그때부터는 자기 돈벌이를 할 수 있지만 그전에는 왕초가 주는 거나 받아먹어야 돼요. 그런데 왕초 입장에선 군기를 잡아야 아이들이 자기 말을 들고 돈을 벌어다 주잖아요. 그러니까 엄청 때리는 거예요. 선감학원에서는 주로 '빠따'를 맞았다면 여기는 더 험했어요. 깡통을 바닥에 놓고는 아이를 번쩍 들어서 거기다 메다꽂아요. 깡통 위로 떨어지면 엄청 고통스럽죠. 대신 누가 해코지하면 왕초가 지켜주긴 하는데, 그게 안심이 된다기보다는 자기 왕초한테 맞는 게 더 무섭고 힘들죠.

한번은 발등에 금이 갔던 것 같아요. 기차역에서 장사할 때였는데, 열차가 정차하면 들어가서 물건을 팔았어요. 열차가 출발하기 전에 내려야 하는데 한 개라도 더 팔려다보면 어느 정도 속도가 날 때까지 버티는 거예요. 그러고는 달리는 차에서 뛰어내려요. 그쪽 은어로 '도비노리'라고 해요. 그런데 그날은 기차에 속도가 너무 붙어버린 거예요. 왕초가 빨리 내리라고 소리를 지르면서 기차를 쫓아오는데 내릴 수가 있어야죠. 결국 못 내렸어요. 다음 역에 가서 내렸더니 왕초가 택시를 타고 쫓아왔더라고요. 그런데 그냥 온 게 아니라 양쪽 주머니에 몽돌을 하나씩 넣어 왔더라고요. 그걸로 내 발등을 내려찍었어요. 한 달 동안 기어 다녔어요. 금이 갔던지 부러졌던지 그랬던 것 같아요. 나이가 어릴 때니까 그나마 빨리 나은 거겠죠.

제가 술을 전혀 못 먹는데 객지 생활할 땐 그게 도움이 됐던 것 같아요. 술까지 먹었다면 폐인이 됐을 거예요. 그 생활이 워낙 힘했으니까. 지금은 없어졌던데, 대전역에 가면 보일러실이 있었어요. 석탄가루가 잔뜩 쌓여 있었는데 거기서 세 시간 정도를 얻어맞았어요. 이유도 없어요. 그냥 군기 잡는 거예요. 이렇게 맞다간 죽겠다 싶더라고요. 옆에 있던 돌멩이를 잡았어요. 그러고는 때리고 돌아서는 왕초 뒤통수를 찍어버렸어요. 그런데 그게 설게 찍어져서 더 맞았어요. 흠씬 얻어맞고 나서 내가 왕초를 한 번 더 찍었어요. 그 후부터는 안 맞았어요. 장사하느라 경부선도 타고 호남선도 탔는데, 저놈은 건드리면 고약하다는 소문이 나는 바람에. 체구가 작고 힘이 없는 사람일수록 싸울 때는 더 무서워요. 힘이 세면 주먹으로 할 텐데, 주먹으론 안 되니까 다른 방법을 강구하죠. 어떻게 보면 그때 생활이 더 힘들었는데…… 그 원인이 선감학원에 있으니까요. 그런 생활하느라고 몸이 많이 곯았지 싶어요."

거짓말로 찾게 된 재능

"열차에서 장사하고 지내던 때였는데 문득 고양시 일산역 근처에 사촌이 살았던 게 기억이 났어요. 거기 가서 가족을 찾았어요. 스물한 살 때. 열세 살에 헤어져서 9년 만이었죠. 고양군 지도면 강매리라는 곳에 살고 계셨는데, 빚을 져서 쫓겨 다니느라 형편없이 살고 계셨어요. 제가 돈을 벌어야 됐죠.

취직하려고 신문 광고 보면서 한 40군데쯤 찾아가봤을 거예요. 그런데 제가 학력이 전혀 없으니까 가는 곳마다 안 된다는 거예요. 언젠가는 대나무 돗자리를 파는 곳이었는데, 돗자리를 들고 나가서 그냥 팔면 되는 일이었어요. 그런데 거기서도 학력을 따지더라고요. 얼떨결에 고양고등학교 나왔다고 거짓말을 했어요. 그랬는데 그 정도 나와서는 안 된다는 거예요. 나중엔 화가 나더라고요. 그길로 헌책방에 가서 중학교 책 몇 가지를 사서 혼자서 공부를 시작했는데, 기초가 있어야 알죠. 더군다나 영어는 더 어렵고. 어떤 때는 두세 시간밖에 못 자가면서 한 1년 애를 썼던 거 같아요. 검정고시를 보려고 했던 건데 나중엔 방향이 좀…… 이상하게 흘렀어요.

그 뒤에 어떻게 하다가 학습지를 배달하고 영업하는 일을 했어요. 공부를 하려고 해도 돈이 필요하니까요. 그때는 집집마다 돌면서 '학습지 보세요' 하면, 작은 동네에서도 100여 부가 모집이 되던 그런 시절이었어요. 동네에 학습지 운영소가 있어서 거기에 갖다 주면 돈을 줬어요. 그때에도 내가 공부를 하려고 책을 계속 들고 다녔는데, 그것 때문에 학부형들이 저를 재수생으로 오해했어요. 나이가 스물한 살인데 중학교 책을 들고 다니기 부끄러워서 하얀 종이로 포장을 해서 들고 다녔거든요. 한 어머니가 쌍둥이 아이들을 가르쳐달라고 하기에 내가 시간 없어서 안 된다고 피했는데도 '그러지 말고 해주세요, 내일부터 보낼게요' 하더니 다음 날 진짜로 아이들을 보낸 거예요. 그때 그 쌍둥이가 5학년이었어요.

오늘은 약속 있어 안 되니 내일부터 와라, 해놓고는 서

점에 가서 6학년 전과를 샀어요. 밤새 공부해서 애들을 가르치기 시작했어요. 그때 그 일이 잘 안 됐어야 했는데…… 그 애들이 여러 군데 돌아다니면서 공부를 했는데 다 잘 안 되다가 나한테 와서 성적이 많이 올랐어요. 그 바람에 다른 애들까지 찾아오기 시작했어요. 그래서 한동안 학생들을 가르쳤어요. 그때 애들을 가르칠 게 아니라 힘들더라도 내 공부를 했어야 하는데…… 늦은 게 아니었는데…… 그땐 굉장히 늦었다고 생각했어요. 이미 '선생님'으로 살고 있으니까 검정고시도 못 본 게 소문날까봐 무서웠어요. 저는 초등학교도 못 나왔기 때문에 초등 검정고시부터 봐야 하거든요. 그런데 내 나이가 있으니까 검시를 보러 가면 '만학도가 꿈을 이뤘다'는 식으로 꼭 신문에 나올 것 같더라고요. 결국 때를 놓쳤어요.

학습지 관련된 일을 주로 했어요. '일일공부'라고 하는데, 오늘은 국어 학습지가 나오고 내일은 산수, 모레는 사회, 이렇게. 애들이 공부해서 문제를 풀면 그걸 걷어다가 채점해서 다시 갖다 주는 거예요. 그러다보니 그 분야의 일을 할 기회가 많았어요. 마흔쯤 됐을 때에는 어떤 분이 같이 손잡고 일해보자 해서 경북 영주에서 수학 강사를 한 적이 있었어요. 중학생 전문 학원이었어요. 수학반이 이미 A, B반이 있었는데, C반을 하나 더 만들기로 하고 제가 갔어요. 교실은 넓은데 처음엔 학생들이 없었죠. 1학년 수업에 두 명, 2학년 수업에 세 명, 3학년 수업에 두 명, 이런 식이었어요. 그런데 열흘 정도가 지나니까 교실이 꽉 찼어요. 게다가 다른 교실에 있던 의자까지 옮겨 와야 할 판이었어요. 내 수업이 재미있다고 소문이 나서 A, B 반 수강생들까지 다 내 수업으로 온 거였죠.

처음엔 아이들 가르치는 일이 되게 힘들었어요. 이를테 면 역사 과목에서 고구려 연개소문이 나왔다고 해봐요. 교과 서에서는 잠깐 언급만 하고 지나가요. 그런데 그거 하나 제대 로 설명하려면 얼마나 공부를 많이 해야 하나 몰라요. 잠도 안 자고 대여섯 시간 동안 책을 보면서 정리해야 돼요. 그런데 막 상 설명하면 5분도 채 안 걸리죠. 설명하고 나면 허망해요. 그 때는 힘들다고 생각했는데 그게 시간이 지나고 영주에 가서 일을 해보니까 헛고생만 한 건 아니었어요. 그만큼 노하우가 쌓였더라고요. 그런데 수강생들이 나한테 몰리니까 원장은 그 게 싫었나봐요. 원장하고 내가 수강료를 50퍼센트씩 나눠 갖 는 구조였거든요. 하루는 원장이 나한테 '너무 튀게는 하지 말 라'는 식으로 말하더라고요. 그러니까 내 수업에 학생이 더 늘 지 않게 하라는 말이었는데 그럼 발전이 없잖아요. 그래서 그 만뒀어요.

나중엔 성남에 있는 어느 유명 학원에서 강사 구한다는 광고를 보고 찾아간 적이 있었어요. 학력은 없지만 경험은 많 다고 했더니 시강을 해보래요. 10분도 안 되게 했는데 대번에 손잡고 내일부터 나오라고 했어요. 그런데 학원은 어떤 게 있 냐면, 강사가 이름이 알려질 만하면 경쟁 학원에서 그 사람 결점을 캐내서 공격을 하거든요. 학원 쪽에서 나를 돌려보내고 곰곰이 생각해보니 아무래도 안 되겠다고 판단했는지, 다시 연락을 해서는 채용을 취소하겠다고 하더라고요.

그 후론 아이들 가르치는 일을 더 이상 못했어요. 학력에 대한 스트레스가 두고두고 나를 따라다녔어요. 공부를 했다면 잘하진 못해도 기본은 했을 것 같은데…… 그걸 못하고 넘어온 게 너무 억울하죠.

영주에서 학원을 그만두고 올라와 고양시 원당에 조그마한 집을 샀어요. 여자를 만나서 결혼 생활을 한 2년 했나. 교회에서 일을 했어요. 차도 운전하고, '관리 집사'라고 하죠. 집샀을 때 진 빚이 있었는데 그 돈을 교회에서 빌려서 메꿨어요. 그런데 언젠가부터 목사님하고 부딪쳤어요. 쉬는 날이 하나도 없었거든요. 불만을 이야기했죠. '목사님, 우리도 쉬게 해주십시오.' 그런데 안 된다는 거예요. 그때 목사님하고 틀어져서 일을 그만뒀어요. 그 후에 빚을 갚고 어쩌고 하느라고 아내하고도 다툼이 생겼어요. 내가 고집을 안 꺾으니까, 아내는 나를 말려보려고 이혼하자고 했던 거 같은데, 그게 진짜가 돼버렸죠.

집을 팔려고 내놨는데 압류가 돼 있어서 집이 안 나가더라고요. 결국 경매로 넘어가버렸어요. 경매라고 해봐야 400만 원 정도였어요. 은행에 매달 얼마씩 갚아나가는 거, 액수도 크지도 않았는데. 집이 그렇게 넘어가고 모든 게 없어졌어요. 그 후엔 대리운전 같은 걸 하면서 살았어요. 그런데 몸이 안 좋아져서 일을 못하다보니 수급자가 됐죠. 작년에 화장실에서 목욕하다 미끄러졌어요. 엉덩방아를 찧었는데 1번 척추가 완전 으스러졌어요. 다리는 그전부터 아팠고요. 누가 싸움하는 걸 말린 적이 있는데 그때 힘쓰면서 고관절이 틀어졌나봐요. 장애 등록을 할 정도는 아닌데 일할 수 있는 상태도 아니에요. 부모님도 돌아가셨고 이젠 저 혼자예요."

경찰이 어떻게 그럴 수 있죠?

"선감학원에서 학교라도 보내줬다면 덜 억울했을 거 같아요. 처음에 들어갔을 때 '선감학원'이란 말을 듣고 이상하다고 생각했어요. 며칠 생활해보니까 '학원'이 아니거든요. 거기서 가르쳐준 건 〈선감학원가〉밖에 없어요. '솟는다 붉은 해가 우리 머리 위에로, 선감도 푸른 섬에 가득 찼다 햇빛이.' 그 노래 기억하고 싶지 않은데 어릴 때 배운 노래라 그런지 기억이 나요. 열세 살에 선감학원에 잡혀가서 김매고 모내기하고 누에를 쳤어요. 일하는 것보다 맞는 게 더 힘들었어요. 일이야 아무리 힘들어도 끝나고 쉬면 그만이잖아요. 그런데 공포 분위기 속에서 살아야 한다는 건 견디기 힘들었어요. 맞는 데 이유가 없었어요. 한 아이가 오줌을 싸면 단체기합이에요. 내가 싼 것도 아닌데 말이죠.

그래도 제일 억울한 건 교육을 받지 못했다는 거예요. 물론 선감학원에 안 갔다 해도 집이 어려워서 학교 다니기는 힘들었겠지만, 집에 있을 땐 하다못해 천자문이라도 공부할 수 있었거든요. 친척들이 있었으니까 가만 내버려두지 않고 신경 써줬을 것 같아요. 학교는 못 가더라도 나름대로 방법을 강구하지 않았을까. 조금은 낫지 않았을까. 살면서 나한테 어떤 문제가 생겼을 때나 혹은 주변에 어떤 문제가 생겼을 때 내가 이렇게 저렇게 머리를 쓰다보면 해결이 되는 때가 있었어요. 이 정도 지능이 있는데 공부를 좀 했다면 사는 게 지금과는 좀 다르지 않았을까……

선감학원에서 정기 교육만 받게 해줬더라면 피해자 신고도 안 했을 거예요. 선감학원에서도 몇 명은 국민학교를 다녔는데 얼마나 부러웠는지 몰라요. 그 부분이 제일 억울해요. 공부해야 될 시기에 선감학원에 잡혀가서 공부도 못한 거. 선감학원 탈출해서는 선감학원에서 말하는 진짜 부랑아가 됐어요. 스물한 살까지 객지 생활하면서 나이 몇 살 많은 형들한테 맨날 언어맞으면서 살았어요. 나쁜 기억은 되도록 잊고 살고 싶은데 어릴 때 기억이라 뼛속까지 남아 있어서 안 없어지죠. 객지 생활하면서 워낙 험하게 살아서 눈물 같은 건 다 말라서 없어진 줄 알았는데 선감학원 이야기를 할 땐 참는다고 애쓰는데도 눈물이 나요.

선감도에 잡혀갔을 때가 열세 살이었어요. 요즘 그 또

래 아이들을 보면 그렇게 예쁠 수가 없어요. 하물며 선감학원 엔 나보다 더 어린 애들도 있었어요. 여덟 살, 아홉 살, 그런 쪼 끄만 애들. 그런 애들이 집에 가겠다고 울다가 얻어터지는 걸 하루이틀 본 게 아니에요. 때리는 것도 따귀 정도 때리는 게 아 니라 엎드려뻗쳐 시켜서는 엉덩이를 때리죠. 어떤 아이는 퍼 렇게 멍이 드는 정도가 아니라 아예 살이 터졌어요. 그러면 며 칠 동안 앉지도 못하고 고생을 해요. 지금 그 또래 꼬마들을 보 면 너무 예쁜데, 저 어린 것들이 그렇게 맞았다고 생각하면 한 번씩 불쑥 분노가 치밀어요.

저처럼 고통스러운 기억에 시달리는 사람들에게 정당 한 보상이 있었으면 좋겠어요. 평생 삶의 방향이 바뀌었어요. 돌아갈 수가 없잖아요. 버스 한번 잘못 타서 조금 돌아가는 것 하고는 전혀 다르잖아요. 열차에서 장사하면서 정말 많이 맞 고 살았어요. 그런데 그보다 더 억울한 게 선감학원 들어간 거 예요. 열차에서 장사했던 건 그래도 내가 뭔가 얻으려고 하다 가 얻어맞은 거니까 그나마 덜 억울한데 선감학원은 그렇지 않잖아요. 내 뜻이 전혀 개입된 게 아니잖아요.

나중에 대구에서 우연히 선감학원에서 나 탈출하던 날 경비를 섰다는 사람을 만났어요. 그날 저를 못 잡았으니 자기 들도 혼이 날 게 무섭잖아요. 그래서 그길로 그 사람도 도망을 쳤다고 하더라고요. 저보다 네 살 정도 위의 형이었는데 대구 에서 버스 운전을 하고 있었어요. 말로는 '덕분에 도망 잘 쳤다'고 하더라고요.

　시간이 많이 흐른 후에 가만 생각해보니까…… 갯벌엔 수렁이 많거든요. 물이 샘물처럼 올라오는 것처럼 보이는 곳이 있어요. 거기에 한번 발이 빠지면 계속 빠져요. 못 빠져나와요. 그 상태에서 바닷물이 들어오면 죽는 거죠. 바다에서 죽은 애들은 다 그래서 죽었을 거예요. 수렁에 빠져서. 서해안에 물 들어오는 속도는 지금의 내가 봐도 무서울 정도로 무지하게 빨라요. 나도, 그 사람도, 그때 그렇게 살아서 나온 걸 생각하면 운이 좋은 건데…… 뒤에 와서 가만히 생각해보니까…… 경찰이 어떻게 그랬냐는 말이에요…… 다른 나라의 지배를 받았던 시절도 아닌데…… 어째서 경찰이 그 어린아이들을 그런 곳에 붙잡아넣고, 어떻게 경기도가 운영하고 국가가 관리하면서도 그렇게 할 수 있었냐는 말이에요……"

'그 시절'을 살아낸
사람들에 관한 단상

도망치는 소년들을 생각한다. 수렁에 빠진 소년들의 발 위로
시시각각 바닷물이 차오를 때, 겁에 질린 소년들의 눈에 비친
검은 바다를 상상한다. 바다가 끝내 삼켜버린 소년들의 시신
은 형편없이 망가져 있었다고 했다. 살았을 적 소년들의 몸을
선감학원이 그토록 잔혹하게 빨아먹었던 것처럼 소라와 낙지
같은 보드라운 것들은 죽은 소년의 몸에 붙어 눈구멍부터 파
먹었다고 했다.

　　수렁에 빠져 죽지 않은, 다행히 살아서 잡힌 소년들을
생각한다. 온몸이 피투성이가 되도록 두드려 맞은 소년에게
또 다른 소년이 다가와 "이번엔 나랑 같이 갈래?"라고 묻는 순
간을 생각한다. 훌쩍훌쩍 울던 소년이 대번에 울음을 멈추고
"그러자" 하는 얼굴을 상상하면 이번엔 내가 그만 울고 말 것
같다. 죽음을 무릅썼다고 말하지만, 정작 죽음이 뭔지도 몰랐
을 소년들의 필사의 헤엄을 상상한다.

두 번의 바다를 건너 이제 배를 탈 일만 남은 소년들에게 30원씩을 알뜰하게 빼앗는 사내의 얼굴을 상상한다. 그는 정말 선감도에서 나온 사람이었을까. 아마도 아닐 거라고 나는 생각한다. 사내는 그곳에 있으며 선감학원에서 도망친 소년들을 여럿 보았을 것이고, 그들을 협박해 제 생활에 보탬이 되는 방법을 익혔을 것이다. 겁에 질린 소년들을 내려다볼 사내의 얼굴을 생각하면 나는 또 울고 싶어진다.

대전역 보일러실을 상상한다. 죽을 만큼 얻어터지고 있는 소년과 그 소년을 두드려 패는 좀 더 나이 많은 소년들을. 피투성이가 된 소년이 눈을 부릅뜨고 돌멩이를 잡는 순간의 살기, 혹은 무시무시한 생기를 상상한다. 그 시대는 대체 어떤 시대이기에 가난을 살아내는 일이 이토록 위험하고 참혹한가. 그것은 그 시대의 끄트머리(1979년)에 태어난 내가 절대 상상할 수 있는 수준의 세계가 아니라는 결론을 내렸다가, 문득 생각했다. 그 시절을 살아낸 사람들이 내 옆 도처에 있지 않은가. 바로 노인들, 그러니까 우리의 부모들 말이다.

김성민을 만났던 2017년의 겨울에 일어난 일들은 개인적으로 내게 무척 공교로운 구석이 있었다. 그즈음 경남 진주 명석면에서는 한국전쟁 때 학살된 민간인의 유해 발굴 작업이 있었는데, 한 골짜기에서만 무려 700여 구의 유골이 묻혀 있다고 했다. 1950년 7월 그곳에선 '다닥다닥 총소리가 산을 울렸고, 고랑에선 핏물이 줄줄 흘러내렸다'. 그들을 살해한 것은 군인과 경찰. 인민군이 진격해오자 후퇴하던 경찰이 인민군에 부역할 가능성이 있는 사람들을 집단 처형한 사건, 그러니까 그것은 국민보도연맹 사건이다.[*]

진주에서 유해 발굴 작업이 있다는 소식을 듣고 한동안 마음이 울렁거렸다. 국민보도연맹 사건이라면 그저 박제된 짐 승을 볼 때처럼 무감했던 나에게 그것이 살아 있는 육체와 도 륙의 순간으로 다가온 이유는 아마도 그곳이 나의 고향이기 때문일 것이다. 학살이 있은 후 전세가 역전되어 인민군이 다 시 퇴각할 때에도 역시 마을의 청년들이 사라지거나 살해되 었다. 나의 아버지의 아버지, 그러니까 청년이었던 할아버지 도 그해 인민군 무리에 휩쓸려 사라졌고 다시는 돌아오지 않 았다고 했다. 내 고향에선 흔한 일이었다. 책 속에서만 존재하 던 전쟁이 유년의 구체적 공간 위에 포개어지자 나는 몸서리 를 쳤다. 국가란, 전쟁이란, 얼마나 어마어마한 것인가.

그즈음 나는 평택 대추리에서 쫓겨난 노인들의 이야기 도 들었다. 그들은 맨손으로 바다를 메운 사람들이었다. 그러 니까 그것이 바로 교과서에만 보던 '간척사업'이란 것이었는 데, 막상 당사자들의 이야기를 들은 나는 기가 막혀 입이 딱 벌어지고 말았다. 그들은 가래로 둑을 쌓아 바닷물을 막고 갯

---

[*] 한국전쟁 기 민간인 학살 유해 발굴 공동 조사단, 〈2014 한국전쟁 기 민간인 학살 1차 유해 발굴 공동 조사단 자료집〉, 42~70쪽.

벌 위에 모를 심었다고 했다. 소금기 때문에 모는 금세 빨갛게 타버리기 일쑤였다. 1년에도 몇 번씩 다시 모를 심는 수고를 수년간 반복한 끝에 갯벌은 비옥한 논이 되었고, 그들은 그 땅 위에서 최고의 쌀을 거두기 시작했다. 바다가 육지가 되고 갯벌에서 쌀이 났다니, 국가는 진정 신神인가, 생각했다가 문득 아득해졌다. 그 땅은 그 질펀하고 소금기 가득한 땅이라도 필요했던, 가진 것이라곤 몸뚱어리밖에 없는 가난한 사람들의 피와 땀으로 만들어진 것이 아닌가. 2007년 노인들은 그 땅에서 쫓겨났고 거기엔 미군기지가 들어섰다.

그리고 2017년 2월, 박근혜 탄핵을 요구하는 촛불시위에 분노한 노인들이 광화문에 쏟아져 나왔다. 전쟁의 폐허 위에 가난을 극복하며 자신들이 건설한 조국에 좌익 빨갱이가 들끓고 있다 목청을 높이는 그들의 머리 위에서 수천 수백 개의 태극기가 휘날렸다. 저 태극기들. 대추리에서 군인과 경찰들에 의해 피투성이가 되어 쫓겨 나오던 노인들이 부서진 마을회관에서 고이고이 챙겨 나온 것도 바로 저 태극기라고 했다. 저 세대에게 국가란 대체 어떤 것일까.

그리고 그 겨울, 나는 아버지를 생각했다.

"돌멩이를 들었지."

김성민처럼, 아버지도 술에 취하면 그 말을 자주 했고, 그 말을 할 때마다 조금 웃었다.

"동네에서 싸움이 붙으면 상대는 형님도 데려오고 아

버지도 데려오는데, 나는 아무도 없었으니까."

　아버지에겐 초등학교밖에 다니지 못한 당신이 청춘을 다 바쳐 번 돈으로 자식들을 대학에 보내고 서울에도 보냈다는 자부심이 있었지만, 그 뒤를 따른 건 늘 저렇듯 세상에 대한 원망과 복수심이었다. 아버지는 가난에서 오래전에 벗어났으면서도 나로선 여전히 이해할 수 없는 가난에 대한 불안과 강박 같은 것에 사로잡힌 사람 같았는데, 그 겨울, 나는 평생 아버지를 쫓던 공포의 실체를 본 것 같았다. 가난, 배고픔, 전쟁, 이념, 경찰, 군인, 그리고 국가에 대해 그 세대는 나와는 전혀 다른, 아니, 나에겐 없는 어떤 감각을 갖고 있다는 걸, 어렴풋이 알았다.

　김성민과의 인터뷰가 끝났을 때는 마침 저녁 시간이었다. 그가 나에게 밥을 사겠다고 했다. 가족 없이 살면 밥 먹을 때가 가장 적적한 법인데, 반가운 손님이 찾아와 함께 밥을 먹을 수 있어 기분이 좋다고 했다. 우리는 프랜차이즈 식당에 마주 앉아 동태탕을 먹었다. 젊은 사람이 이런 옛날이야기를 잘 들어주어 고맙다며 그가 나를 흐뭇하게 바라볼 때, 나는 한 번도 아버지와 이렇게 마주 앉아 아버지의 이야기를 들어본 적이 없다는 사실을 생각했다.

　'아버지는 얻어맞는 소년이었을까. 소년을 때리는 더 큰 소년이었을까. 어쩌면 소년들의 것을 빼앗는 사내는 아니었을까.'

그런 생각을 하다보면 어쩐지 두려워졌고, 내가 누리고 있는 대부분의 일상이 그의 평생의 노동 위에서 구축되었다는 사실에 생각이 이르면 마음은 더욱 복잡해졌다.

'공부를 했다면 그렇게 못하지는 않았을 것 같은데……'

아버지도 자주 그렇게 말했다. 배우지 못한 것에 대한 회한이 아니더라도 때때로 아버지는 그게 정말로 궁금한 사람처럼 혼잣말을 했다. 초등학교부터 대학교까지 좋든 싫든 잘하든 못하든 16년간 공부를 했던 나로선 그것이 궁금하다는 게 대체 어떤 느낌인지 도무지 알 수가 없다. 70년을 살면서 아버지가 해보지 않은 것, 그래서 자신이 그걸 잘하는지 못하는지 궁금한 것들엔 또 무엇이 있을까. 나를 있게 한 어떤 세대와 그들이 살아낸 어떤 세상에 대해 내가 아는 것이 거의 없다는 사실을 아득하게 깨달았던 그 겨울, 내가 확실하게 느낄 수 있었던 건 그 세대가 무서운 속도로 저물어가고 있다는 사실이었다.

살아 있는 자의 사망신고

김춘근 구술
하금철 글

배가 고프고 농사일이 힘에 부쳐 원장
관사를 찾아가 '데모'를 한 일도 더러
있었다. 선감학원 개교기념일이면
도지사를 따라 찾아오는 도청
공무원들에게 애원도 해봤다. 그러고
나면 반찬이 조금 나아지긴 했다. 하지만
그때뿐이었다. 지옥 같은 섬 생활은
달라지지 않았다.

1976년 경기도의 한 관계자가 선감학원을 시찰하는 모습. 이날만 원생들에게 특별히 말끔
한 옷을 차려입혔다. ⓒ 경기도

열두 살 아이는 고기잡이배에 태워졌다고 했다. 그 말의 무게감을 첫 인터뷰 때는 별로 체감하지 못했다. 첫 인터뷰 이후 몇 달 뒤 그를 다시 만났다. 그는 여러 사람들 앞에 해설사로 나섰다. 어찌하여 이 섬에 오게 되었는지, 이 섬에서 무슨 일을 겪었는지, 자신이 이 섬에 도착했을 때 처음 마주한 선착장 터에서서 담담하게 들려주었다.

예순이 훌쩍 넘어 이제 칠순을 바라보는 사내는 이제 그날이 정확히 몇 년도 몇 월 며칠이었는지, 계절이 언제였는지조차 기억이 아득해져서 그날의 풍경만 어렴풋하게 떠올릴 뿐이었다. 그런 그의 이야기 중 이 한마디가 귀에 선명하게 꽂혔다. "내가 고기 창고에 들어가 있었다고." 어차피 길에서 부랑아로 잡혀온 아이가 어디에 어떻게 실려왔는지가 뭐 그리 중요할까 싶어 첫 인터뷰 때는 귀담아듣지도 않았던 '고기잡이배'라는 단어가 그때서야 제대로 들렸다. 열두 살 아이는 고기잡이배, 그것도 바다에서 건져 올린 고기들을 모아놓는 창고에 실려 이 섬에 왔다는 것이다.

물고기들의 비릿한 냄새가 짙게 배어 있을 그 창고 안을 상상해보려다 그만두었다. 내 인생의 경험치로는 생선 창고에 실려 어디론가 보내진다는 것을 상상해낼 재간이 없다. 한 인간의 육신이, 남의 식탁 위에 오를 고깃덩이처럼 창고에 내던져졌다. 그 안에서 열두 살 아이는 어떤 생각을 했을까. 그렇게 섬에 버려진 채 22년을 살았던 타인의 삶을 충분히 그리고 정당하게 이해한다는 것은 대체 어떻게 가능할까. 고민과 두려움을 가득 안고 그와의 인터뷰 녹취록을 꺼내든다.

기약 없는 섬 생활이 시작되다

김춘근, 선감학원의 기록상 그의 생년월일은 1949년 10월 13일이다. 그는 전쟁통에 어머니를 잃었다고 했다. 어머니는 고향인 황해도로 배를 타고 가다가 배가 침몰해 세상을 떠났다. 그 이후 뱃일을 하는 아버지, 그리고 여동생과 함께 인천에서 살았다. 어린 그에게 닥친 삶은 팍팍했다. 우물물을 떠오기 위해 지게를 지고, 지금 기억으로 500미터는 돼 보이는 길을 오가야 했다.

어느 날, 그는 동생과 함께 하인천에 나갔다. 아버지를

　　　　　　　　　1부 | 수렁에 빠진 소년들

기다리고 있었다. 하지만 아버지는 세 시간이 넘도록 나타나지 않았다. 기다리다 지쳐 우선 동생을 근처 큰집에 보냈다. 그리고 그는 하릴없이 발길 닿는 대로 걸었다. 동생이 가고 나서 10분인가 지났을 때였다. 누군가가 그의 뒷덜미를 잡았다. 경찰이었다.

"왜 그러세요?"

"너 엄마 아버지 없지?"

"아버지가 데리러 온다 그랬는데……"

경찰은 더 이상 묻지 않았다. 그저 좋은 데 보내주겠다고만 했다. 파출소에 도착하니 그와 비슷한 또래 아이들 대여섯 명이 더 있었다. 그는 근처에 큰집이 있으니 그리로 보내달라고 애원했지만 누구도 들어주지 않았다.

파출소에서 하룻밤을 묵었다. 아침 10시쯤 되었을까, 아이들은 고깃배에 올랐다. 배에 오른 아이들은 30명은 돼 보였다. 배 안에서 주먹밥을 먹었다. 어딘가에 도착한 배는 아이들을 내려놓고 다시 인천으로 떠났다. 다시 작은 나룻배에 옮겨 탔고, 조그마한 선착장에 도착했다. 누군가가 던져준 같은 색깔의 옷을 들고 목욕탕에 들어갔다. 단체로 목욕을 했다. 그렇게 그 섬에서의 기약 없는 생활이 시작됐다.

그는 그때를 1961년 가을쯤으로 기억했다. 그리고 얼마 뒤 서울시립아동보호소에서 250명가량의 아이들이 더 들어왔고, 수원에서도 수십 명이 들어왔다. 아이들은 ○○사숙라고 이름이 붙은 기숙사 건물에 수용됐다. 한 건물에 대략 100명씩 꽉 채워졌다.

그 시절은 군인들이 쿠데타로 막 정권을 잡았던 때로, 군정은 혼란한 사회질서를 바로잡고 온갖 구악舊惡을 일소하겠다는 다짐을 쿠데타의 명분으로 내걸었다. 정치깡패, 용공분자, 부정축재자 등이 일소되어야 할 대상으로 지목되었고, 부랑아도 거기에 포함되었다. 이른바 혁명정부는 부랑아를 '악의 구렁에서 헤어날 길'이 없는 존재로 여기고 도심에서 쫓아내기에 급급했다.

서울 응암동에 있던 서울시립아동보호소는 도시의 부랑아를 '쓸어 담아' 모아놓은 대표적인 집결지였다. 해방 직후인 1947년 사직공원 내에 '부랑아보호소'라는 이름으로 개원한 이 시설은 한국전쟁으로 건물 상당수가 파괴되자, 국제연합한국재건단UNKRA의 원조 등을 받아 응암동에 건물을 새로 지어 1960년 11월 15일 재개원했다.

그러나 이곳에 오게 된 아이들이 모두 고아나 부랑아였던 것은 아니다. 1960년 수용 연인원 1,831명 중 45퍼센트에 달하는 824명이 실제 부모가 생존해 있었다. 이들을 수용하게 된 원인 또한 모호하게 기술되어 있다. "생활고, 엄격한 생활, 악우惡友 관계, 허영심, 사소한 과오에서 오는 공포심, 자주적인 의식, 주위 환경의 불순"" 등 어린아이들에게서 흔히 나타날 수 있는 이런 특성들이 쉬이 부랑아의 특성으로 분류되어 이들을 수용하는 근거가 되었다.

당시 아동보호소의 수용 규모는 1,000명. 그러나 아동 보호소는 언제나 과밀 상태였는데, 1961년에 동시 수용된 아동 수가 1,500명을 넘었던 것이다. 당국은 이렇게 '쓸어 담은' 아이들을 부모를 찾아 돌려보내기보다는 지방에 분산 수용하는 데 열을 올렸다. 당시 신문 보도만 보더라도, 1961년 8월 10일에 '소행이 극히 나쁜' 부랑아 70명을 목포 고하도의 국립감화원에 보내고, 18세 이상 노동력이 있는 부랑자 450명을 대관령 개간지에 강제노역 보낸 사실을 확인할 수 있다.** 1961년 10월 말에는 아동보호소 수용 인원 중 400명을 광주, 대전, 충주, 인천 등으로 분산시켰다.***

김춘근과 그의 동료 원생들도 이런 무자비한 단속에 의해 외딴 섬으로 내몰렸다. 부모님에게 보내달라는 호소는 통하지 않았다. 기록에 적혀 있는 대로 그가 "소행이 극히 나쁜 부랑아"이기 때문이었을까? 기록을 찾을 수 없는 지금으로서는 그 이유 또한 알 길이 없다. 동생을 먼저 보내고 홀로 아버지를 기다리고 있었을 뿐인 열두 살 어린 소년은 그저 영문도 모른 채 세상과 단절된 섬에 내던져졌다. 그것이 22년간 이어질 선감학원에서의 삶의 시작이었다.

---

* 〈概況〉, 서울시립아동보호소의 1961년 자료.
** 〈부랑아 70명을 목포 감화원에〉, 《경향신문》, 1961. 8. 11.
*** 〈지방 분산 수용 부랑아 400명〉. 《동아일보》, 1961. 10. 24.

얻은 것이라곤 온몸에 각인된 피로뿐

"우리가 거기서 뭘 먹었냐면, 국도 그냥 소금국이야. 파가 들어가 뭐가 들어가? 그런 걸 먹고 자면 애들이 얼굴이 다 부어요. 먹는 게 부실한데 짠 것만 주니까. 밭도 어마어마하게 많았어. 논도 많고. 그걸 우리가 다 농사를 짓는 거야. 어느 날 모심기를 하는데, 모를 잘못 꽂으니까 줄이 틀어지는 것을 보고 선생이 '나와' 그러는 거지. 나갔더니 주먹으로 여기(얼굴)를 퍽 치는 거야. 한 대 치니까 저기 가서 뚝 떨어지지. 그렇게 매 한 대 맞고 다시 모심으러 들어가는 거야. 해만 뜨면 밭에 나가서 일하지, 논에 가서 일하지, 가을에 추수하면 우리가 다 베어야지. 그렇게 농사지은 게 다 어디로 갔겠어? 우리는 그 농사지은 거, 쌀밥도 못 먹어봤어."

소년들의 일상은 매질과 노역으로 채워졌다. 직원들이 직접 매질을 하는 경우도 있었지만, 대개는 각 사舍와 방을 관리하는 간부급 원생, 그러니까 사장과 방장이 매질을 했다. 단체 생활과 규율이 항상 우선이었고, 방장과 사장의 말은 곧 법이었다. 그곳은 하나의 작은 군대였다.

아침 일과의 시작은 점호였다. 방장과 사장의 통제하에 하루에도 몇 번씩 인원 파악이 이루어졌다. 아침 식사를 마치고 나면 각자 맡은 자리로 흩어졌다. 일부는 학교에 가기도 했다. 원생 모두를 학교에 보내는 것은 아니었다. 열 명 중에 한 명 정도만 학교에 갔다고 한다. 학교에 보내고 안 보내고의 기준이 무엇인지는 누구도 알지 못했다. 김춘근 씨 또한 원생으로 지내면서 국민학교만 간신히 졸업했다. 학교에 가지 않는 아이들은 각 사별로 정해진 밭으로 나가 일을 했다. 벌거숭이였던 선감도의 산을 우거진 숲으로 만든 것도 아이들이었다.

배가 고프지 않은 날이 없었다. 어느 날은 배가 고파 나무에 달린 앵두를 하나 따 먹었다. 그러나 그 대가로 뺨을 휘갈겨 맞아야 했다. 앵두는 수확하는 작물도 아니었다. 그럼에도 맞았다. "네 입만 입이냐"는 게 이유였다.

아이들이 농사지은 작물들은 다 어디로 갔을까? 그는 "(어린 나이에) 그걸 우리가 어찌 알겠냐"고 했다. 그저 벼를 털어서 가마니에 담아놓고, 소달구지에 실어서 창고에 쌓아놓는 것까지만 봤다고 했다. 우리로서는 그저 여러 생존자들의 증언을 통해 그 당시의 상황을 유추해볼 수 있을 뿐이다. 김춘근 씨와 비슷한 시기에 선감학원에서 생활했던 정△△(가명, 1959년에 선감학원 입소) 씨는 직원들이 미군에서 들어온 구호물자(이를테면 케이레이션K-Ration 같은 전투 식량)를 빼돌리는 것을 봤다고 했다. 어느 날 밤, 창고에 들어 있던 케이레이션 깡통을 원생들을 시켜 다시 배에 싣고는 육지로 가지고 나갔다는 것이다.

한겨울에 내복조차 지급하지 않았다. 양말도 한 사람 앞에 한 켤레씩만 지급될 뿐이었다. 수백 명 아이들이 사는 곳에 의사는 단 한 명이었다. 그것도 사람 고치는 의사가 아닌 수

의사였다. 정△△ 씨의 증언에 따르면, 그의 주 업무는 아마도 축산부에서 키우는 소, 돼지, 닭을 돌보는 일이었지, 아이들을 돌보는 일은 아니었던 듯하다.

김춘근 씨는 원생으로 생활하는 동안 섬 바깥으로 나가 본 적은 손에 꼽을 정도라고 했다. 소풍 비슷하게 날을 잡아 놀러간다고 해도 그저 선감도 안에서만 맴돌 뿐이었다. 그나마 멀리 나간 것이 선감도 바로 옆에 있는 대부도에서 열린 4H˙ 대회 혹은 수원에서 열린 전국 보육원 체육대회 정도였다.

고립된 섬, 그곳에서 10년을 지냈다. 하지만 김춘근 씨는 섬 바깥을 상상하는 법을 몰랐다. 더러는 죽음을 무릅쓰고서라도 섬을 탈출하려 했지만, 그는 감히 그럴 생각조차 하지 않고 살았다. 선감학원은 일제강점기부터 소년 감화원으로 만들어졌기 때문에 성인이 되면 퇴소시키는 것이 원칙이다. 1971년이 되자 학원에서는 이제 그만 나가라고 했다. 그러나 그는 갈 곳이 없었다. 나간다 한들 먹고살 방법도 없었다. 섬에서 그나마 배운 기술이라고는 누에 키우는 것이 다였다. 밤잠까지 반납하며 누에를 키워 얻은 것이라곤 온몸에 각인된 피로뿐.

˙ 4H는 '명석한 머리Head' '충성스런 마음Heart' '부지런한 손Hand' '건강한 몸Health'이라는 네 가지의 이념을 뜻한다. 한국에서는 이를 지智, 덕德, 노勞, 체體로 번역해 사용하고 있다. 4H운동은 농촌 청소년을 지역과 국가에 기여하는 미래세대로 육성하는 사회운동으로, 20세기 초 미국의 농촌 청년들 사이에서 시작돼 세계적으로 확산되었다. 한국에는 미군정 시기에 처음 도입되었고, 1960년대 이후 국가 발전을 위한 총력체제에 들어서면서 새마을운동과 함께 농촌 지역에 널리 보급되었다.

결국 섬에 남기로 했다. 원생 신분을 벗고 취사반장이 되었다. 나중엔 경비나, 살림을 감수하는 등의 일을 하게 되었다. 그곳의 직원이 된 것이다. 하지만 직원이 되었다 한들 달라진 것은 없었다.

그의 손을 거쳐 하늘로 떠난
다섯 명의 아이들

2016년 7월 27일 KBS 〈추적 60분: 유골은 무엇을 말하는가, 선감학원의 진실〉 편에서는 여덟 살 정도 된 어린아이의 유골을 발굴하는 장면이 방송됐다. 선감도의 한 야산의 나무를 베어내고 더듬더듬 아이가 묻혔으리라 추정되는 지점을 찾아 흙을 걷어냈다. 그러자 조그마한 꽃신과 함께 뼛조각 몇 점이 드러났다.

그 덕분에 1962년 서울 길음시장 인근에서 할머니 손을 놓쳐 길을 잃고 헤매다 선감학원에 들어오게 된 허일용 씨는, 함께 원생으로 들어온 쌍둥이 형을 50여 년 만에 유골로나마 다시 만나게 되었다. 허일용 씨는 형이 왜 죽었는지 정확히 기억하지 못한다. 그저 배가 고파 담요를 뜯어 먹다 죽었다는 이야기를 얼핏 들은 기억이 있을 뿐이다.

그 유골이 묻힌 자리를 기억해낸 사람이 바로 김춘근

씨다. 그는 허일용 씨의 쌍둥이 형 허일동의 시신을 직접 묻었던 일을 기억해냈다. 선감학원에서는 죽은 아이들을 동료 원생들이 직접 묻었다고 한다. 섬을 탈출하려다 바닷물에 빠져 죽은 아이, 저수지에 빠져 죽은 아이, 맞아 죽은 아이, 굶어 죽은 아이…… 물을 흠뻑 먹어 무거워진 동료의 시신을 안고 10대의 아이들이 산을 올랐다. 그렇게 봉분도 없는 무덤들이 쌓이고 쌓여 산 전체가 커다란 무덤이 됐다.

김춘근 씨는 22년간 섬에서 생활하는 동안 자신의 손으로만 다섯 명의 아이들을 묻었다고 했다. 겉보기에 그는 이처럼 참혹한 시간을 견뎌낸 사람처럼 보이지 않았다. 언제나 사람 좋게 웃었고, 매사에 긍정적이었다. 젊은 시절 자전거에서 떨어지는 사고로 뇌진탕을 입게 된 일을 이야기하면서도 "어디 가서 손금을 봐도 내가 명은 길다네"라며 엷은 미소를 띠었다.

이런 그의 성격을 증명이라도 하듯 선감학원 피해자 모임의 동료들 중 어느 누구도 그를 나쁘게 말하는 사람이 없었다. 온갖 폭력이 난무한 그곳에서 김춘근 씨도 방장, 사장을 역임했고, 이후엔 직원으로까지 있으면서 아이들을 관리했다. 그러나 그를 아는 사람들은 모두 그에 대해 한결같이 이야기했다. "춘근이 형은 애들 안 때렸지. 춘근이 형만큼 우리한테 잘해준 사람이 없어."

그렇게 수십 년의 세월을 함께한 선감학원 동료들은 그

를 환대의 마음으로 대하고 있었다. 하지만 사람 좋은 만큼 약삭빠르지 못했던 그에게 세상은 그리 호락호락하지 않았다.

선생이라는 자가 새벽 1시에
자는 아이 머리를 밟더라

1971년부터 원생 신분에서 벗어나 취사반장도 하고 관리자 역할까지 맡게 된 그는 급여를 받을 수 있었을까? 월급을 받은 적이 있었느냐는 질문에 그는 이렇게 말했다.

"그때 당시 8,000원인가? 월급으로 받은 기억이 있어요. 그런데 그것도 1년도 못 받았을 거야. 그것도 뭐 내 힘으로 된 것도 아니고, 선생들이 '춘근이도 이제 노임 줘야 하지 않냐' 그래서 준 게 8,000원. 그때 당시 8,000원이면 크기는 컸지."

1970년도 기준 물가로 40킬로그램 쌀 한 가마가 2,880원이었다. 8,000원이면 쌀 세 가마 값에 조금 못 미친다. 매달 8,000원씩 1년 동안 받은 것이 그의 22년 세월에 대한 유일한 대가였다.

선감도 안에는 교회가 있었다. 선감학원 원생들은 그 교회에 의무적으로 예배를 보러 가야 했다. 그 교회의 목사 아들도 선감학원 직원으로 들어와 있었다. 이들은 선감학원 원장 홍○○ 씨와 인척 관계였다. 그런데 어느 날 교회에서 고무신짝 하나가 사라졌다. 목사 아들은 원생들 짓이라며 신발을 찾아내라고 노발대발 소리를 질렀다. 김춘근 씨는 원생 출신으로서 그 일이 그렇게 억울할 수 없었다.

"고무신짝이 하나 없어졌으면 없어졌나 하고 그냥 말아야 할 거 아니야? 그걸 찾아내라고…… 내가 화가 나서 돌아서면서 그놈한테 이렇게 말했어요. '너 목사 아들 내가 두고 본다. 내가 그 신발을 악착같이 찾아가지고 네 면상에다 던지겠다.' 근데 그 신발을 찾았어요. 개장 안에 들어가 있더라고. 개장 안에. 에휴."

고무신짝을 물어간 강아지에게 돌아가야 할 비난까지 다 뒤집어써야 했던 원생들은 사람 이하 취급을 받았다. 직원이 되어서도 그런 광경을 마주해야 한다는 게 견디기 어려웠다. 어느 날 밤엔 화를 참지 못하고 선생에게 주먹을 날렸다.

"내가 취사반장으로 있을 때인데. 나는 (이제 직원이니까) 동네 나가 놀다 와도 누가 뭐라는 사람도 없었어요. 새벽 1시쯤이었어. 누가 원생 아이의 머리통을 밟고 있는 거야. 잘 보니까 숙직 서는 선생이었어. 창문으로 쳐다봤더니 신발을 신고 들어와서 자는 아이 머리통을 밟고 있는 거야. (화가 나서) 내가 뛰어들어가서 그 선생을 주먹으로 까버렸어요. 그때 나는 선생이고 뭐고 없었으니까. '야 네가 선생이냐? 네가 숙직을 서면 섰지 왜 자는 애 머리통을 들이 밟아? 이 상놈의 새끼야!' 하면서. 그때 카메라가 있었으면 그런 걸 찍어놨어야 하는데.

그리고 날 밝고 나서 원장을 찾아갔어요. '저 선생 내쫓으시오.' 내가 봤으니 그놈도 발뺌을 못하지. 원장이 사직서 쓰라 그러더라고. 그런데 그 선생이 딱 버티는 거야. 그래서 안 되겠다 싶어서 경기도 아동과로 찾아갔어요. 결국 그 선생은 다른 데로 갔는데. 나는 선생들하고 친하게 안 놀았어요. 나는 애들 편이지."

"나는 애들 편"이라는 그의 말은 사실이었다. 1974년경, 가출 후 청량리 인근에서 신문팔이를 하다 서울시립아동보호소를 거쳐 선감학원으로 끌려온 이○○ 씨는 어느 날 그에게 인천의 집 주소를 알려주면서, 인천에 나갈 일이 있으면 어머니를 한 번만 찾아가달라고 부탁했다. 그는 그러겠다고 약속했고, 그 약속을 지켰다. 그렇게 아들이 선감학원에 있다는 사실을 알게 된 이 씨의 어머니는 선감학원에 찾아와 아들을 데려갈 수 있게 되었다. 이 씨가 선감도에 끌려온 지 4년 만의 일이다. 그렇게라도 나갈 수 있었던 이 씨는 그나마 운이 좋은 경우였다.*

배가 고프고 농사일이 힘에 부쳐 원장 관사를 찾아가 '데모'를 한 일도 더러 있었다. 선감학원 개교기념일이면 도지사를 따라 찾아오는 도청 공무원들에게 애원도 해봤다. 그러

---

* 그러나 이 씨는 선감학원에서 겪은 아픈 기억을 트라우마로 안고 살다가 2017년 10월 쉰여섯의 나이로 세상을 떠났다.

고 나면 반찬이 조금 나아지긴 했다. 하지만 그때뿐이었다. 지옥 같은 섬 생활은 달라지지 않았다. 그들은 이 사회에서 지워진 존재였기 때문이다.

사망한 채 살아온 22년 세월

그는 선감도 해안 초소에서 방위 근무를 마치고, 선감학원에서 소개해준 여성과 1973년도에 결혼했다. 그녀도 고아였다. 청량리에 있는 여성직업보도기술학원에서 생활하던 여성이었다. 결혼 후 한동안은 선감도에서 살았다. 1970년대 말부터 정부는 각종 사업소를 통폐합하거나 민간에 위탁해 수고로운 일들을 털어내고자 했다. 이즈음에 서울시립아동보호소의 운영권도 마리아수녀회로 넘어가게 된다. 선감학원도 민간 위탁 논의가 시작되었다. 그러나 선감학원은 위탁받아 운영하려는 사람이 나타나지 않아 결국 폐쇄됐다. 결국 그도 선감도를 떠나 수원으로 나오게 되었다.

22년의 섬 생활은 그에게 아무것도 남기지 않았다. 수중에 있는 돈이라고는 월세방 얻을 돈이 전부였다. 그나마 선감학원에서 직원으로 일하던 사람이 수원시청 청소과장으로 나가 있어 그 밑에서 일할 수 있었다. 그러나 가정생활은 원만하지 않았다. 아내와의 갈등이 끊이지 않아 결국 1985년에 이

혼을 했다. 이혼 후 두 아이를 키우면서 호떡 장사도 하고 페인트공으로도 일하면서 하루하루를 버텼다.

가족을 다시 만난 건 사실 원생으로 있던 시절 끝 무렵이었다. 선감학원에서는 도민증을 만들라면서 나이가 어느 정도 찬 사람들을 잠깐씩 외출을 보내주었다. 그도 자신의 호적을 찾으러 인천에 있는 큰집을 물어물어 찾아갔다. 하지만 아버지를 찾을 수 없었다. 가족들이 이미 충남 당진으로 이사를 했다는 것이었다. 결국 또 배를 타고 당진까지 찾아갔다. 그를 맞이한 사람은 계모였다. 낯선 어머니에게 "내 호적이 어떻게 되었나요?" 하고 물었더니, 이미 사망신고를 냈다는 믿기 힘든 답이 돌아왔다.

자신의 기록을 잃어버린 그는 결국 현재까지 '경기도 부천군 대부면 선감리'를 본적으로 두고 살고 있다. 하인천 바다 앞을 거닐던 열두 살 소년 김춘근은 그렇게 죽은 사람이 되어버렸다. 강제로 섬에 끌려가 22년을 버틴 '출생지 미상'의 한 남자만 남았다. 그는 현재까지 가족들과 단절된 채 살고 있다.

기억 복원을 통한 '인간 선언'

수많은 선감학원 원생들이 지옥 같은 섬을 탈출하기 위해 갯벌을 넘고 바다를 건넜다. 그것은 모험이었다. 더러는 탈출에 성공했지만, 성공하더라도 다시 잡혀오기 일쑤였고, 갑자기 불어난 바닷물에 휩쓸려 목숨을 잃기도 했다. 그러나 김춘근 씨는 수영을 곧잘 하면서도 탈출해야겠다는 생각은 해보지 않았다고 했다. 선감학원에 강제로 끌려가지 않았다면 자신의 운명이 바뀌지 않았을까 하는 생각도 해볼 법한데, 그런 질문에는 "나는 그런 생각은 안 해봤어"라며 고개를 젓는다. 마치 자신에게는 다른 삶의 가능성이 애초부터 없었던 듯 말하는 것 같아 듣는 쪽이 도리어 무안해지고 만다.

"우리가 집안이 화목하게 잘 살았으면 모르겠는데 이미 파탄이 나고 그랬으니까 중심을 못 잡은 거 아니에요." 이런 말을 어떻게 받아들여야 할지 몰라 매번 곱씹고 또 곱씹었다. 어릴 적 삶이 가난하고 불안정해서 그렇게 납치되듯 섬에 끌려가 온갖 비참을 견뎌야 했던 것을 그는 정말 숙명이라고 생각하는 걸까? 이런 의문이 들자 선감학원 자체보다 오히려 '숙명'이라는 말 자체가 더 무섭게 느껴졌다.

그러나 그와의 인터뷰 녹취록을 몇 번이고 다시 들여다보면서, 그의 말을 그저 다른 삶의 가능성을 생각하지 못한다는 말이나 '숙명' 같은 단어로 간편히 정리해버린 내가 너무 경솔했음을 뒤늦게 깨닫게 되었다.

그는 몇 년 전부터 선감학원 출신 동료들과 함께 경기도청이며 안산시청이며 쫓아다니면서 민원을 제기했다. 지금도 힘들게 살고 있는 생존자들이 먹고살 수 있게 지원할 것을, 그리고 무엇보다 억울하게 죽어 암매장된 원생들의 묘지를 정비해줄 것을 시에 요구했다. 그 덕분에 그나마 현재 선감학원 옛터에 자리 잡은 경기창작센터 한가운데에 추모비가 세워질 수 있었고, 매년 5월 말 추모문화제가 열리게 되었다.

그리고 2017년 1월 21일에는 경기창작센터 뒤편에 선감역사박물관이 문을 열었다. 경기창작센터에 입주해 활동하는 자우녕 작가가 김춘근 씨의 22년의 기억을 복원해 컨테이너 3동에 전시실을 꾸몄다. 선감학원 원생들이 일할 때 쓰던 물지게, 원생들을 구타할 때 사용하던 몽둥이와 곡괭이, 밥그릇과 호롱불, 그 당시 입던 동복과 하복까지, 당시 모습을 그대로 재현하기 위해 전시실에 들어갈 것들을 구입할 때 그가 자우녕 작가와 함께 발품을 팔았다.

자신의 인생에서 가장 아픈 기억이 담겨 있는 선감도이
지만, 어쩌면 그 22년이 그의 어린 시절과 청년기의 전부라고
할 수 있을 것이다. 그는 그 22년의 기억을 끄집어내 이 섬을
방문하는 이들과 나누기 위해 부단히 애쓰고 있다. 22년은 다
름 아닌 그라는 존재가 부모님에 의해 사망신고된 채로, 그리
고 이 사회에 의해 지워진 채로 살아온 시간이다. 그때의 기억
을 다시금 꺼내놓는 것은 자신을 둘러싼 잊힌 역사를 복원하
는 일이자, 자신의 존재를 지워버렸던 이 사회를 향해 스스로
'인간'임을 선언하는 행위이다.

　　기억을 복원하고 공유하기, 이것이야말로 가장 적극적
이고 당당한 '인간 선언'이 아닐까? 김춘근 씨의 이야기를 듣
는 우리는 이 '인간 선언'에 화답할 준비가 되어 있는가? 선감
학원 폐쇄 후 35년 동안 침묵하고 외면했던 한국 사회에 그가
던지는 질문이다.

꿀수록 불행해지는 꿈

한일영 구술
김유미 글

일부러 굳이 잊어버리려고 노력한
건 솔직히 없어요. 국가가 그렇게
만들었어요. 어떻게 했는지 알아요?
빈곤하게 만들어놨어요. 하루하루
먹고살아야 하는 사람한테는 마음의
상처 이런 거 사치예요. 국가가 그건
기가 막히게 해놨어.

피해생존자 한일영 씨가 '선감학원 사건 특별법 제정 및 피해자 지원 대책 마련을 위한 토론
회'에서 발언하고 있다. ⓒ 비마이너

이야기를 나누는 동안 그는 지독하게 반복되는 꿈속에 있는 듯했다. 깨어나려고 몸부림치지만 여전히 꿈속이고, 꿈에서 깨어난 줄 알았는데 아직 꿈속인 상태. 꿈은 매번 목숨 걸고 탈출해야 살아남는 악몽이고, 꿈속에서 그는 누군가에게 이유도 모른 채 붙잡힌다. 고통을 버티다 때를 기다려 탈출하는데, 곧바로 다른 누군가가 그를 붙잡아 가둔다. 이를 악물고 다시 탈출에 성공하지만, 그는 새로운 그물에 다시 걸리고 만다.

이제 갓 예순을 넘긴 한일영은 야간에 일을 한다. 몇 년 전 어느 날, 근무를 하다 쉬는 시간에 이것저것 검색을 해보다 불현듯 '선감학원'이라는 단어가 떠올랐다. 열일곱에 그곳에서 죽기 살기로 도망쳐 나온 뒤로 '선감학원'이라는 단어를 들을 일이 없었다. 한 번도 그곳을 찾지 않았다. 그날 밤 그 단어가 생각난 것은 난데없었지만, 운명 같았다고 했다.

바로 다음 날 그는 인터넷에 적혀 있는 전화번호로 연

락해, 묻어두었던 시간들을 다시 마주하기 시작했다. "옛날에 목숨 걸고 나왔던 데니까 감회가 새롭잖아요. 궁금하기도 하고, 옛날 건물들이 어떻게 있는지 되게 궁금하더라고요. 그런 호기심으로 왔던 거죠. 지금 하는 이런 일들을 구체적으로는 잘 몰랐고요." 그는 선감도에서 탈출한 지 거의 40년 만에 다시 선감도를 찾았다.

나는 그를 2017년 5월 말 선감도에서 열린 선감학원 피해자 위령제에서 처음 만났다. 근무를 조정하고 대전에서 온 그는 위령제 행렬의 선두에 있었다. 그는 선감도에서 탈출하다 죽은 아이들의 혼을 상징하는 종이를 들고 선감도 선착장에서부터 선감학원이 있던 자리까지 묵묵히 걸었다. 그날 그가 내게 들려준 이야기는 소년 시절 자신이 겪은 몇 차례의 붙잡힘과 탈출에 관한 것이었다. 그는 선감학원만이 아니라 삼청교육대에도 붙잡혀갔다 나왔다. 그 악몽 같은 사건들을 겪으며 어린 시절을 다 보냈다. 나는 감히 어떤 말도 건네기가 어려웠다.

그는 지금도 탈출을 기획하는 사람 같았다. 유년의 기억 속으로 자주 붙들려 가는 듯했다. 하루하루 먹고사는 일에 힘이 부칠 때면 망각이라도 한 듯 떠오르지 않던 기억이 한 번씩 튀어올라 여전한 울분에 휩싸였다. 자신에게 일어나는 좋지 못한 일들이 모두 자신의 어린 시절 일과 연관돼 있다고 느낀다. 그는 자신에게 피해의식이 있는 것 같다고 했지만, 내겐 어쩔 수 없는 일로 느껴졌다. 소년이 이유도 모른 채 겪은 이 일에 대해, 그 누구도 해명하지 않았다. 그리하여 국가에 반복해서 붙잡히고 탈출구를 찾아 헤매는 한 소년이 아직 여기 있다.

집에 가는 게 최고의 꿈이었어요

경기도 가평에서 어머니와 살던 열세 살 소년 한일영은 서울에 있는 작은아버지 댁에 혼자 찾아가던 길이었다. 1969년경이었다. 어머니에게 차비를 받아 버스를 탔다. 마음씨 좋은 작은아버지께 용돈을 받을 기대로 한껏 부풀어 있었다. 오후 두세 시쯤, 목적지인 서울 삼선교에 내려 작은아버지 댁을 향해 걷고 있는데, 누군가 그를 붙잡았다.

"거기서부터 꼬이기 시작했어요. 파출소에 있는 순경 같았어요. 워커 같은 거 신고 있었는데 뭐랄까, 불심검문이라고 해야 하나. 저한테 '집 어디냐' '어디 가냐' 하면서 집 주소를 대라고 했어요. 나는 주소는 몰라서 모른다고 했어요. 가평에 살고 가평국민학교에 다닌다고 했는데, 자기네가 확인을 하려고 하면 학교에 연락해서 얼마든지 확인할 수 있잖아요. 그런데 혼자서 왔다고 하니까 아예 믿지를 않았던 거 같아요. 내가 작은아버지 집까지 같이 가보자고 했는데, 저를 파출소에 데리고 있다가 바로 응암동 아동보호소로 넘겼어요. 자기들도 할당이 있었는지 어쨌는지 모르겠지만. 나중에 아동보호소 가서 알고 보니까 다 그렇게 잡혀온다고 하더라고요. 껌팔이 하다가도 잡혀오고, 웬만큼 꾀죄죄하고 그러면."

그렇게 들어간 아동보호소에서 열 달 정도를 살았다. 하는 일 없이 정좌로 앉아 있다가 이유도 모른 채 얻어맞는 게 일상이었다. 보호소에서는 고참 아이와 신참 아이를 짝지어주고, 도망가지 못하게 서로 감시하도록 했다. 그러던 어느 날 보호소에서 경기도 배차가 있으니 경기도에 집이나 친인척 있는 사람은 손을 들어보라고 했다. 그는 가평에 있는 어머니 집으로 돌아갈 수 있다는 생각에 너무나 기뻤다. 들뜬 마음에 차를 탔으나 그가 도착한 곳은 마산포(현 경기도 화성시 소재)였다. 함께 손을 들었던 스무 명 정도 되는 아이들 모두가 이곳으로 옮겨졌다. 아이들은 그곳에서 조그만 배로 갈아타고 어느 섬에 도착했다.

"선감나루터부터 시작해서 개척사 밑에 공터까지 갔어요. 거기다 애들을 모아놓고 신고식인 건지 뭔지, 그때부터 엄청 두들겨 패고 난리더라고요. 경기도 배차한다고 속여놓고 거기 다 데려온 거예요. 두들겨 맞고 피투성이가 돼서 씻지도 못하고 있었어요. 그다음에 애들을 찢어서 방을 배치해주더라고요. 한 이틀 정도 됐을까? 집에 보내준다고 해서 왔는데 상황이 좀 그렇잖아요. 그래서 나는 개척사 담당 선생한테 순진하게, 선생이니까 얘기하면 되겠다 싶어서 얘기를 했어요. 집

에 보내준다고 들었는데 왜 안 보내주냐고. 여기서 못 나간다
는 건 다음 날 다른 애들한테 들어서 알게 됐어요.

며칠 뒤에 사장한테 곡괭이자루로 무진장 두들겨 맞았
어요. 왜 선생한테 그런 소리를 했냐면서. 그렇게 맞고 나니까
너무 악질이다 싶어서, 저랑 같이 온 애 중에 한 명한테 사장
험담을 했어요. 사장 쟤 진짜 너무한다, 그렇게 얘기한 거죠.
근데 걔가 사장한테 잘 보이려고 내가 험담한 걸 일렀어요. 그
뒤로 사장이 나를 맨발에, 팬티 바람으로 해가지고 두 시간씩
운동장에 세워놓는 거예요. 그렇게 이틀 되니까 발이 너무 가
려웠어요. 발이 양쪽으로 퉁퉁 부었는데 한 달이 넘어가니까
왼발 전체가 시커멓게 죽어가는 거예요. 안티푸라민인가 그것
만 발라주고 별거 없었어요. 지금으로 치면 아홉 시 뉴스감이
겠지만. 허구한 날 죽고 하니까 그 사람들도 면역이 돼서 그런
지 별일 아닌 것처럼 하더라고요. 한쪽 발가락 끝에서부터 고
름이 나기 시작하니까 그제야 먹는 약을 줬는데 고름이 계속
나더라고요. 내가 운이 좋아서 다행이지 잘못하면 발을 잘라
야 한다고 했어요."

그때 그의 발가락 몇 개는 끝부분 살점이 잘려나가 뭉
툭해져버렸다. 집에 돌아간다고 기대했던 아이들은 오늘 하루
두들겨 맞지 않고 살아남는 게 일과가 됐다. 선감학원에서는
아이들을 학교에 보내는 대신 매일같이 농사일을 시키고 할당
량을 채우게 했다. 할당량을 채우지 못하면 또 두들겨 맞았다.

"농사에 관한 건, 웬만한 건 다 했어요. 힘든 일이 계절 별로 달라요. 보리밭이 되게 넓은 게 있었어요. 추운데 양말도 없이 고무신 하나 신고. 바람도 엄청 차가워요. 그 넓은 데를 어린애들이 매야 하죠. 또 추수할 때는 되게 따가운데 낫으로 다 베어야 했어요. 허구한 날 일하고 빠따 맞고 하다보니까, 집에 간다는 건 이미 꿈이 깬 거고. 어떻게 하면 조금 덜 맞을까, 어떻게 하면 일을 덜 힘들게 할까. 건초를 베라고 하면 논밭, 산이고 다 다니면서 매 맞지 않으려면 어떻게 정량을 다 베서 갖다 바칠까, 이런 생각에 급급했어요.

'꼴바'. 꼴통바가지라고 정말 악독한 양반이 있는데, 그 양반 관사가 양잠하는 건물 뒤쪽으로 있었어요. 꼴바는 아들 둘에 딸 하나랑 같이 살았어요. 거기는 물이 없어서 약수터에서 물을 길어 와야 했어요. 콩쥐팥쥐에 나오듯이 장독 항아리에 어린아이들이 물을 떠 나르는 일을 했어요. 식수만 하는 게 아니라 씻고 그런 물도 다…… 나는 관사 당번만 하면 좋은데, 다른 애들 일할 때도 일하고, 다른 애들 씻고 쉬고 그럴 때도 관사 일을 해야 했어요. 나는 지지리 복도 없었어요. 그런 선생을 만나서 이중 삼중으로 힘들었어요. 저는 이용과여서 짬 나면 이발도 했어요. 이용은 아직도 생생한 게 있는데 '이용은 전 인류에 공헌하는 동적인 자연의 예술이요. 이용사는 이를 실천하는 예술가이다' 이걸 외우라고 해서 외웠어요. 안 하면 두들겨 맞으니까 외워진 거예요. 찍히지 않으려고요.

밤만 되면 곡괭이자루 끌고 다니면서 단체 빠따를 쳤어요. 누구 하나가 잘못했다 하면 전체 빠따니까. 점호할 때 빠따 질질 끌고 내려오는 소리가 나고, 퍽퍽거려요. 골고루 맞고 내려오는 거야. 매도 먼저 맞으면 나은데, 분명히 나도 맞을 건데, 하필이면 우리는 입구 쪽이어서 저 끝에서부터 고통 소리, 막 퍽퍽거리면서 맞는 소리를 들어야 했어. 그것도 원산폭격해가지고 기다리고 있는 거야. 어떤 애가 도망갔다 그러면, 오늘 밤에 또 곡소리 나는구나 생각하죠.

집에 가고 싶은 게 최고의 꿈이었어요. 그 꿈도 결국에는 내가 능력이 됐을 때 꿀 수 있는 게 여기의 꿈이야, 선감학원의 꿈. 내가 능력이 안 되는데 꿈을 꾸면 불행해져요. 수영도 못하는데 도망가야 한다고 생각하면 살 수 있을 것 같아요? 더 불행해지지. 먼저 도망 나갔다가 도로 돌아온 애들 얘기하는 걸 들었어요. 같이 도망갈 때 옆에서 같이 수영 치면 안 된다, 누구 하나 힘 떨어지고 하면 서로 붙잡고 그러다가 다 죽는다, 또 물 들어올 때 맨 꼭대기서부터 시작해갖고 넘어가라. 우리는 개구리수영 하는 건데 이거 속도가 되게 안 나와요. 끝에서부터 하게 되면 거기 끝은 유속이 세다보니까 거기서 조금이라도 멈칫거리면 먼 바다로 나가는 거예요. 그러면 빠져 죽어가지고 재수 좋으면 뭍으로 떠밀려 나와서 여기 묻히는 거고, 재수 없으면 그냥 끝나는 거예요. 여기서는 뭍으로 안 떠밀려 왔으니까 살아서 갔구나 생각하는 거지만. 도중에 죽었을지도 모르는 많은 애들이 있어요.

세월호도 보면 아직 못 찾은 사람 많잖아요. 그 부모들 보면 이제, 죽은 걸 살아 돌아오기를 바라는 게 아니라 뼈 한 조각이라도 찾았으면 하는 심정이잖아요. 운 좋게, 죽었지만 그 와중에 떠밀려와서 여기라도 묻힌 거고요. 떠밀려서 먼 바다로 가는 애들이 많았을 거예요. 여기선 어떻게 처리했을지 모르겠지만 도망가다 죽어서 여기 묻었네, 이렇게는 절대 안 할 거예요. 병사로 처리하거나 했겠지. 그러니까 우리가 (진상을) 밝힐 수가 없는 거야. 자기들이 이 핑계 저 핑계 대서 그랬다고 하면 우리가 밝힐 길이 없는 거지. 제발 다 살아서 다 도망갔길 바라지만. 근처 섬으로 떠밀려간 애들은 누가 건져오면 여기다 묻었지만 아주 먼 데로 나가서 떠오르지 않는다면 그걸로 끝인 거지…… 가장 불행한 희생자가 걔네들 아닌가 해요.

저는 여기 들어올 땐 수영할 줄도 몰랐어요. 여기 앞에 염전이 있었고 염전 옆에 저수지가 있었어요. 바닷물 들어왔을 때 수문을 닫아놓으면 물이 남아 있잖아요. 우리가 여기서 유일하게 배운 건 수영이에요. 수영 배운 건 빠삐용처럼 하려고 계획한 거였어요. 중요한 건 수영만 잘하면 되는 건 아니고, 여러 가지 고난이 있었어요.

여기서 집에 가야 한다는 꿈은 한동안 다 차단돼 있었죠. 꿈이라는 거는요, 언제 꿈이 생기냐면요. 수영을 배우고 물

때도 알고 하면서 능력이 갖춰졌을 때 비로소 꾸게 되는 거더라고요. 이 부근 섬사람들은 (시체가) 떠밀려오면 다 여기서 도망가다가 떠밀려온 애들이라고 선감학원에 알려줘요. 그러면 거기 가서 데리고 오고 이러는데 퉁퉁 불어터지고 상처가 많았어요. (시체를) 고기들이 뜯어먹고 한 거를 저는 직접 보기도 했어요.

저는 한 번 만에 탈출에 성공했어요. 두 번 했다가는 저 세상 가야지. 세 명이 탈출했어요. 나무 위에 올라가서 물 빠지면 감시하는 사람이 있었어요. 그 사람이 맨날 올라가 있는 건 아니어서, 밑에서 뭐 하는 거 보고선 그 틈에 물때 맞춰서 나갔어요. 멀리 산 위에서 봤을 때는 물 다 빠지고 나면 나오는 뱃고랑이 되게 좁아 보였어요. 근데 거기까지 나가는 데도 힘이 다 빠졌어요. 뻘이니까 걸어서 나가다가는 절반도 못 나가서 힘 빠져서 죽는 거고, 물 들어오면 끝나니까. 우리는 엎드려가지고 팔로 스키 타듯이 막 밀고 나갔어요. 그러면 빠지지는 않으니까. 근데 이건 평지 얘기고, 가다보면 고랑이 또 있어요. 앞에 가보니까 무진장 먼 거예요. 힘 다 빠졌잖아요, 팔이고 뭐고. 애들이 그래서 죽는 거예요. 그때 같이 가던 한 명이 포기하고 울면서 '야 너네들은 죽지 말고 꼭 성공해라' 그러는 거예요. 겁먹어가지고. 직접 앞에 가보니 무진장 머니까 자신이 없었던 거지. 그래서 다시 돌아갔는데 걔는 어떻게 됐는지 모르겠어요."

도망쳐 나온 아이를
부려먹는 섬 사람들

그렇게 소년 한일영과 친구는 선감도 탈출에 성공한다. 기진맥진한 상태로 이웃 섬인 어섬에 도착한 그들을 섬 주민들이 맞았다. 굴 양식 일로 살아가는 동네라 섬 주민들은 바닷가에 나와 일을 하고 있었다. 주민들은 두 소년이 수영해서 오는 걸 멀리서부터 지켜보고 있다가 그들이 뭍에 이르자 다가왔다.

"나는 거기서 붙잡힐 거라고 상상도 못했는데 붙잡혔어요. 그 사람들 입장에선 우리를 보는 사람이 임자예요, 완전 '심 봤다'지. 우리는 공짜로 쓸 수 있는 머슴 아니면 노예였어요. 주민 하나가 나를 앉혀놓고 자기 집에 가서 있을래? 선감원으로 도로 돌아갈래? 협박을 하는 거예요. 저는 당연히 있는다고 그러죠. 목숨 걸고 간신히 탈출해 나왔으니까."

소년들은 강도 높은 굴 양식에 부려졌다. 굴을 지게에다 한가득 실어 나르고, 종일 그 굴을 깠다. 선감학원에서 같이 탈출해 나온 친구와는 만날 수 없었다. 이웃에 또 다른 아이들이 있었지만, 주민들은 이 아이들이 서로 만나는 걸 허락하지 않았다. 선감학원 선생들이 없어진 아이들을 찾아 어섬까지 오기도 했는데, 그럴 때면 주민들은 아이들을 숨겼다. 소년 한일영은 어섬에서 벗어나기 위해 두 번째 탈출을 기획했다.

"마산포하고 어섬 사이에 주민들이 만들어놓은 다리가 있었어요. 물 빠지면 그게 드러나서 안전하게 나갈 수가 있었어. 그렇지만 동네 사람들이 똘똘 뭉쳐서 애들이 그쪽으로는 못 다니게 했어요. 그쪽으로 갔다간 작살이 나. 동네 사람들이 담합이 돼 있어. 그런 거 생각하면 그 사람들도 진짜 나쁜 사람들이에요.

나는 거의 1년 다 돼서 탈출했는데, 어섬은 1년에 한 번 산신제를 열어요. 섬 자체 내에서 마을이 똘똘 뭉쳐서요. 주민들은 온 식구가 다 산으로 올라가더라고요. 그때 마침 물이 빠지고 다리가 나와서 저는 뒤도 안 돌아보고 무지무지 뛰었어요. 그때가 열여덟. 국민학교 5학년에 붙잡혀가서 열여덟이 돼서 나온 거예요."

섬에서 도망쳐 나온 그는 걷고 또 걸어 도시로 나왔다. 거기서 기차에 몸을 싣고 또 무작정 걷고 걸어 어머니가 있는 가평 집까지 찾아갔다. 하지만 거기엔 아무도 없었다. 소년은 예선에 혼자 집을 나온 그날처럼, 다시 가평에서 서울 삼선교 작은아버지 댁까지 찾아가게 된다. 가족들은 그가 죽은 줄로만 알았다고 했다. 아버지와 이혼한 어머니와는 한동안 연락이 닿지 않았다. 수소문 끝에 어렵게 만난 어머니는 죽은 줄 알았던 아들이 살아온 것만으로도 다행이라고 했다. 울고불고 난리가 났다.

그는 새 삶을 준비하며 일을 배우러 다녔다. 학교를 제대로 다니지 못했으니, 기술이라도 배워야겠다 싶었다. 이곳 저곳 일자리를 알아보다 괜찮은 물산 회사를 알게 됐다. 프레스, 선반 짜기 같은 일을 배워가며 다녔는데, 얼마 가지 않아 또 일이 벌어졌다. 여름휴가를 받아 동네 아이들을 데리고 뚝섬유원지에 있는 수영장으로 물놀이를 간 날이었다. 동네 아주머니들이 그에게 김밥을 싸서 챙겨주고 아이들 보호자 역할을 부탁했다. 하지만 그날 그는 또 영문도 모른 채 경찰에 끌려가고 만다.

"나도 물놀이 갔으니까 즐거울 거 아닙니까. 그래서 선감학원에서 배워갖고 나온 개구리수영을 하면서 물놀이를 하고 있는데, 경찰 같은 사람이 와서 저를 밖으로 나오라고 하더라고요. 그 근처 파출소에 가서 조금 앉아 있다가 성동경찰서로 보내졌어요. 왜 그러는지 몰랐어요. 성동경찰서는 사람이 한 30명 모여 있었는데, 버스에 막 잡아 태우더라고요. 한 경찰서마다 할당량이 있었대요. 무조건 그거 맞춰야 되니까 아무나 붙잡아가고 그러는 거지. 그래서 삼청교육대를 가게 된 거예요. B급 분류 받아서."

삼청교육대에서 경험한
또 한 번의 지옥

　　삼청교육대는 1980년 전두환 정권의 국가보위비상대
책위원회가 '사회 정화'를 목표로 군부대 내에 설치한 기관이
다. 당시 계엄사령부는 폭력배가 난무하고 사회질서가 혼란
하다며 폭력배 등 사회악이 일소된 새 시대를 만들겠다고 했
다. 계엄사령부의 '계엄포고 13호'에 따라 군과 경찰이 투입돼
1980년 8월부터 1981년 1월까지 총 6만 755명이 법관의 영장
발부 없이 검거됐다.* '개전의 정이 없이 주민의 지탄을 받는
자, 불건전한 생활 영위자 중 현행범과 재범 우려자, 사회풍토
문란 사범, 사회질서 저해 사범 등'이 그 검거 대상으로, 검거
된 이들은 군·경·검 합심제에 의해 A~D등급 분류 심사를 받
았다. A급은 군사재판 또는 검찰 인계, B급은 순화교육 후 근
로봉사, C급은 순화교육 후 사회 복귀, D급은 훈방 조치가 이
뤄졌다.

　　한일영과 같은 B급 순화교육 대상자들은 유격체조, 기
초 장애물 극복, 공수 접지훈련과 같은 고된 체력훈련을 받았
는데, 이 과정에서 구타를 비롯해 육체적 고통을 주는 일들이
빈번했던 것으로 기록돼 있다. 1988년 국방부 국정감사 자료

---

* 　2006년 국방부과거사진상규명위원회, 〈삼청교육대 사건 진상 조사 보고서〉.

에 따르면, 삼청교육대 현장 사망자가 52명, 후유증에 의한 사망자가 397명, 정신장애 등의 상해를 입은 인원이 2,678명으로 나타났다. 또한 검거된 이들 가운데 35.9퍼센트가 '불량배 소탕'이라는 정권의 명분과 달리 전과 사실이 없는 것으로 확인되었다.

"삼청교육대 가자마자, 처음에 군기 잡느라 그러는 건지 기관총인지 공포탄인지 뭔지 모르겠지만 총을 막 쐈댔어요. 빨간 모자 쓴 조교들이 우리를 엎드리게 하고선 좌로 굴러, 우로 굴러, 이리 뛰어 저리 뛰어, 워커 발로 밟아가면서 정신없이 막 시켰어요. 거기엔 어린 학생도 있었고 육십 넘은 사람도 있고 그랬는데 똑같이…… 근 한 시간 정도를 그러는데 너무 억울한 거죠. 나는 그때 삼청교육대라는 걸 몰랐어요. 벌떡 일어나서, 국민을 보호해야 할 군인이 왜 죄 없는 사람들을 매질하고 구타를 하냐 하면서 막 따졌어요. 그랬더니 그때부터 찍혀서 쉬는 시간에 나를 열외 하더니 더 심한 걸 시켰어요. 지옥탕이라고 웅덩이를 둥그렇게 파놓은 게 있어요. 화장실이 없으니까 사람들이 빙 둘러서 소변보는 장소거든요. 물과 오줌과 진흙으로 범벅돼 있어요. 거기에 사람들을 들어가게 하고는 좌로 굴러 우로 굴러 막 시켜요. 이게 단체로 할 때는 워낙 사람이 많으니까 한 번씩 하고선 빨리 나오게끔 해요. 근데 나한테는 십분 내내 거기서 좌로 굴러 우로 굴러 하는 거죠. 조교들이 얼굴을 쑤셔 박아놓고 그걸 시켜요. 그러면 숨을 쉬어야 할 것 아닙니까. 범벅된 게 숨 막히니까 먹게 돼요. 몇 번씩 삼키게 되고.

하여튼 그렇게 고달프게 생활하다가 한 달 되니까 절반을 추려내더라고요. 나는 죄짓고 들어온 게 아니니까 이제 내보내겠지 했는데, 근로봉사로 넘어가더라고요. 근로봉사를 한두 달 있었나, 그랬어요. 근데 진짜 이대로 있다가는 죽을 것 같애, 사람이 사는 게 아니야. 선감원에서 무진장 맞고 지옥 같았다 그랬잖아요. 근데 거기는 그 몇 배로. 눈만 뜨면 훈련 받고, 또 남들 쉴 때 쉬지도 못하게 하고, 사람이 살 수가 있나요. 그래서 '탈출을 해야겠다'고 생각했어요.

거기서 늘 교육하는 게 있어요. 산에 발목지뢰를 뿌려놓은 게 있대요. 그걸 밟으면 발목 나가가지고 다 죽는다, 그랬어요. 나는 뭘 보고 가능성이 있다고 생각했냐면, 어느 날부터 소변보고 대변보는 걸 숲 안에 2미터까지 들어가서 해도 된다고 허가가 됐어요. 한 번 쓱 들어가서 딱 앉아 있는데, 서 있을 땐 울창해서 아무것도 안 보이던 게 앉아서 이렇게 보니까 산등성이니 뭐니 훤히 보여요. 누가 다니는지도 보이고, 총구가 왔다 갔다 움직이는 것도 보였어요. 지네들이 발목지뢰 있으니까 들어가면 죽는다, 이렇게 교육을 해놓고 자기들은 다 왔다 갔다 다니는 거예요. 그래서 들어가도 괜찮겠다 생각했어요. 그리고 유일한 희망으로, 쉴 때 보면 한 시간에 한 번 정도 멀리서 기적 소리가 나요. 은은하게 들렸어요. 군인들이 하는 얘기를 들어보니까 휴가 받아서 열차 타고 나갔는데 신탄진역에 가서 누구를 만나고 왔다 그래요. 그래서 저쪽, 소리 나는 쪽이 기차역이구나 했어요. 소리만 들어도 되게 가슴이 아파서 빨리 집에 가야겠다고 했어요.

그때 생각은 여기도 죄짓고 들어온 게 아니니까 탈출만 하면 끝이라고 생각했어요. 그래서 작전을 막 세웠어요. 걸리면 죽는 거예요. 도망간다는 건 여기도 선감학원도 마찬가지로 죽음을 각오하고 가야 되는 거예요. 지뢰를 밟든 총살을 당하든 잡혀서 맞아 죽든. 그래서 무조건 성공을 해야 되는 거예요. 마침 아침 일찍 나와서 점호 한 번 하고 점심시간까지 같이 다 섞여 있는 날이었어요. 중대, 소대 나누지 않고 다 섞여 있었어요. 점심시간까지는 시간이 있는 거예요. 그때까지는 어쨌든 멀리 도망가야 해요. 낮은 포복, 높은 포복 거기서 배운 거 다 써먹어가지고 도망을 나왔어요. 그거 정말 유용하더라고요.

도망쳐서 멀리 산에 올라가서 보니까 제가 부대 세 군데를 통과해서 나왔어요. 오로지 소리 나는 쪽으로 가야만 길을 안 잃어버린다고 생각해서 그 소리 따라서 신탄진역까지 나왔어요. 보니까 군인들 왔다 갔다 하는 것도 보이고 해서, 안 되겠더라고요. 밤까지 기다렸어요. 게다가 티켓도 없잖아요. 입은 옷도 군복이고 하니까. 반대 방향으로 낮은 포복으로 가서 간신히 기차에 올라탔어요. 화장실에 있었는데, 기차가 출발할 때 덜커덩하잖아요. 열차들이 서로 팽팽하게 당겨지면서 달리기 시작하더라고요. 아 이제 집에 간다 하면서 꿈에 부풀었어요. 근데 다음 역이 되니까 안내방송이 나오더라고요. 군부대 사정으로 열차 잠시 서겠다, 불편하시더라도 양해해달라고. 그 소리 듣자마자 내려가지고 도망을 가야 되는데, 왜 그랬는지 모르겠는데 발이 떨어지지가 않아요. 조금 있으니까 착착착 링 돌아가는 소리를 내면서 두 명이 오는 거예요. 제발 그냥 돌아가기를 바랐는데, 바랄 걸 바랐어야겠죠. 제일 먼저 뒤지는 데가 화장실일 거 아니겠습니까. 문이 딱 열리는 순간 앞이 깜깜하다고 하는 게 뭔지 알겠더라고요. 네가 한일영이냐까놓고 물어보지도 않았는데, 당연한 거 아니에요? 군복을 딱입고 있었는데. 끌고 내려가더니 짚차 태워서 헌병대로 갔어요. 나는 삼청교육대로 가는 줄 알고 '나는 죽었다' 차라리 내가 죽자 하면서 혓바닥을 확 깨물었어요."

깨어나보니 헌병대 군인들이 그를 치료하고 있었다. 군인들은 그에게 흰쌀밥과 고기반찬을 내주었다. 그는 묻지도 않고 허겁지겁 한 그릇을 먹고 더 받아먹었다. 삼청교육대에선 조교들에게 찍혀 계속 짬밥을 먹었었다. 다음 날 헌병대에서 제일 높은 사람이 그를 불렀다.

"거기 왜 들어갔냐고 묻더라고요. 그래서 이러저러하게, 아무 죄 없이 들어갔다 했더니, 자기들이 교육받은 건 그런 게 아니라고 했어요. 사회에서 엄청난 불량배들이 가는 곳이라고 교육받았다는 거예요. 조교들이 그렇게 심하게 하는 것도 그래서라고 하면서 저한테 이해하라고 했어요. 그러고는 자기가 나를 생각해서 얘기하는 거라며, 선택을 하라고 했어요. 다시 있던 데로 보내주랴, 아니면 A급으로 분류돼서 재판을 받을 거냐. 나는 진짜 속으로 쾌재를 불렀어요. 이제 살았다. 괜히 하는 소리만 아니기를 바랐죠. 재판받겠다고 했어요. 진짜 억울하잖아요, 제가. 그래서 재판받으면 다 밝혀지고 무죄로 풀려날 거라고 생각했어요. 좁은 생각이었어요. 전두환이 시킨 일을 갖다가 뒤집을 수 없다는 거를 그때는 몰랐어요. 순수한 마음에…… 그래서 재판을 받는다고 하고 A급으로 분류되겠다고 했어요."

마음의 상처? 이런 건 사치예요

한일영은 어차피 짓지도 않은 죄, 등급을 올리기로 했다. 그는 그저 이곳을 하루빨리 벗어나 집으로 가기만 하면 되었다. 재판받기만 기다렸다. 군에서는 그를 민간인이 있는 일반 교도소로 보냈다가 다시 육군단으로 데려왔다. 그렇게 어렵게 생긴 재판의 기회에서 한일영은 징역 1년형을 선고받는다. 무죄를 받을 것이라 생각했던 한일영은 억울한 마음에 항소를 했지만, 항소는 기각된다. 그는 다시 대법원에 상고하고,

1부 | 수렁에 빠진 소년들

공주교도소로 이감돼 재판을 받았다. 상고 역시 기각돼버렸고, 결국 그는 1년형을 다 채운 뒤 풀려났다. 하지만 그게 끝이 아니었다.

"내가 기가 막힌 건 그 후에 나와서도 요시찰이라고, 항상 요주의 인물이라고 해서 파출소에서 나왔어요. 프레스니, 선반이니 전에 배운 걸로 시다라도 해보려고 공장에 들어갔었는데, 파출소에서 한 달에 한두 번씩 나오는 거예요. 나는 항상 감시 대상자였어요. 어디 이동할 때마다 신고해야 되고. 그것까지는 괜찮은데 직장까지 찾아와서 그러니까. 그때 당시엔 삼청교육 하면, 지금도 나이 먹은 사람들은 그러던데, 전두환이 삼청교육 잘 만들어놨다고 하는 사람들이 있었어요. 그 사람들이 잘못했다고 탓하는 게 아니라, 그때 조중동 언론에서 전두환한테 너도나도 충성하느라고 그렇게 했으니까. 뉴스 틀면 그렇게 나왔으니까 국민들이 거기 세뇌당해가지고 그런 게 많죠. 실제로는 그게 아닌데. 죄 없는 사람들 끌고 가서 자기네 정치하는 데 반기 드는 사람들을 탄압하는 목적으로 쓴 거 같아요. 과거사진상규명위에서도 밝혔지만 전두환이 대통령 되려는 목적으로 자기가 잘한다는 걸 뭔가 보여줘야 하니까 우리를 희생시킨 거예요. 광주 일도 있었잖아요. 이슈는 이슈로 막아야 된다는 차원에서 싹 덮어버린 거죠. 광주사태 한창 말많고 할 때 삼청교육으로 싹 덮어버렸어요. 뉴스 틀면 맨날 우리들 삼청교육대 얘기만 나오고.

어찌됐든 이후에 2차, 3차 피해가 계속되는 건데, 직장 들어가도 금방 쫓겨나고…… 직장생활이라는 걸 아주 할 수 없게 했어요. 국가에서 조직적으로 무슨 나랑 철천지원수라도 진 것처럼 그렇게 해버리더라고요. 그 후로는 내가 얘기를 안 했어요. 가슴 아픈 일이 너무 많고 해서 얘기를 안 해요. 얘기를 하면 또 날 손가락질할 사람도 많고 해서 얘기를 안 해요.

정상적으로 일할 수 없게 조직적으로 다 막아놓고 낙인을 찍어놓은 거죠. 배운 것도 없고 한데, 취직은 할 수 없고. 나이도 먹고 돈은 벌어야 하고. 한동안 노가다를 하기도 했어요. 질통 지고 5층, 6층 다 다니고 했는데 무릎이 시큰거려서 도저히 하지를 못하겠더라고요. 그러다보니까 사람이 자포자기하게 되더라고요. 내가 노력해도 할 수 없는 걸 느끼고, 국가에 대한 원망이라든가 그런 게 많이 있는 거죠. 자살 시도도 몇 번씩 했어요. 모진 게 목숨이라고, 선감학원에서도 도망 나와서 살았고, 삼청교육대에서도 나와서 살았잖아요. 살았는데, 나는 버텨 나가지 못하겠고…… 그래서 자살 시도했다가 실패하고, 막 살게 되고 그랬을 때가 있었어요. 살아가는 자체가, 삶 자체가 너무 억울하고……"

다시 살아야겠다고 마음먹을 때면, 기억과 원망은 사치였다. 무엇이든 해야 먹고살 수 있었다. 함께 생활하는 선감학원 출신 친구와 넝마주이를 하며 지냈다. 차라리 죽는 게 낫겠다는 마음과 잘 살고 싶다는 마음 사이를 오가며, 때때로 느끼게 되는 망각이라는 것에 감사하며, 그 시절을 살아냈다.

"일부러 굳이 잊어버리려고 노력한 건 솔직히 없어요. 국가가 그렇게 만들었어요. 너네는 빨리 잊어버려라. 어떻게 했는지 알아요? 빈곤하게 만들어놨어요. 하루하루 먹고살아야 하는 사람한테는 마음의 상처 이런 거 사치예요. 살아가는 자체가 고달프잖아요. 하루하루 먹고사는 데 매진하다보면 다른 건 다 잊어져요. 국가가 그건 기가 막히게 해놨어. 아주 빈곤하게 만들어서 이런 거 저런 거 생각 못하게 한 거예요. 먹고살기 바쁘고 거기 집중해 살다보니까 자동적으로 잊혀지잖아요. 그렇다고 고맙게 생각해야 됩니까, 나는?

삼청교육대 갔다가 징역까지 살고 나왔을 때가 1980년대고 내가 1958년생이니까 20대 초반이죠. 아동이었을 때는 선감학원에서 망쳐버렸고, 성인이 되어서는 삼청교육 때문에, 또 거기서 도망 나왔다는 이유로 징역 1년까지 받아서 나왔던 거고. 그 뒤론 삼청교육대 갔다 왔다는 이유로 낙인이 찍혀서 어디 취직도 못하고. 그래서 넝마 하고 사는 것 자체가 어디 정상적인 삶입니까."

진상규명 활동, 내 과거와 현재가 걸린 일

그는 오랫동안 기초생활보장 수급자로 지냈다. 가진 게

없고, 몸이 망가진 상태에서 빈곤으로부터 벗어나는 일은 쉽지 않았다. 그의 삶이 조금씩 달라지기 시작한 건, 대전으로 거주지를 옮겨 지내던 중 교회에서 지금의 아내를 만나면서부터다.

"대전에서 처를 만나고, 처로 인해서 새 삶을 얻어서 산 거예요. 우리 처는 제가 어떻게 살아왔는지 다 알아요. 사람이 그런 게 있잖아요. 임금님 귀는 당나귀 귀라고 하는 것처럼…… 속에 쌓인 게 있는데, 누군가한테는 억울한 거를 이야기해야 하는데…… 얘기할 데가 없는 거죠. 누군가 우리 약자의 편에서 대변해준다거나 목소리 내줄 사람이 필요한데 그런 사람이 없더라고요. 다른 사람한테 얘기한 건 우리 처가 처음이죠. 많이 망설였는데, 처하고 뉴스 같은 거 같이 보다보면 어디서 인권 학대 했다던가 그런 게 나오잖아요. 그런 거 보면 자꾸 기억이 나요. 나는 더 심한 거를 당했는데 싶고. 다 잊어버렸다고 생각했는데, 처하고 사니까 행복해서 그런가, 자꾸 생각이 나더라고요.

뉴스 보다가 얼떨결에 옛날이야기가 나왔는데, 처가 계속 꼬치꼬치 묻고 집요하더라고요. 그러다보니까 첨엔 여기까지 말했다가 다음엔 여기까지 말했다가 삼청교육대까지 얘기하고, 결국 다 얘기하게 됐죠. 처음엔 많이 울었어요. 믿기지도 않았겠지. 그러더니 나중에는 처가 애들한테 이것도 교육이다, 너희 아빠가 어떻게 살아왔는지 너희가 알아야 된다 하면서 이야기하기 시작하더라고요. 당신이 무슨 죄짓고 갔냐? 당신이 죄를 짓고 갔다고 하면 나는 애들한테 얘기 못한다, 솔직히. 그렇지만 당신은 피해자다. 그렇기 때문에 애들도 알아야 된다, 그랬어요.

지금 진상규명 활동 하는 게 잘됐으면 좋겠어요. 제가 받은 상처에 대해 배상이 이뤄져서 돈을 받고 우리 애들이 그 돈을 쓴다고 생각하면, 더 비참해할지도 모르겠어요. 애들은 그렇게 생각 안 할지도 모르겠지만. 아빠의 어린 시절부터 젊은 시절 그리고 지금까지 걸린 일이잖아요. 한동안 삼청교육이니 선감학원이니 다 잊고 살았는데 문재인 대통령이 다시 과거사 청산해야 한다고 하잖아요. 이게 국가에서 지시 사항이 있으니까 다 따라 했던 거고, 어찌됐든 실타래는 국가가 풀어야 하는 거죠. 거기에 맞는 배상이라고 할까? 그런 걸 해야 된다고 생각해요. 선감학원 문제도 그렇고 삼청교육대 문제도. 돈을 바라고 그런 것보다 마음의 상처를 씻는 길일 수 있어요. 이미 상처는 받은 거지만, 사고 처리에서도 보면 사고 친 사람이 합의 좀 보자 하면서 사과하고 돈 가지고 오고 그렇게 합의 보면서 끝내잖아요. 말로만 해서 끝낸다는 건 별 의미도 없는 거고. 국가가 잘못한 거를 시인하고, 제대로 사과를 하고. 국가가 잘못한 게 있다면 국고가 텅텅 비더라도 해결하겠다, 다시는 이런 일이 없어야 한다, 이런 정신으로 나가야 하는데, (국가는) 아주 기억 속에서 잊어버리려고 했던 것 같아요.

지난 정부의 일이지만 현 정부에서 국가 차원에서 배상을 하든 어떻게 하든, 우리 상처를 완전히 아물게 해달라는 거예요. 혹시 백에 하나라도 국가에서 피해자들을 위해서 양심껏 과거사를 청산한다면, 교과서에도 올리고 할 거 아닙니까? 청산도 하지 않은 상태에서 역사에 올리고 그런 건 창피한 거 아닙니까. 국가를 위해서도 그렇고 앞으로 배워야 할 애들을 위해서도 그렇고, 꼭 우리를 위해서가 아니더라도 반드시 해결이 돼야 한다고 생각해요."

예순의 소년이 겪은
울분과 억울함

한일영을 다시 만난 건 청와대 앞에서였다. 그날은 형제복지원 피해생존자들이 진상규명을 촉구하며 부산에서 출발해 22일간의 도보 행진 끝에 서울에 도착한 날이었다. 한일영은 선감학원 피해생존자 모임 속에 있었다. 행진 일정에 함께하기 위해 야간 근무를 조정하고 왔다고 했다. 형제복지원 피해생존자들과 선감학원 피해생존자들이 '형제복지원 사건 진상규명하라'는 내용의 깃발을 들고 광화문을 지나 청와대까지 뒤섞여 행진했다. 선감학원을 탈출한 소년들과 형제복지원에서 살아남은 아이들이 여전히 다독여지지 않은 상처를 안고 도심 한복판을 가로지르고 있었다.

　죽기 살기로 탈출해, 지금껏 살아온 '소년 한일영'은 예순의 노년에 접어들었다. 울분과 억울함에 짓눌려 한평생 살아온 그가 이제 현수막을 들고, 구호를 외치며 세상을 향해 말을 건다. 그는 이제 정확하게 자신이 겪은 일에 대한 '진상규

명'을 요청하고 국가가 '사과'할 것을 요구하고 있다. 우리가
이 예순의 소년과 함께할 수 있는 일이란, 어떤 것일까. 소년
은 우리에게 이미 많은 이야기를 들려주었다.

열다섯 번이나 탈출을 시도했어요

이대준 구술
하금철 글

얼마 전에는 우리 애들하고
사위까지 선감도에 같이 데려가고
그랬어요. 내가 이런 데서 고생을
하고 살았다 얘기해주려고. 진실을
더 밝혀야 해요. 못 찾은 시체들도
산을 뒤져서라도 다 찾아야 돼요.
진짜, 농담 아냐.

피해생존자 이대준 씨가 자신의 선감도에서의 생활상을 선감학원 추모제에 참석한 사람들
에게 설명하고 있다. ⓒ 비마이너

이대준 씨는 선글라스가 잘 어울리는 사람이었다. 게다가 직업도 버스 기사. 선글라스를 끼고 운전대 앞에 앉아 있는 그의 모습을 그려본다. 그 버스에 꼭 한번 타보고 싶다는 생각이 들 정도로 완벽한 그림이다.

2017년 1월, 선감역사박물관 개소식에서 그를 처음 보게 되었다. 이날 여러 사람들과 함께 걸으며 그는 한 명의 생존자로서 마이크를 잡고 이곳에서 보낸 어린 시절의 아픔을 입말로 풀어냈다. 그의 말씨에 딱히 슬픔의 흔적이 엿보이진 않았다. 그래서였던 것 같다. 어쩌면 한없이 무거울 수도 있을 이야기를, 그를 통해서라면 제삼자인 내가 조금은 부담감을 덜고 들을 수 있으리라는 기대감이 있었다. 인터뷰를 하는 내내 실제로 그랬고, 나중에 식사를 함께하면서도 그랬다. 아들뻘 되는 내가 더 많은 이야기를 담을 수 있도록 다른 선감학원 동료들을 소개해주는 데도 적극적이었다. 그 덕분에 선감학원을 취재하며 여러 생존자들을 만날 수 있었다.

그는 '고아'였다. 부모의 얼굴도 모른다고 했다. 그의 인생 이야기는 고아원에서부터 시작된다. 고아라는 말이 그저 단어 뜻풀이대로 '부모 없음'만을 뜻하는 것이 아니라, 인생살이 그 자체를 홀로 헤쳐나가야 한다는 것임을 그의 이야기를 통해 새삼 이해하게 된다. '홀로 헤쳐나감', 이것은 그저 낭만적이기만 한 단어가 아니다. 그 세월 동안 그가 겪어야 했던 폭력과 억압의 밀도가 그런 안이한 해석을 막아선다.

그는 섬에서 빠져나가기 위해 열다섯 번에 걸쳐 탈출을 시도했다. 첫 번째 탈출 성공 이후에는 또다시 잡혀 들어왔다. 그리고 다시 거리에서 빌어먹는 삶을 지나 여기까지 왔다. 그럼에도 그는 자신이 '긍정적이고 활달한 성격'이라 자부했다. 정말 그래 보였다. 그러나 그 팍팍한 시간을 견뎌오는 동안 그 안에 얼마나 많은 상처와 아픔이 퇴적되었을지 나는 전혀 가늠할 수 없다.

아마 그 자신도 이 상처와 온전히 이별하지 못했기에 최근에 가족들까지 데리고 선감도를 다시 찾았던 것이리라. 그가 온전히 이 아픈 기억들과 화해할 수 있도록, 그의 이야기에 모두가 귀 기울여주었으면 한다.

"내 고향이 원래는 수원이에요. '정화원'인지 '정아원'인지 이름이 정확치는 않은데, 고아원에서 살았어요. 내가 거기서 영화국민학교를 아마도 2학년까지 다녔어요. 2학년을 다 마치지는 못하고. 부모님은 얼굴도 몰라요.

　고아원에서도 많이 때리고 그러니까 도망을 많이 다녔어요. 그래서 수원시청에서 우리를 몇 번 잡아다가 다시 집어넣고 그런 적이 있어요. 그러다가 이제는 안 되겠다 싶었는지 선감도라는 곳에 집어넣게 된 거죠. 그때 수원에서 열 명 정도가 같이 들어왔는데, 같은 고아원 동료는 나랑 또 한 명이 더 있었죠. 그때가 아마 1966년도인가 그럴 거예요. 내 생년월일이 1958년 10월 7일로 되어 있어요. 그런데 이게 선감학원에서 대강 지어준 거라고. 아마 내가 이거보다는 2년 정도 나이가 더 많을 거예요. 왜냐면 고아원에서 친구랑 같이 도망 나올때 우리 나이를 줄여서 말하기로 했거든요. 그래서 선감학원에서 '너 몇 살이냐' 물어보기에 그렇게 2년 줄여서 대답했더니 그때부터 그냥 그렇게 되어버린 거야.

　수원에서 마산포를 거쳐 섬에 들어갔는데, 들어가는 날부터 방을 배정받자마자 엄청 맞았어요. 거기서 9년을 있었는데, 도망을 치려고 시도를 열다섯 번은 했을 거예요 아마."

배가 고파 훔쳐 먹은 건빵,
국민학교 5학년에서 멈춰버린 배움

"거기서는 항상 배가 고팠어요. 반찬도 맨날 새우젓하

고, 무 같은 걸 심어서 짠지를 만들어줬어요. 새우젓도 구데기가 끓어서 도저히 못 먹어요. 호박도 큼직하게 잘라서 익지도 않은 걸 주고. 그래서 내가 사회 나와서도 젓갈 종류랑 호박을 잘 안 먹어요. 옛날 생각이 너무 나가지고.

(배고파서) 생식도 엄청 많이 먹었어요. 무 같은 것도 그냥 먹고, 고구마도 그냥 먹고. 논에 가면 벼가 있잖아요. 벼를 손으로 훑어다가 바닥에다 놓고 신발로 막 비비면 껍질이 어느 정도 까져요. 그럼 그걸 손에다 놓고 호호 불어서 입에 털어 넣는다구요. 생쌀을. 옛날에는 선감학원에서 관리하는 방앗간이 있었어요. 마을 사람들도 거기 와서 방아 찧고 그랬거든요. 나도 그 방앗간에서 일하고 그랬지만, 쌀을 이만큼씩 주머니에 담아가지고, 생쌀을 엄청 먹었어요.

수원에서 국민학교를 2학년까지 다니다 말아서 선감도 들어가서 2학년부터 다시 다녔어요. 같이 들어온 내 친구는 1학년부터 다니고. 그래도 내가 공부를 좀 해서 계속 반장을 했어요. 학교에서 급식으로 건빵이 나왔는데요. 학교에 건빵 창고가 있었거든요. 원생들은 배가 고프니까 거기 가서 건빵을 많이 훔쳐 먹었어요. 나도 몇 번 그랬었지. 그러다가 5학년 때 건빵 훔치다가 걸렸는데, 퇴학을 당했어요. 그전에는 몇 대 맞고 말았는데, 아예 퇴학을 시켰다고요. 그러니 그다음부터는 배울 수 있는 길이 막히잖아요. 내가 여기서 나왔을 때가 스무 살이 다 되었는데. 어떻게 보면 학교 선생들도 우리가 고아원 애들이니까 퇴학을 시킨 거라고. 일반 가정 애들이면 퇴학을 못 시켰을 텐데.

학교에 보내는 것도 원생 열 명이 있으면 그나마도 두세 명밖에 안 보냈어요. 연령이 비슷한 아이인데도 누구는 학교를 보내고, 누구는 축산반, 누구는 양잠반*에 보내서 일 시키고, 또 누구는 선생 관사 당번 일 하고. 학교도 점심 정도면 다 끝나는데, 돌아오면 또 일하러 가야 해요. 점심시간에 집합을 해가지고 인원 파악을 하고, 밭으로 일하러 가는 거지. 선생들이 마치 죄수들 감시하듯 따라붙어요. 가만히 생각하면 이건 고아원도 아니고 그냥 수용소야.

그리고 겨울에는 나무해와서 땔감 써야지. 나중에는 연탄이 들어오기는 했는데, 42공탄 연탄 봤어요? (가슴둘레 두 배 정도 크기를 손 모양으로 그리며) 42공탄은 이렇게 크다고. 그거를 우리 열 살 때, 바닷가에서 배가 들어와요. 배가 엄청 커서 선착장에 못 대니까 이만한 각목을 두 개 깔아요. (선착장과 배를) 오가는 판이에요. 배에서 나갈 때는 연탄을 들고 줄 서서 나가니까 출렁출렁한다고. 사람이 박자를 맞추며 걸어도 순간 발 조정이 틀려서 엇박자가 생기면 바다에 빠져버린다고. 거기서 죽지는 않아. 그래도 아주 높아요. 어린애들이 연탄을 안고 떨

---

* 선감학원에서는 원생들에게 직업교육 명목으로 양잠반(누에고치 키우기), 축산반(소 키우기), 이용반(이용기술 훈련) 등을 운영했다.

어지는 거야. 그걸 들고 숙소까지 (리어카나 다른 운반 수단도 없이) 그대로 옮겼어요. 들고 가다가 연탄이 부서지면 또 엄청 맞았지."

짝짝이 신발을 신고 한 첫 외출

"거기는 사실상 맞으러 들어간 거지. 보통 단체기합을 많이 준다고. 조개껍질 같은 거 많이 깔아놓고, 거기다 대가리 박고 일어나면 머리에 막 박혀가지고 나와요. 내가 거기서 9년을 어떻게 있었는지 모르지만, 하루에 빠따 다섯 대 이상 안 맞으면 잠이 안 올 정도예요. 맞을 꼬투리는 항상 있어요. 복장 검사. 취침 때 옷하고 비품 검사. 옷을 잘못 꿰었다 그러면 또 맞고. 그리고 애들이니까 흙 만지고 그러면 손이 더러워지는데, 그걸 매일 검사해요. 씻을 데도 별로 없는데. 그냥 얼음 깨서 찬물에 손을 씻는 거예요. 그럼 손에 피가 막 나지. 하여튼 군대에서 하는 내무 검열이라는 거, 우리는 직무 검열이라고 했거든요. 그날은 좌우지간 말도 못하죠. 특히 복도가 시멘트로 되어 있는 데도 있었지만, 성심사 같은 데는 복도가 마루예요. 그 마룻바닥을 탁탁 쳐서 먼지가 살짝 나왔다 그러면 또 엄청 맞는 거예요. 그걸 또 초를 막 칠해서 걸레로 광을 내라고 해요. 상상을 해봐요. 그 조그만 애들이 매 안 맞으려고……

때리는 사람은 주로 사장이나 방장이고, 선생이 직접 때리는 거는 주로 조회 시간이죠. 군대를 가도 간부보다 직속 상관이 더 무서운 거잖아요. 내가 너희들 때문에 위에서 깨졌다 이러면서. 그게 더 무서운 거야. 내가 처음 들어가던 날, 사장을 하던 강○○이라는 사람한테 성추행도 당했어요. 나보다 훨씬 나이가 많은 사람이었는데. 그때 권투 중계를 하고 있어서 확실히 기억이 나.

목욕도 어떻게 하냐면, 가마솥이 큰 거 하나 있어요. 지금 보면 숙소가 조그맣게 보이지만 그때는 한 방에 25~30명씩 있었어요. 한 사(舍) 안에 방이 대여섯 개 있었어요. 그런데 목욕탕이 가마솥이야 그냥. 거기다가 물지게 지어서 길어야 돼. 수돗물이고 그런 게 없잖아요. 당번이 다 있으니까, 지하수를 지게로 길어다가. 그걸 불로 다 때가지고 목욕하고.

나는 주로 양잠반에서 일했는데, 누에 키우는 일이 안에서만 일하니까 편할 것 같지만 그 양이 엄청나다고요. 잠도 못 자고 두 시간마다 일어나서 누에 밥을 줘야 해요. 그렇게 안 하면 누에들이 예민해서 다 죽어요. 온도도 다 맞아야 하고. 비 오는 날에도 뽕을 다 따와가지고 그걸 말려야 해요. 뽕을 넣고 말리는 지하실이 따로 있어요. 거기에 너무 오래 넣으면 썩어버려서 선풍기를 틀어서 말리는데, 이슬이 조금이라도 묻어 있으면 누에들이 먹고 설사를 하니까. 처음에 들어올 때는 누에가 요만해(손으로 작은 상자 모양을 그려 보임). 불개미같이 생긴

게 2만 마리가 들어가 있는데, 거기에 뽕을 갖다 놓으면 누에들이 사사삭 먹는 소리가 마치 비 오는 것처럼 들려요. 그걸 대나무로 해가지고 층층이 놓는다고. 그게 엄청나게 커요. 그 누에 키우는 창고 크기가 우리 숙소, 한 사舍만 해요.

내 친구 중에 축산부에 있던 친구도 있는데, 걔네들은 학교에도 안 보내고 그런 거 시켰다고요. 그런 부에 들어가지 않은 애들은 밭일하면서, 양배추, 무, 배추, 고추 이런 걸 엄청 심었고요. 밭도 얼마나 큰지. 죄수들에게도 그렇게는 안 할 거야. 거기서 일한다고 해서 돈을 줘요? 죄수들은 일당이라도 있지. 이건 보호도 아니고 운동시키는 것도 아니고 그냥 부려먹은 거 아니야. 완전 노예지. 우리가 일한 게 다 어디로 들어갔는지는 몰라요. 우리한테 주는 건 하나도 없어요. 좋은 거 들어오면, 하다못해 (외부에서) 고기라도 지원 들어오면 우리는 고깃국에 국물만 있지 고기가 어딨어요? 좋은 거는 다 선생들 관사로 들어가는 거지.

9년 동안 거기 있으면서 외부로 나가본 적은 손에 꼽을 정도예요. 소풍을 가도 그냥 선감도 내의 조그만 산으로 갔어요. 그래도 내가 글짓기 대회 나가려고 인천까지 나와본 적은 있어요. 인천 자유공원, 맥아더 동상 있는 곳. 학교에서 대회를 나간 거지만 어쨌든 선감학원에서 보내준 거기도 하죠. 원생들은 도망간다고 잘 안 내보내는데. 그런데 거기서도 또 도망갈까봐 신발을 한 짝은 검정 고무신, 다른 한 짝은 밤색인가?

그걸 신겼어요. 도망갈까봐 신발을 짝짝이로 줬다고요."

빨간 고무장갑을 끼고
아이들을 묻다

"그래도 다들 어떻게든 기를 쓰고 도망가려고 했어요. 나는 열다섯 번이나 도망치려고 했다니까요. 밤에는 대부도 쪽으로 가면 좀 걸을 수가 있어요. 밤에 물이 완전히 빠지면 살짝만 수영 치면 넘어갈 수 있어요. 마산포 쪽은 물살이 엄청 세서 쉽지 않아요. 물살이 세서 거기서 원생들이 많이 죽었어요. 게다가 거기는 해군 빠찌도 있었어요. 빠찌라는 게 뭐냐면 물 위에 해군 기지가 있는 거예요. 바다 한가운데. 혹시 간첩선이 넘어오지 않나 보려고. 거기서 밤에 라이트를 막 비추고 그러는데, 그 불빛에 잡히면 걸려 들어가는 거예요. 거기서 군인들이 얼마나 때리는지.

그런데 아이들을, 방송에 많이 나오는 그 공동묘지 자리에만 묻은 게 아니에요. 바닷가에서 올라와서 바로 산으로 가져가버려요. 공동묘지로 가는 게 아니고. 뽕밭 쪽으로 보면 산이 엄청 높은데, 거기다 시체를, 옛날엔 관짝 그런 것도 없잖아요. 가마니에다 둘둘 말아서…… 도망가다 물에 빠져 죽은 사람은 퉁퉁 불어가지고 소라, 낙지 이런 게 다 붙어 있어요. 냄새는 또 얼마나 지독한지. 거기다 빨간 소독약을 그냥 뿌리는 거예요, 냄새난다고. 한번은 장마가 크게 온 뒤에 뽕 따러 올라가다보니까 시체가 다 드러나 있는 거예요. 아이들 시신을 얼마나 아무렇게나 내버렸는지.

그런 아이들을 내가 직접 묻기도 했어요. 선생이 준 빨간 고무장갑을 끼고. 고무장갑만 봐도 그때 생각이 나고. 소독약 냄새만 맡아도 그렇고. 그래서 내가 지금도 병원 입원하는 것도 싫어해요."

도망의 대가, 감금

"마산포 앞에 보면 어섬이라고 있어요. 우리는 빨간 섬이라고 불렀어요. 작은 섬인데 거기에도 부락민들이 살아요. 그 마을 사람들이 도망가는 아이들을 숨겨줘요. 그러고 나서 그 집에서 머슴살이를 시켜요. 거기서도 엄청 때리죠. 만약 말 안 들으면 다시 선감학원에 보낸다고 그러고. 마을 사람들이 도망가는 아이들을 잡아다 선감학원에 보내주면 밀가루 한 포대씩 받았어요. 그때 당시 밀가루 한 포대가 얼마나 비쌌는데.

내가 한번은 친구 다섯 명하고 마산포 쪽으로 도망을 쳤어요. 실패하면 돌아와서 옷을 입고 다시 몰래 들어가서 자고 있자 해서, 옷을 비닐에 싸서 갯벌에다가 묻어놓고 헤엄을 쳤어요. 근데 가다보니 물이 막 들어와서 더 이상 가도 가도 끝이 없어. 파도는 치지 물살이 빙빙빙 돌지, 도저히 안 되겠어서 다시 돌아왔는데 옷을 묻어놓은 위치는 벌써 물이 들어와서 잠겨버린 거예요. 그러니 어쩔 수 없이 선감도로 다시 와서는, 지금 공동묘지 있는 자리의 그 산을 넘어서 밤에 숙소까지 엄청 뛰었어요. 그런데 밤에 인원 파악을 다 해놓은 거예요. 그래서 그다음 날 아침 눈 뜨자마자 불려가서는, 식량 창고라는 데가 있어요. 그 식량 창고에다 우리를 가둬놨다고요. 3일 동안이나. 감금을 당한 거죠.

사방이 다 바다니까 죽기 아니면 살기죠. 만약에 오늘 빠따 맞을 일이 생겼다 그러면 조바심이 더 생겨서, '에이씨, 도망이나 가자' 이렇게 되는 거예요. 거기서는 도망 나와도 그 사람 없었던 사람이라고 지워도 모르는 거야. 내가 지난번에 방송 보니까 죽은 사람들 사망신고 냈다고 그러던데, 그런 게 어딨어? 매장 신고 절차도 없었던 걸로 기억해요. 바다에서 죽은 아이의 시체를 찾으면, 그걸 어디 보관하는 데도 없어요. 거기엔 딸랑 의무실 하나밖에 없었어요. 시체를 찾아도 어디로 끌고 갈 데가 없는 거야. 바깥에서 누가 들어올 사람이 있겠어요? 배가 하루에 한 번밖에 안 와요.

거기에도 경찰이 항시 대기하고 있기는 했어요. 선감학원 원장 관사에 순경이 자는 방이 하나 있었거든요. 그 사람한테는 보고를 했는지 안 했는지 몰라도…… 우리가 봤을 때는

시체를 찾으면 공동묘지로 가져와서 묻는다든가, 산으로 끌고
와서 바로 묻는 거야. 그런데 조사도 안 해요. 시체가 도망간
직후 바로 나타나는 건 아니에요. 2~3일 아니면 어떤 때는 일
주일 후에도 나타나요. 안 보이면 성공했구나, 하는 거고, 시체
가 떠오르면 우리가 꺼내가지고 바로 묻는데, 신고가 어딨어
요? 지금 생각하면 검안, 검시도 다 해야 하는데, 아니면 하다
못해 대부도에서 의사라도 와야 하는데 그런 것도 없는 거야.
학교에서 나랑 같은 반이었던 여○○*라는 친구가 있었는데,
그 친구도 죽었어.”

탈출, 그리고 다시 거리의 삶

“마지막으로 도망을 시도했을 때에는 대부도 쪽으로 갔
어요. 밤 12시 넘어서 도망을 쳐서는 산을 넘었고, 그러면 선

---

* 선감학원에서 가장 오랫동안(22년) 생활한 김춘근 씨 역시 여 씨의 죽음에 대해 언급
 한다. 그 또한 여명구가 바다로 도망치다가 사망했다고 증언했다. 그러나 〈선감학원 사
 건 희생자 유해 발굴을 위한 사전 조사 계획 수립 용역 최종보고서〉(경기도, 2018. 1)
 에 따르면, 경기도가 보관하고 있는 선감학원 퇴원아대장 4,691건 중에서 발견된 여
 씨의 대장에는 퇴원 사유가 '무단이탈 제적'이라고 기재되어 있다. 전체 퇴원아대장 중
 '사망'으로 기록된 경우는 24건에 불과하고, 이 중 13건은 사망 사유도 기재되어 있지
 않다. 다시 말해, 원아대장상에 나타난 사망자 수가 실제 사망자와 일치한다고 보기 어
 렵다. 무단이탈자 중 상당수가 사망자가 되었을 가능성이 높은 것이다. 퇴원아대장상
 에 '무단이탈'로 표기된 경우는 833건으로, 이들의 생사를 확인하기 위한 면밀한 조사
 가 필요하다.

재라는 곳이 나와요. 선재까지 가니까 큰 쌀을 실은 배가 한 척 있더라고. 그때 우리가 선감도에서 뱀을 잡아다 동네 주민들한테 팔아서 모은 돈이 좀 있었어요. 그래서 우리가 돈 주면서 우리 좀 도망치게 해달라고 했지. 한편으로는 '저 사람들 우리 잡아다가 다시 신고하는 거 아닌가' 하는 걱정도 했지만, 용기 내서 했어요. 그랬더니 뱃사람들이 들어오래. 마침 밥 먹었냐고 물어보더라고. 그래서 안 먹었다니까 하얀 쌀밥을 주는데 그렇게 꿀맛일 수가 없어요. 맨날 꽁보리밥만 먹다가.

아침 10시가 넘어서 배가 움직이더니 인천으로 왔어요. 나는 수원이 고향이라고 했잖아요. 같이 도망 나온 애들 두 명은 인천이고. 나는 인천 길을 모르니까 수원으로 가겠다 했지. 나중에 친구들이 인천에서 수원으로 놀러 와서 같이 인천으로 가자고 했지. 그래서 애들하고 같이 생활을 했어요.

인천 율목동에 보면 BBS**라고 있어요. 청소년센터. 구두닦이 같은 거 하는 아이들 관리하는. 이것도 사실 인천시에서 관할하는 거시. 거기에 선감도 출신들도 많이 있었고. 낮에

** 1904년 미국 뉴욕시 법원의 서기인 어니스트 쿨터Ernest Coulter가 법정에 서는 많은 아이들을 보며 그들을 돌봐줄 수 있는 어른이 필요하다는 인식을 가지고 자원봉사 활동을 시작한 것이 그 기원이다. 비슷한 시기 여성들로 구성된 '애덕의 부인회Ladies of Charity'와 결합해 '큰형, 큰자매 맺기 운동BBBS America'으로 발전했다. 한국에는 1962년 12월에 설립되어 1964년 4월 18일 내무부 사단법인 허가를 받고, 청소년 비행 예방 활동 등을 펼쳤다. (사단법인 한국 BBS 중앙연맹 홈페이지 http://www.bbskorea.or.kr 참조)

는 구두닦이 일 하고, 저녁에 들어오고. 여기에도 사무국장이 있어서 아침저녁 조회를 다 해요. 그런데 나는 또 그런 게 (선감학원에서의 생활과 다르지 않아) 싫어서 거기도 안 들어갔어요. 그래도 거기는 때리고 그러는 건 없었죠.

그래서 우리는 그냥 한데서 자고 밥도 얻어먹고 다녔어요. 스무 살 넘어서도 깡통 차고 동네마다 돌아다니면서 하루에 한 끼 먹고. 그러다가 빈집에서 한 30명이 자고 있었는데 경찰이 들이닥친 거예요. 빈집이니까 우리가 거기서 며칠을 잤거든요. 그런데 수상히 여긴 누군가가 경찰에 신고를 했나봐요. 그래서 결국 경찰이 우리를 구월동에 있는 선인원*으로 보내버린 거예요. 선인원이라는 곳도 완전 감옥이에요. 거긴 개인이 운영한 곳인지는 모르지만 아주 악랄한 곳이에요.

선인원에 3일 동안 있다가 다시 선감도로 보내졌어요. 선인원에서는 이미 조회를 다 해가지고 우리가 선감도 출신이라는 걸 알고 있었어요.

그렇게 선감도로 다시 가서 두 달을 더 있었는데, '쎄모'

• 1968년 9월 2일 인천광역시 남구 옥련동에 개원한 부랑인 수용시설로, 1973년 1월 10일에는 '인천시립 선인원 설치조례'에 의거해 위탁 운영되었다. 이 시설은 1982년 사회복지법인 설립 인가를 받은 후 1985년 부랑인선도보호시설 '삼영원'을 개소했고, 1997년 법인 명칭을 사회복지법인 서천재단으로 변경했다. 서천재단은 현재까지 노인요양병원, 정신요양시설, 노숙인시설 등을 운영하고 있다. (인천사회복지 역사박물관 홈페이지의 '서천재단' 관련 부분 http://welpiahistory.or.kr/agency_his.html?code=2197 참조.)

라는 별명을 가진 선생한테 엄청나게 두드려 맞았어요. 쎄모
선생은 때리는 걸로 아주 유명했어요. 주일에 교회 안 간 사람
순시 돌면서 두드려 패기도 하고. 하여간 그런데, 이제 우리도
머리가 굵어졌고 그래서 두 번째에는 아예 여객선 타고 떳떳
하게 도망 나왔어요. 이제 어떻게 하면 나올 수 있는지 아니까
아예 여객선 표를 끊어가지고."

나 퇴학시킨 선생
얼굴이나 한번 보고 싶어요

"두 번째 나와서는 그냥 인천으로 갔어요. 남의 집 식당
에서 일을 좀 했는데 주인아저씨가 '너는 주민등록도 없냐? 주
소가 어디고 어디서 태어났는지 그런 것도 몰라?' 그러는 거예
요. 스물한 살이 될 때까지 그런 걸 만들어야 하는지도 몰랐거
든요. 그때서야 출생 증명을 떼러 선감학원에 다시 갔죠. 그때
는 성인이 됐으니까 잡지도 않더라고요.

그렇게 다시 인천으로 나와 살면서, 길바닥 생활도 해
보고 또 뱃일도 해보고, 이후에는 어떻게 운전학원 강사 자격
증을 따서 17년 정도 일을 했어요. 지금은 그거 그만두고 버스
운전 하고 있고요. 버스 운전 한 지는 5년 됐어요. 우리 동료 중
에는 사회 나와서 악착같이 벌어서 좀 사는 사람도 있지만, 술

에 찌들어 살다가 죽은 친구들도 많아요. 그런 거 보면 참……
학교도 못 다닌 사람도 있는데, 따지고 보면 선감학원에서 막
은 거잖아요. 나도 건빵 한 번 훔쳐 먹은 죄로 배움의 길이 막
힌 거고. 도망 안 간 사람이라 해도 뭐 좋은 데 보내줬겠어요?
기껏해야 다른 고아원에 보내준 정도지. 방송에도 보니까 증
거도 없다고 그러고. 이건 뭐가 (문제가) 있으니까 기록을 다 없
애버린 거 아니겠어요?

　　내가 얼마 전에는 우리 애들하고 사위까지 선감도에
같이 데려가고 그랬어요. 내가 이런 데서 고생을 하고 살았다
얘기해주려고. 그때는 옛날 기억만 가지고 찾아가서 (우리가
생활하던) 공간을 못 찾았는데, 여러 사람들하고 같이 다녀오
고 나서 이제 정확히 알았으니까 언제 애들 데리고 다시 가봐
야지.

　　애들은 내 이야기 들으면 책 한 권 내라고 해요. 마음 같
아서는 정말 내고 싶지. 어쨌든 이걸 정말 잘해가지고 진실을
더 밝혀야 해요. 못 찾은 시체들도 산을 뒤져서라도 다 찾아야
돼요. 진짜, 농담 아냐.

　　나는 가끔 우리 애들한테도 얘기해요. 나 퇴학시킨 선
생 얼굴 좀 한번 보고 싶다고. 그때는 공부를 하려고 노력도 엄
청 했어요. 선생이 칠판에 뭘 쓰면 내 필기가 더 앞서서 쫓아가
고 그랬어요. 국민교육헌장도 내가 제일 빨리 외웠고. 그런데
그것도 다 옛날얘기지 뭐. 제일 중요한 건 배움의 기회를 빼앗

은 것, 그거에 대해 사과를 받아야 해요. 그리고 보상도 중요하지만, 거기서 도망 나오다가, 또 맞아서 죽은 사람들…… 그들이 묻혀 있는 위치라도 어떻게 찾아내서 한데 모아 국가가 위령제도 드리고. 난 진짜 그걸 해줬으면 좋겠어요. 이게 다 국가 공무원들이 저지른 일이니까요."

그와 함께
돌림노래를 부르겠다

이대준 씨를 처음 인터뷰할 때만 해도(2017년 2월) 선감학원 사건을 자세히 다룬 언론은 KBS와 JTBC의 시사보도 프로그램뿐이었다. 그런데 그 언론 보도에 대해서도 이대준 씨는 불만이 많았다. 자신은 떳떳하게 선감학원에서 당했던 일을 밝히고 싶어 인터뷰에 응했는데, 방송에는 자신의 얼굴이 모자이크 처리되어 나갔다는 것이다. 그 불만을 털어버리고 싶어서였는지, 그는 인터뷰 내내 거침이 없었다. 마치 며칠간 인터뷰 연습이라도 하고 온 것처럼, 내 질문에 적합한 대답을 척척 내놓았다. 인터뷰어 입장에선 최고의 인터뷰이라 생각했다.

게다가 그는 인터뷰 내내 밝은 얼굴과 경쾌한 말투를 유지했다. 인터뷰를 마치고 함께한 저녁식사에서 인근 동네에 사는 친구들(이들도 선감학원 출신이거나 BBS 같은 부랑아 관련 시설 경험이 있는 이들이었다)을 불러 모아서는 인터뷰에서 다

하지 못했던 이야기들을 흥미롭게 털어놓기도 했다. 기억나는 이야기 중 하나는, 그들과 함께 부랑 생활을 하던 친구의 장례를 치러주기 위해 경찰과 도로에서 싸움을 벌였다는, 내용 자체만으로는 슬픈 이야기였다. 하지만 그날 대화 분위기가 묘하게 따뜻해서, 내 기억 속에는 어느 흥미로운 성장 드라마의 한 대목처럼 남아 있었다. 그 때문이었을까, 이대준 씨 인터뷰 글을 정리할 때만 해도 내 머릿속에 남아 있던 선감학원의 분위기는 그리 어둡거나 우울하지 않았다.

그와 첫 인터뷰를 한 지 1년쯤 지나서였다. 우리는 선감학원 피해자 몇 분을 모셔 증언을 듣고 이야기를 나누는 자리를 마련했다. 생각보다 많은 청중이 몰려온 탓에 70여 석 규모의 강의실이 순식간에 꽉 찼다. 그 자리에서 이대준 씨가 피해자들을 대표해 마이크를 잡았다. 그는 인터뷰에서 말했던 것처럼 배가 고파 건빵을 훔쳐 먹었다는 이야기, 매일 밤 빠따를 맞고 나서야 잠자리에 들 수 있었던 일 등을 털어놓았다. 나와 인터뷰를 할 때처럼 순탄하게 잘 말씀하시는 것 같아 별 생각 없이 듣고 있었는데, 어느 순간 그가 울고 있었다. 그는 더 이상 말을 잇지 못했고, 우리는 그렇게 그의 증언을 듣는 시간을 서둘러 정리해야만 했다.

눈물 흘리는 그의 모습에 솔직히 좀 놀랐다. 늘 밝은 얼굴에 경쾌한 목소리로 이야기를 하던 그가 눈물을 흘릴 거라고는 예상치 못했기 때문이다. 아니, 그의 눈물보다, 그걸 보고 놀라는 나 자신에게 더 놀랐다. 그 정도의 고통을 겪은 이라면 마음속에 얼마나 많은 눈물이 있었겠는가. 그런데 그걸 예상조차 하지 못했다니. 나는 그동안 그의 증언을 기계적으로 듣고 옮겨 적는 데만 급급했지, 그의 마음 깊은 곳에 쌓여 있을 아픔의 목소리를 듣는 데는 한없이 나태했던 것이다.

얼마 전, 베트남 이주여성의 삶을 다룬 〈편지〉(이현정, 2014)라는 16분짜리 짧은 다큐멘터리를 보았다. 영화의 초반 3분가량은 한 동남아 여성이 혼자 편지를 읽는 장면에 할애된다. 자막도 없이, 외국어(아마도 베트남어)로 읽는다. 무슨 말을 하는 것인지 알 수 없으니 따분한 시간만 흘러갈 뿐이다. 그렇게 몇 분이 흐르고 화면 오른편에서 한국 여성이 한국말로 편지를 읽기 시작한다. 하지만 동남아 여성의 편지 낭독이 아직 끝나지 않아 두 목소리가 마치 돌림노래처럼 겹쳐 들린다. 몇 분 후, 편지 낭독을 마친 동남아 여성이 흘리는 눈물과 한국 여성이 읽어주는 편지 내용을 통해 우리는 비로소 눈치를 챈다. 그 편지가 국제결혼을 한 베트남 여성이 남편에게 그간의 고통을 토로하는 내용이라는 것을. 편지 낭독이 끝난 후, 화면에는 편지를 두고 집을 떠나려던 베트남 여성이 남편에게 무참히 살해됐다는 글귀가 나온다. 그리고 영화는 같은 편지를 한 번 더 읽는다.

이 영화의 화면 왼쪽에 이대준 씨를, 오른쪽에 익명의

번역가를 앉혀본다. 물론 그는 베트남어로 말하지 않지만, 그 럼에도 나는 그의 말을 온전히 알아듣지 못한다. 그를 처음 만난 2017년 2월부터 최근에 이르기까지, 나는 오로지 베트남어로만 편지가 낭독되던 영화의 초반 3분과 같은 시간에 머물러 있었다. 바닷물에 퉁퉁 부은 채 떠내려온 동료들을 자기 손으로 묻어야 했던 소년 이대준의 고통을, 문자가 아닌 그의 눈물로 온전히 이해하지 못했다.

　　나는 지금 두 사람의 목소리가 돌림노래처럼 겹쳐 들리는 대목 어딘가를 지나고 있다. 그의 온전한 목소리를 듣기 위해 나는 조금 더 미간을 찌푸리고 귀를 바로 세워야 한다. 그리고 영화의 1절이 끝날 때쯤엔 내가 화면의 오른쪽에 앉아 그와 함께 돌림노래를 부르겠다.

2부

삶이라는

공식에

셈해지지

않는 삶

해일의 시간을 경험한 조개의 이야기

김성환 구술
강혜민 글

머리를 빡빡 민 어린 코흘리개
수백 명이 똑같은 옷을 입고 있다.
어찌나 코를 닦았는지 소매는 늘
누렇게 빤딱빤딱했다. 우린 하나의
그림자처럼 같은 시간에 밥 먹고
일하고 잠들고 처맞았다.

1970년의 선감학원. ⓒ 경기도

누군가 "해일이 밀려오는데 조개나 줍고 있느냐"고 했다. 그러나 조개에게도 삶이 있다. 그는 조개였다. 커다란 해일이 일었고 그는 그 해일에 수차례 이리저리 휩쓸려 많이 부서졌으나 자신의 삶이기에, 그렇게 파도에 실려 살아왔다. 이것은 볼품없는 그 조개의 삶에 대한 이야기이다. 그러니까 이것은, 해일의 시간을 경험한 자의 증언으로 해일의 시간에 대한 이야기이기도 하다.

김성환은 1956년생이다. 그는 열세 살인 1968년, 경기도 선감학원에 처음 끌려갔다. 이후에도 그는 두 차례 더 선감학원에 잡혀갔으며, 성인이 된 후에는 삼청교육대를 지나 15년간 교도소에 복역(청송교도소 수감 포함)했다. 어린 시절 헤어진 그의 형은 형제복지원에 끌려갔다가 삼청교육대에서 그와 조우한다. 한국 현대사에 등장한 사건 속에 익명으로 기록된 숫자들이 그였고, 그의 형이었다.

소수점으로 살아온 나날들

"성환아, 일어나."

형이 깨웠다. 열차에서 꿈뻑 잠이 들었다. 열차에서 내리려고 보니 신발이 없어졌다.

"너 신발 어디 갔어?"

형이 어디선가 앵벌이를 해서 모은 돈으로 사준 예쁜 새 신이었다. 서울역에서 내리자마자 신발을 찾으러 뛰었다.

"이 거지새끼들!"

잡혔다. 서울시립아동보호소 단속반이다. 신발을 찾으며 같이 헤매던 친구와 함께 파출소로 끌려갔다. 친구를 두고 도망쳤지만 이내 잡혔다. 그렇게 아동보호소에 또다시 갇혔다. 소문을 듣고 찾아온 형은 나와 함께 갇히는 것을 택했다.

서너 살 무렵, 부모는 헤어졌다. 어머니는 형을, 아버지는 나를 꿰찼다. 아버지는 서대문구의 한 영아원에 나를 맡겼다. 시설 생활의 시작이었다. 형을 다시 만난 곳도 시설에서였다. 형이 먼저 나를 알아봤다. 서울시립아동보호소, 강동구 천호동 애지보육원, 길 위 혹은 기차. 우린 정처 없이 흘렀고, 갇힐 때마다 탈주했다. 이유도 모른 채 늘 어딘가에서 달아났고, 몸을 숨겼다. 우리는 우리를 도와준 이의 물건을 훔쳐 고픈 배를 채웠다. 부끄러움은 굶주림 앞에 무력했다. 열차를 타고 전국을 헤매다 도착한 곳은 다시 아동보호소. 또다시 탈주를 계획했다. 내일모레 용산역 앞에서 만나자. 형과 약속했다.

그러나 도망을 약속한 날, 난 선감학원으로 이감됐다. 1968년 7월 31일이었다.

머리를 빡빡 민 어린 코흘리개 수백 명이 똑같은 옷을 입고 있다. 어찌나 코를 닦았는지 소매는 늘 누렇게 빤딱빤딱했다. 우린 하나의 그림자처럼 같은 시간에 밥 먹고 일하고 잠들고 처맞았다.

아침에 일어나면 고무신이 사라지는 날이 있다. 조회 전, 얼른 다른 아이 고무신을 훔쳐 빨갛게 달아오른 연탄집게로 표시를 해서 내 신발인 양 신었다. 신발을 잃어버리면 빠따를 맞았다. 어쩔 수 없다. 나 대신 네가 맞는 것은 네가 어리버리하기 때문이다. 이 간교한 생존 법칙을 일찍 깨달아버렸다.

시키는 일은 열심히 비효율적으로 했다. 호미로 뿌리까지 뽑으면 정해진 시간 내에 풀을 다 벨 수 없다. 위에만 쥐어뜯어도 보기엔 깨끗하니 잘 쥐어뜯는다. 여름에 퇴비를 만들 때도 일반 풀로는 무게를 맞출 수 없으니 베어낸 갈대 위에 돌을 얹어 위장했다. 무게를 맞추지 못해도 맞고 걸려도 맞으니 운에 걸어본다. 맞기 전엔 두려웠고, 맞고 나면 안도가 됐다.

선감도는 섬이었다. 육지와 섬 사이의 물이 빠지는 시간이 있다. 그 물처럼 나도 이곳을 빠져나가고 싶었다.

"도망가자."

4학년 어느 겨울 이른 아침이었다. 친구 셋이 물 빠진 갯벌 위를 안개처럼 걸었다. 뒤돌아보니 여덟 명의 아이들이 더 따라오고 있었다.

2월의 갯벌은 얼음장만큼 차가웠다. 마산포를 향해 가던 중 물이 차오르자 뒤따라오던 아이들은 겁에 질려 되돌아갔다.

"수영해서 가자."

도착한 곳은 마산포가 아닌 털섬. 산으로 숨어들어가 셋이 꼭 껴안고 하룻밤을 잤다. 다음 날 산에서 내려와 마을 주민들에게 밥 좀 달라고 하니 그 새끼들이 밥은커녕 경찰서에 우리를 신고했다. 다시 밀물처럼 끌려 들어갔다.

우리는 그곳에서 서로를 때렸다. 탈출에 대한 벌이었다. 굴 껍데기 깔린 운동장에 엎드려 있는 열 명의 아이를 한 사람이 때리는 일을 돌아가면서 했다. 그다음엔 서로 마주 보고 서로의 뺨을 한 대씩 때렸다. 내가 널 때리고, 네가 날 때리고. 이상했다. 난 이렇게 세게 안 때린 거 같은데. 점점 화가 났다. 올려붙이는 손에 힘이 들어갔다. 볼이 씨뻘게졌다. 오른손이 아플 때쯤이면 왼손을 치켜들어 때렸다. 전날만 해도 함께 도주를 계획했던 우리인데 오늘의 우리는 죽일 듯이 서로의 뺨을 휘갈기고 있었다.

그곳에서 선감국민학교를 졸업하고 대부중학교를 갔다. 중학교는 선감도에서 배를 타고 대부도로 나가야 있다. 1973년 8월 10일, 방학 중 학교 소집일이었다. 대부도 선착장에 인천에서 온 여객선이 서 있었다. 본능적으로 알았다. 이걸 타야 한다. 사람들의 눈을 피해 잽싸게 올라탔다. 돈도, 표도 없었다. "학생, 표 어딨어?" 검표원이 물었다. 뒤를 가리키며 말했다. "저 뒤에 우리 할머니한테 있어요."

첫 번째 탈출이었다. 인천에 도착했지만 갈 곳도, 아는 사람도 없었다. 무작정 서울로 향했다. 서울 가면 형이 있지 않을까. 형을 꼭 찾고 싶었다. 형을 찾아 헤매다 다시 인천으로 흘러들어왔다. 인천에서 선감학원에서 함께 생활했던 이들을 만났다. 도망쳐 나온 아이들이 모여 살고 있었다. 나도 그 무리에 뒤섞였다.

"밥 좀 주세요."

동네마다 문을 두드려 구멍가게에서 얻은 비닐봉지를 벌렸다. 밥과 김치가 비닐봉지 안에서 섞이고 뭉쳤다. 쉰밥을 던져줄 때면 화가 났다. '그냥 버리지 이걸 왜 거지한테 줘? 그놈의 쉰밥이 들어와 섞이는 바람에 김치까지 못 먹게 됐잖아.' 봉지째 그 집 문짝에 던져버렸다.

"신문사에서 왔는데요."

멘트도 기술이다. 멘트를 바꾸니 문이 더 쉽게 열렸다. 문이 열리면 발부터 집어넣었다. 밥 좀 주세요. 줄 때까지 버텼다.

또다시 겨울이다. 땅을 파서 방공호를 만들어 생활했다. 운 좋게 폐타이어를 구한 날이면 공터에서 밤새 폐타이어를 태우며 잠들었다. 초상집에서 구한 사자死者의 이불을 덮고 까만 밤을 보냈다. 아침에 뜨끈한 국물이라도 한 사발 마시고 싶어지면 인천 화평동 순댓골목을 찾았다.

"아줌마 국물 좀 주세요."

비닐봉지를 내밀었지만 내심 먹고 가라는 말을 기대했다. 그런데 아주머니가 펄펄 끓는 국물을 얇은 비닐봉지 안에 확 부었다. 동냥 쪽박(비닐봉지)이 깨져버렸다. 추위에 달달 떨리던 몸이 분노로 덜덜 떨렸다. 씨발.

식모살이하는 누나들은 밥과 반찬을 잘 챙겨줬다. 늦게 일어나면 '옐로우하우스'(인천 남구의 성매매업소 집결지)로 갔다. 결식하는 아이들을 동생처럼 여긴 아가씨들이 밥 먹고 가라며 밥상을 차려주곤 했다. 비루함이 비루함을 위로했다.

그러나 빌어먹는 것만으로는 한계가 있었다. 구두 닦는 기술을 배웠다. 사과 궤짝을 구해 볏짚을 깔고 앵벌이로 번 돈으로 솔과 구두약을 샀다. 구두 한 켤레 닦으면 짜장면이라도 한 그릇 먹을 수 있었고 무엇보다 겨울나기에 요긴했다.

"아저씨 구두 닦으세요."

극장 출입구를 지키는 이들의 구두를 닦아주고 극장에 들어갔다. 극장엔 톱밥 난로가 타고 있었다. 낮 시간 대부분을 극장 안에서 보내고 나오면 또다시 배가 고팠다. 늘 먹는 게 걱정이었다.

"아줌마 하나만 주세요."

밤엔 대폿집 순례를 하며 손님이 먹고 남은 안주를 받아 챙겼다.

"술지게미(술찌꺼기) 남은 거 없어요?"

몸은 음식을 태워 생의 에너지를 내는데 내 몸에 들어가는 것은 늘 사람들이 먹고 남은 것들이었다. 버린 것들을 주워 사는 삶. 나머지 같은 삶. 한 사람의 삶으로 온전히 셈해지지 않는, 정수가 아닌 소수점의 삶. 버려지는 나머지 같은 삶이어서 삶이라는 공식에 내 삶은 셈하여지지 않는가. 양주장에 가서 얻어온 술지게미에 설탕 뿌려 먹고 얼큰하게 취해 잠드는 밤이면 그래도 조금 견딜 만했다. 술의 달달함을 일찍 깨달았다.

공터도 가려서 자야 했다. 새벽에 종종 '대선배님'들이 공터로 찾아왔다. 그들은 인천 구월동 선인원의 경비대장이었다. 시설은 정부 예산을 한 푼이라도 더 받기 위해 거리 부랑아들을 잡으러 다녔다. 그들은 어디 가면 머릿수를 채울 수 있는지 꿰뚫고 있었다. 소수점 같은 삶은 시설 안에 가둬질 때만 필요에 의해 정수로 셈해져 시설을 지원하는 돈이 되었다. 선인원과 나의 추격과 도주가 술래잡기처럼 반복됐다.

사람들은 고아라는 이유로 날 멸시했다. 이곳은 선감도 바깥이긴 해도 당신이 사는 세계의 내부는 결코 아니었다. 나는 이후 선감학원에 두 번 더 잡혀갔다.

이 수치스러움은 정말
내 몫의 감정인가

그 세계에서 자라난 나는 어른이 되었다. 1980년 7월의 어느 날이었다. 오락실에서 기분 좋게 놀고 있는데 누군가 어깨를 툭 쳤다.

"오랜만이다? 경찰서에 좀 잠깐 가자. 몇 개 물어보고 내보내줄게."

"내가 거길 왜 가요? 할 얘기 있으면 여기서 해요."

동네 아는 형사였다. 이 새끼들이 우릴 또 만만하게 보는구나. 그러나 개겨봤자다. 친구들과 경찰서 유치장에 갇혔다. 저녁이 지나니 사람들이 물밀듯 들어왔다. 서로 들어온 이유를 물었다. 계엄군에 떠밀려 들어왔다, 유흥업소에서 일하다 잡혀 들어왔다, 문신 때문에 걸렸다 등. 이유도 제각각이고 특별히 잘못한 것도 없었다. 내가 대체 왜 여기 있는지 도무지 감이 잡히지 않았다. 유치장엔 소변통 하나뿐. 사람이 너무 많아 앉아 있으나 서 있으나 불편하긴 매한가지였다. 누울 수 없어 잠도 자지 못했다.

"너 이 새끼, 시내에서 하고 다니는 거 다 봤어. 그냥 다불어."

경찰은 훈방(D급)으로 내보내줄 테니 조서에 지장을 찍으라고 했다. 그러나 그의 말과 달리 나는 'C급'으로 분류되어 삼청교육대에 끌려갔다. 8월 4일, 친구들과 버스에 실려 부천의 육군 33사단 167연대 1076대대로 보내졌다. 내리자마자 군인들이 방망이로 머리를 두들겨 팼다. 머리를 박박 밀린 채 내무반까지 벅벅 기어갔다.

"뭐 땜에 들어왔어?"

길 가다가 잡혀왔습니다.

"야 이 새끼야, 나라에서 죄 없는 사람을 왜 잡아넣어?"

내무반장이 내 앞의 사람을 방망이로 두들겨 팼다. 내 차례다.

"2중대 1부대 20번 김성환입니다!"

뭐 땜에 들어왔느냐고 물었다. 나도 내가 왜 끌려왔는지 모른다. 이유를 만들어내야 했다.

"술 한잔 먹고 지나가던 아가씨 희롱 좀 했습니다."

"솔직하네. 우리도 외박 나가면 그럴 때 있어. 자넨 밖에서 뭐했나?"

"구두 닦았습니다."

운이 좋았다. 조교 워커를 닦아주는 것으로 남들보다 편하게 지낼 수 있었다. 교육은 새벽 6시부터 밤 10시까지 하루 16시간 동안 이어졌다. 주말에도 평일처럼 교육이 계속됐다. 그들은 교육이라고도 했고 훈련이라고도 했다. 비가 억수로 쏟아지는 여름날 연병장에서 봉체조하는 것(어깨 위로 통나무 들기), 깍지 낀 채 50분 동안 '비행기 타는' 것(엎드려뻗쳐한 자세에서 손은 아래에, 발은 높은 곳에 두는 것) 등이 교육 내용이었다. 월남전에서 수류탄 파편으로 허리를 다친 이는 "태도가 불량하다"며 내무반에서 얻어터진 뒤 '특수교육'에 끌려나갔다. 이것을 왜 고문과 학대가 아닌 교육과 훈련이라고 말하는지는 알 수 없었다. 잠잘 시간이 턱없이 부족했다. 정신교육 시간에 눈을 뜨고 잤다. 저녁에는 수양록을 쓰며 반성했다.

삶을 돌이켜봤다. 또래들이 책가방 들고 학교 갈 때 내 손엔 밥 빌어먹는 깡통이, 구두통이 들려 있었다. 여학생들에게만은 그 모습을 보이고 싶지 않아 숨어 다녔다. 창피했다. 이게 내가 살아갈 수 있는 유일한 방법이니 이렇게 사는 건데 내가 왜 창피해해야 하지? 이상했다. 이 수치스러움은 정말 내 몫의 감정인가.

왕초들은 나를 두들겨 팼다. 내가 두들겨 맞는 이유는 그가 배고프기 때문이다. 그는 밥을 얻어오라며 깡통을 집어 던졌다. 그는 나한테 왜 그랬을까.

부모에게 버려진 것도, 선감학원에 끌려간 것도, 삼청교육대에 온 것도 애초에 내가 선택한 삶이 아니었다. 나는 왜 이곳에 끌려온 걸까.

어느 날 4중대에 익숙한 사람이 보였다. 형이었다. 선감학원에서 나온 뒤에도 형을 만난 적 있다. 형은 부산 형제복지원에서 도망쳐 나왔다고 했다. 나처럼 살고 있던 형이, 나처럼 이곳에 끌려왔다. 만나도 더러운 데서 만나는구나.

"내무반장님, 제 친형이 4중대에 있습니다."

워커를 닦으며 다져놓은 친분이 형을 만나게 해줬다. 그러나……

"교육 잘 받고, 죽지 않고 살아남아."

만나도 달리 할 말이 없었다. 우리가 여기서 살아나갈 수는 있을까. 답 없는 물음을 주고받으며 그저 운을 빌었다. 4주 뒤, 난 퇴소했다. 얼마 후 형도 퇴소했다. 우린 또 살아남 았다.

내가 나를 포기한 시간

인천 생활을 접고 형이 있는 안양으로 올라왔다. 안양에서 깡패 생활을 했다. 좀처럼 바닥 인생을 벗어나기 힘들었다. 길 위를 흐르다 미끄러져가지 말아야 할 곳으로 빠졌다.

"형님, 한 방 하고 땡칩시다."

거절했어야 했다. 그런데 그러지 못했다. 아는 동생 둘과 안양에서 자산가로 소문난 이의 집에 칼과 몽둥이를 들고 들어갔다. 금고에 있는 돈만 챙겨 나오려고 했다. 저 돈만 있으면 가게 하나 차려 번듯하게 살 수 있을 것 같았다. 인생역전을 꿈꿨으나 방심하는 사이 그 남자가 "강도야!" 하고 외치며 4층에서 뛰어내렸다. 그리고 죽었다. 1년 7개월의 도피 생활이 이어졌다. 사무치게 후회했다. 내가 왜 그랬을까. 내가 왜 그랬을까. 내가 왜 그랬을까.

수배 도중 형을 만난 적이 있다. 새로운 형수를 맞은 형은 여전히 스탠드바에서 일하며 살고 있었다. 여전如前히, 전과 같이, 없이 살아야 했다. 인생역전, 다만 평범하게 살고 싶었던 꿈은 꿈으로 남겨두었어야 했다.

1987년 8월, 내 나이 서른둘에 잡혔다. 검사는 내게 사형을 구형하며 이렇게 말했다. "세상엔 꼭 필요한 사람과 필요하지 않은 사람이 있습니다. 피고인은 어느 쪽일까요. 피고인이 잘 알고 있을 겁니다."

선고 전까지 수갑이 채워진 채 독방에 갇혔다. 내 생이 이렇게 끝나는구나. 세상에 대한 기억이 별로 없었다. 영아원에서부터 선감학원, 선인원, 삼청교육대 그리고 교도소. 부모가 누군지도 모르고, 내 존재가 어떤지도 모르고, 이렇게 죽는구나. 갑자기 너무 살고 싶었다. 나 좀 살려달라고, 신에게라도 빌고 싶었다. 살 수만 있다면 어떤 어려움이라도 다 견디며 잘 살 수 있을 것 같은데.

최종적으로 판사는 15년을 선고했다. 화장실 들어갈 때랑 나올 때의 마음이 다르다지. 죽는 줄 알았는데 살려준다고 하니 이젠 살아가는 게 걱정이었다. 여기서 15년을 어떻게 사나. 숨이 막혔다.

삼천리 독보권(三千里 獨步權, 교도관의 감시 없이 홀로 다닐 수 있는 권리)을 빼앗겼다. 교도관이 시키는 대로만 해야 했다. 그 삶이 견디기 힘들어질 때면 난동을 부렸고, 그럴 때면 사지 는 연쇄(쇠사슬)에 묶였다. 두 다리가 연쇄에 묶인 채 질질 끌려 다녔고, 손을 사용할 수 없어 개처럼 밥을 먹었다. 화장실 갈 때도, 잘 때도 손발을 풀어주지 않았다. 뼛속까지 골병이 들었 다. 내가 나를 포기하니 그곳에서 '문제수'로 찍혀 청송교도소 로 이감됐다.

호송차에서 내리자마자 매타작이 쏟아졌다.

"야 이 쌔끼들아, 여기는 갱생更生이다, 알았나? 일어서, 갱생. 앉아, 갱생,"

"갱생! 갱생!"

다시更 살아生나려면 우선 죽어야 했다. 이감된 교도소 에서 가져온 팬티와 비누, 치약, 칫솔을 모포에 둘러싸 안고 오 리걸음으로 감방까지 기어갔다. 한 걸음씩 뗄 때마다 외쳤다.

"갱생! 갱생!"

재수 없게 내 방은 제일 높은 3층이었다. 계단도 오리걸 음으로 기어올라갔다. 우린 모두 독방에 갇혔다. 한 평도 되지 않는 방에 화장실이 있고 세면대가 있었다. 시찰구(視察口, 재소 자의 동정을 살피기 위해 감방 문에 만든 감시 구멍)에 교도관 모자만 보여도 "갱생!" 하고 외쳐야 했다. 딴짓하다 걸리면 관구실에 끌려가 물에 젖은 담요에 말려 두들겨 맞았고 통방(옆방 재소자 와 창문 등을 통해 대화하는 행위)하다 걸리면 작살이 났다. 영치금으로 물건 구매도 안 되고 아무런 읽을거리도 없으니 정좌로 앉아 시커먼 벽을 보고 아무것도 하지 않는 게 일과였다. 점점 미쳐가는 것 같았다.

그러나 아무것도 하지 않는 것은 불가능하였으므로, 사람이, 죽었다. 자살이었다. 그들은 다시 살아나려면 죽지 않을 만큼만 몰아붙여야 한다는 걸 깨달았다. 성경책을 한 권씩 넣어줬다. 우린 그 책을 이스라엘 무협지라고 불렀다. 어느 날엔 빵을 하나 넣어줬다. 빵보다 글자가 반가웠다. 빵 봉지 뒤에 적힌 식품 재료, 첨가물을 달달 읽었다.

시간이 좀 지나자 사식을 구매할 수 있게 되었지만 나눠 먹을 순 없었다. 사식 받는 수감자와 사식 나눠주는 소지 사이엔 은밀한 거래가 오갔다. 소지들은 배식 때 그들에게 밥과 반찬을 조금씩 더 줬다. 저이는 빵도 먹고 우유도 먹어서 조금만 먹어도 될 텐데. 오히려 밥과 반찬을 더 먹어야 할 사람은 아무것도 사 먹지 못한 나 같은 사람 아닌가. 이곳에도 부익부 빈익빈이 있었다.

"갱생!"

또다시 정신교육이 시작됐다.

"이곳에서의 교육이 제 자양분이 됐습니다. 교육을 통해 전 진짜 새사람이 된 것 같습니다. 전 이제 사회에 꼭 필요한 사람, 국가에 충성하는 사람이 될 것입니다." 교육생 소감문을 썼다. 일반 교도소로 환소되기 위해 내가 얼마나 새사람이 되었는지 간증해야 했다. 그러나 난, 신설된 청송2교도소로 이 감됐다.

겨울은 혹독했다. 차디찬 시멘트 바닥에 담요 한 장 깔 수 없었다. 가만히 있어도 동상에 걸렸다. 몰래 속옷을 여러 개 겹쳐 입었는데 교도관이 일어나보라며 엉덩이를 찔렀다. 두들 겨 맞았다.

겨울엔 목욕을 감방이 아닌 목욕탕에 가서 했다. 일주 일에 한 번 있는 목욕 시간은 단 5분. 감방에서 목욕탕까지 오 가는 시간까지 포함되어 있다. 짧은 시간에 수감자들의 불만 이 커지면서 교도관들의 짜증도 극에 달한 때였다.

"갱생!"

목욕탕에 가기 위해 옷을 홀딱 벗고 감방을 나오며 외 쳤다.

"엎드려!"

교도관은 알몸인 내게 항문을 보자고 했다. 항문에 연 장을 숨긴 것도 아니고. 어이가 없었다. 엎드리지 않았다. 왜 나한테만 그래 이 새끼들아. 목욕 안 해 이 새끼들아. 난 다시 감방에 들어갔다. 두들겨 맞았다.

난 교도소에서 숫자(162번, 6301번, 5024번, 189번······)였고 도둑놈(교도소에서 재소자를 칭하는 용어)이었으며 개새끼였다. 보 따리장수처럼 모포에 치약, 칫솔, 팬티, 비누를 싸들고 전국의 교도소를 유랑했다. 광주, 대전, 진주, 안동, 목포, 대구. 청송교도소에 비하면 일반 교도소는 천국이었다. 독방보다 일반수들과의 합방이 훨씬 나았다. 그러는 사이 서른둘에서 마흔일곱이 되었고, 2002년 11월 20일, 나는 출소했다. 형이 있는 안양으로 갔다. 잘 살 수 있으리라 자신하며.

"이 새끼가 바가지를 씌우나. 무슨 버스비가 이렇게 비싸?"

"광역버스니까 비싸죠."

버스를 탔는데 버스비가 너무 비쌌다. 버스기사 귀싸대기를 한 대 후려쳤다. 그때 알았다. 버스엔 마을버스, 시내버스, 광역버스가 있으며 광역버스는 시내버스와 달리 비싸다는 것을.

"죄송합니다. 제가 출소한 지 얼마 안 돼서 몰랐어요. 정말 죄송합니다."

신생아처럼 이 세계가 낯설었다. 내 세계는 선감학원이었고 삼청교육대였고 교도소였다. 1987년에서 2002년으로 갑자기 15년의 시간을 건너 물적 기반과 심적 문법이 다른 세계로 불시착하듯 떨어졌다. 사람들은 공상과학에서처럼 핸드폰을 들고 거리에서 통화하고 있었다. 난 기역 니은부터 다시 배워야 했다. 하지만 사회는 친절하지 않았다. 서울역으로 올라와 노숙을 시작했다. 차라리 이 생활이 익숙했다. 아니, 익숙했을 뿐이다. 내가 왜 이러고 있지. 자괴감이 나를 파먹었다. 나는 내가 던져진 이 세계에서 도망쳤다. 약물 중독. 도망친 세계에 환청이 찾아왔다.

나를 구원해준 건 노숙인 대상으로 무료급식 봉사를 하던 천주교 신자였다. 그이가 운영하는 미인가 시설에서 삶을 회복하며 약을 끊었다. 그리고 다시 형이 있는 안양으로 왔다. 늘 그랬다. 먼저 오라고 한 적은 없으나 우린 서로 말없이 먼 곳에서 찾아왔고, 그 말없음이 서로를 기대게 했다. 우리는 서로에게 유일한 언덕이었다.

옛날에 인천에서 차 사고가 크게 난 적이 있다. 형은 내 전화 한 통에 밤비를 쫄딱 맞고 안양에서 인천까지 오토바이를 타고 달려왔다. 형이 있어 좋긴 좋구나. 마음이 든든했다. 형이 내 고향이다.

2006년 형이 있는 안양에 자리를 잡았다. 때마침 삼청교육대 피해보상금 560만 원을 받아 보증금 200만 원을 내고 영구임대아파트에 들어왔다.

형이 형의 몫의 삶을 살듯, 나는 내 몫의 삶을 살아야 했다. 몸 누일 곳은 생겼는데 몸 일으켜 갈 곳이 내게는 없었다. 만날 사람도 없었다. 아침에 눈 뜨면 천장이 보이고 앉으면 벽이 보였다. 내게 이 세계는 벽이었다. 사방에 벽이 쳐질 때 나는 독방에 갇혔다. 그 벽에 나의 이상理想을 그리며 벽 너머의 세계를 희구했다. 벽이 아닌 사람 얼굴을 마주하고 싶었고, 내 존재의 쓸모를 찾고 싶었다. 이 방을 제발 나가고 싶었다. 벽을 더듬어 어딘가에 있을 문고리를 찾아 열고, 집 앞 복지관에 갔다. 복지관에선 사회 적응이 어려운 나 같은 이들을 위한 프로그램을 진행하고 있었다.

"봉사 같은 거 해보시면 어때요?"

프로그램 끝날 때쯤 사회복지사가 제안했다. 부모 탓, 세상 탓 참 많이 했는데 뒤집어 생각해보면 날 도와준 이들이 있어 죽지 않고 이만큼 살아왔음을 깨달았다. 배고플 때 내게 찬밥 한 덩어리 주던 사람, 비 오던 날 가게에 자기 우산 맡기고 받아온 빵 한 조각을 나눠주던 이, 출소하던 날 기차에서 오렌지주스에 빨대 두 개 꽂아 같이 나눠 마시자고 건넸던 할머니. 날 구원해준 사람들의 얼굴이 떠올랐다. 나도 타인의 삶에 기여하는 사람이 될 수 있을까. 몇 년 전부터 복지관 식당에서 배식과 청소 봉사를 하고, 지역 장애인단체에 가서 손을 거들고 있다.

살아진 삶

정말 개같은 인생이었다. 나는 야바위꾼이었고 깡패였고 사채업자였고 홈리스였고 약물 중독자였고, 선감학원과 삼청교육대의 피해생존자이고 전과자다. 지울 수만 있다면 지난 모든 과거를 지우고 싶다. 죽고 싶어서 수차례 자살을 시도했다.

국민학교 때부터 중학교 1학년 때까지, 선감학원에서만 6년이 넘게 있었다. 혹시 아버지가 나를 찾지는 않았을까. 선감도가 외진 곳에 있어서 못 찾은 건 아닐까. 만약 아버지가 나를 찾았다면 나는 어떤 인생을 살았을까. 내가 선감도에 가지 않았다면 내 앞엔 어떤 그림이 펼쳐졌을까.

　　어린 시절 아무도 내게 꿈을 묻지 않았다. 누구도 나의 미래를 궁금해하지 않았다. 나 역시 기약 없는 미래보다 당장 오늘 한 끼가 갈급했다. 아무도 내게 하지 않았던 그 질문을 나 스스로에게 해본다. 이제야 자신에게 묻고 답해본다.

　　'성환아, 넌 커서 뭐가 될 거야?'

　　'운동 좋아하니깐 운동선수, 아니면 체육 교사. 혹은 형사, 혹은 고아원장.'

　　내게도 좋아하는 것이라는 게 있었다. 나는 정의롭게 살고 싶었고, 나처럼 부모가 없는 아이도 이 사회에서 뿌리내리며 살아갈 수 있도록 돕고 싶었다.

　　못 배운 게 한이다. 내가 학교에서 제대로 배울 수 있었다면 지금 난 어떤 사람이 되었을까. 제대로 글을 배운 적이 없다. 한자도 큰집(교도소)에 있을 때 익혔다. 한자고 영어고 간에 간판 같은 거라도 보이면 손가락으로 글씨를 써서 익히는 게 습관이다.

　　여덟 살이 되면 학교에 가고, 성인이 되면 군대에 가고, 사랑하는 이를 만나 결혼해 아이 낳고 사는 삶. 그런 평범한 삶을 살고 싶었다. 그러나 제일 평범하지 않은 삶을 살아버린 것 같다. 그래, 살려고 산 게 아니라 '살아'진 거였다.

내 나이 예순둘. 선감학원에서 먹은 밥이 생각난다. 반찬은 새우젓, 밴댕이젓 따위였고 그조차도 시커멓게 썩은 것이었다. 나는 여전히 젓갈 들어간 음식을 먹지 못한다.

내 삶에, 왜 이토록 많은 사람들이 개입해서 나를 이 꼬라지로 만들었을까. 나이만 먹은 바보가 되어버렸다.

지독한 해일의 시간, 그 후

첫 번째 인터뷰를 마치고, 우리는 같이 밥을 먹으러 갔다. "순댓국 먹으러 갈까요?" 물으니 그는 선감학원에서의 기억 때문에 젓갈 들어간 음식은 먹지 못한다며 순댓국은 못 먹는다고 했다. 우리는 함께 비빔밥을 먹었다. 두 번째 만남에선 그가 자주 간다는 설렁탕집에 갔다. 그는 "같이 밥 먹어줘서 고마워요"라고 말했다. 그의 인사에 마음이 눅눅해졌다.

그는 첫인상이 날카로운 사람이었다. 2017년 8월 여름에 처음 만났는데 그는 해변에서나 입을 법한 화려한 야자수 무늬가 새겨진 반팔 남방에 쪼리를 신고 있었다. 예사롭지 않은 등장이었다. 목소리 톤은 비밀스러운 이야기를 하듯 시종일관 낮았다.

자신의 삶에 대한 그의 서술은 놀라울 정도로 구체적이었다. 그는 덤덤히 이야기하다가도 이따금 작두 같은 서늘함을 내비칠 뿐, 자기 삶의 경험에 대한 감정을 거의 표현하지 않는 사람이었다. 그러다가 두 번째 인터뷰 말미에 감정들이 물고기 꼬리처럼 슬렁거리며 미세하게 터져 나왔다.

"정말 개 같은 인생이죠. 죽을 생각도 많이 했어요. 그 생각 안 했겠어요? …… 전혀 선택하지 않은 삶 아니에요. 타인에 의해서, 하다못해 부모에게도 버려진 거 아니에요. 내가 버려지고 싶어서 버려졌어요?"

인터뷰 녹취를 풀고 그의 삶을 끊임없이 복기하며 내가 좀처럼 상상할 수 없는 그의 생 앞에서 막막해졌다. 내 눈앞에 그러한 삶을 살아낸 자가 앉아 있고, 내가 그의 이야기를 들었으며, 나는 써야 했다.

이 삶을 어떻게 이야기로 전할 수 있을까. 이 삶에서 무엇을 살리고 무엇을 지워야 한 편의 이야기로 독자에게 잘 전할 수 있을까. 하나의 생이 이야기로 구성되기 위해서는 쓰는 이에 의해 사건이 취사선택되어야 하는데, 그의 삶에서 어떠한 이야기 조각들을 택해 이 어지러운 퍼즐을 정갈하게 맞춰 나가야 할지 도무지 길을 찾을 수가 없었다. 그 삶을 관통할 언어가 찾아지지 않아서, 나는 매번 도망가고 싶었다.

대한민국 근현대사를 휩쓸고 지나간 커다란 사건들이 있었고, 그는 자신의 의지와 상관없이 그 풍파 속에 던져진 아주 작은 조개였다. 조개는 해일의 출렁임에서 도망갈 수 없었다. 그게 그의 운명이었고 삶이었기에 그냥 살아졌다. 그렇게 그 시간을 겪어내고 우리 앞에 맨발로 선 사람. 살아남은 자만

이 할 수 있는 지독한 해일의 시간에 대한 증언을 그의 관점에서, 그의 목소리로 전하고 싶었다.

선한 사마리아인은 없었다

김성곤 구술
하금철 글

주민등록번호란은 '61'로 시작했지만,
그는 자신이 1956년생이라고 했다.
아동보호소 입소 날짜가 1969년 7월
21일로 되어 있는 것도 본인 기억과 6년
정도 격차가 있다. 이렇듯 그의 어린
시절은 '그나마' 존재하는 기록에서도
여기저기 구멍이 나 있었다.

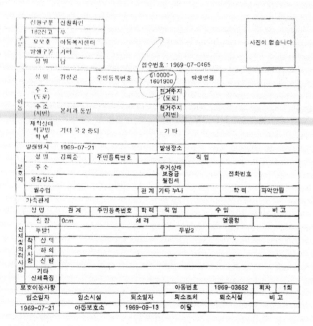

김성곤 씨의 서울시립아동보호소 시절 아동카드. 상당수 기록란이 비어 있다.

그는 현재 경기도의 한 교도소에 있다. 그와 첫 인터뷰를 한 것은 2017년 가을이었다. 그 후에도 서로 연락을 주고받았고 선감학원 진상규명을 위한 행사가 있을 때마다 종종 만났다. 그런데 이듬해 여름, 그가 경찰서에 잡혀가 있다는 소식을 들었다. 구치소로 이감되고 두 번 정도의 공판 끝에 형이 확정되고, 또다시 다른 교도소로 이감되기까지는 그리 오래 걸리지 않았다. 죄목은 '절도'. 그 사건은 나와 인터뷰를 하기 전인 2017년 여름의 일이었다. 본인도 잊고 있던 일로 1년 만에 체포된 것이다. 나중에 국선변호인을 통해 사건의 정황을 들어보니 절도라기보다는 '절도 미수'에 가까워 보였다. 그러나 유사한 건으로 수감 생활을 하다가 석방된 지 1년도 채 되지 않은 누범이어서 구속을 피하기 어려웠던 것 같았다. 그리고 그의 기대와는 달리 징역 8개월 형이 떨어졌다.

"내가 교도소 생활만 36년을 했어요." 첫 인터뷰에서 이 말을 들었을 때는 과장일 거라 생각했다. 이렇게 왜소한 체구의, 이제 노년에 접어드는 사내가 대체 어떻게 살아왔기에 반평생 이상을 교도소에서만 살았다는 것일까. 그리 납득이 되지 않는 이 말을 납득하기 위해, '그래도 최근 일은 아니고 적어도 5년 전에 정리된 과거의 일을 말하는 거겠지'라고 애써 정리했다. 하지만 구치소와 교도소 면회실에서 수의를 입은 모습으로 나타난 그를 본 순간, '36년'이라는 시간을 나 편리한 대로 이해할 수 없음을 직감했다. 영화에서나 나올 법한 이 상황 자체도 낯설었지만, 이 상황을 대하는 내 감정도 낯설었다.

어쩌다보니 그를 자주 면회하러 가게 됐다. 그가 있는 교도소로 계속 발길이 향하는 이유를 나 자신도 알 수 없었다. 물론 마음이 편했던 것만은 아니다. 그는 작정하고 절도를 한 게 아닌데 부당한 오해를 산 거라고 말했다. 결과적으로 절도당한 금품이 없는데 이 정도 일로 징역을 산다는 건 심하다는 생각이 나 역시 들었다. 하지만 검사라면 충분히 정황상 절도의 의도가 있었다고 판단하고 누범자에 대한 단죄가 필요하다고 생각할 수 있겠다 싶었다. 연민과 도덕적 잣대라는 상반된 감정이 뒤엉켜 심난했다.

아마 연민의 감정만 있었다면 심난하지는 않았을 것이다. 선감학원에서 나온 후 안정된 삶을 꾸리지 못하고 교도소 생활을 반복했다는 사람들은 사실 김성곤 씨 외에도 많았다. 그 이야기를 단지 '과거의 일'로 여겼을 때 나는 "얼마나 고생이 많으셨어요"라며 위로의 말을 건네곤 했다. 아마 그런 마음 때문에 면회도 가고 영치금도 보냈던 것일 테다. 하지만 그러다가도 '내가 이렇게까지 할 필요가 있나'라는 생각에 멈칫했던 때가 많았다. 다소 억울하긴 하지만 누적된 전과로 인해 오해를 받는 건 결국 불가피한 일이 아닌가, 라는 생각이 들 때면 연민의 자리에는 어느새 도덕적 잣대가 들어와 있었다. 그때 나는 '검사의 눈'을 하고 있었다.

뒤늦게야 깨달았다. 선감학원 피해자를 대하는 나의 태도가 어느 정도는 위선에 가깝다는 것을. '범죄자'라는 낙인과 '무고한 피해자'라는 이미지 사이에서 나는 후자의 모습만을 보고 싶어 했다. 그러나 막상 그들이 '범죄자'로 드러난 순간과 마주하자 뒷걸음질 치려 했다. 낯설고 두려웠다.

그가 구속되기 몇 달 전에 정리했던 그의 생애사를 다시 읽는다. 때로는 어쩔 수 없이 내몰렸고, 때로는 그가 선택하기도 했던 '범죄'를, 선감학원 사건이 해결되는 데 힘을 보태겠다고 감히 나선 나 같은 이가 어떻게 이해할 수 있는지 다시 묻기 위해 읽는다.

떠밀리듯, 숙명처럼, 도망 다니다

솔직히 말하자면, 김성곤 씨와의 첫 만남에서 나는 매

우 안일했다. 그와 선감도에 함께 들어가 인터뷰를 진행했을 때 내가 던진 첫 질문은 "어떻게 선감도에 잡혀오게 되셨나요?"였다. 다른 피해자와 만날 때와 전혀 다를 것 없는 질문이었다. 대답도 충분히 예상 가능했다. 골목이나 역 앞에서 놀고 있는데 경찰 또는 공무원이 와서 잡아갔다, 아동보호소에 있다가 어느 날 갑자기 선감도로 보내졌다⋯⋯ 그리고 이를 전후한 소소한 개인사 몇 가지 정도를 들을 수 있을 거라고 생각했다. 그의 증언을 영상으로 담기 위해 돌아가고 있는 카메라만 믿은 채, 나태한 태도로 귀를 반쯤만 열고 듣고 있었다. 예상외로 따가운 가을 햇살 아래 얼굴만 사납게 찡그리면서.

그런데, 천천히 입을 연 그에게서 선감도로 잡혀오기 전까지의 이야기를 듣는 데만 한 시간이 넘게 걸렸다. 그는 이 일들이 대략 일곱 살에서 아홉 살 사이에 벌어진 일이라고 했다.

"내가 태어나 자란 곳은 인천 부평이에요. 큰아버지가 운영했던 '선한 사마리아원'이라는 고아원에서 자랐어요. 우리 어머니가 큰아버지에게 나를 맡길 때, 가족들 있다는 이야기하지 말고 다른 고아들과 다름없이 키우게끔 했다더라구요. 사실 우리 아버지가 나를 그냥 버리려고 했대요. 아버지는 뱃일을 하는 사람이었어요. 뱃사람들이 미신을 많이 믿잖아요. 내가 태어나자마자 죽을병 같은 게 걸려가지고 '저 자식은 오래 못 산다. 재수 없으니 내다 버려라' 그런 이야기도 했대요.

이 얘기는 나중에 큰누나한테서 들었어요.

　그래서 고아원에 큰아버지도 있고 고모도 있었지만, 그 사람들이 내 친척이라고 말하지 않으니까, 일곱 살까지 자라오면서 '나도 고아구나'라고 생각했어요. 그런데 이제 그 테두리에서 벗어나고 싶더라구요. 그래서 또래 원생들과 함께 도망 나왔어요. 두 명이서 열차를 탔어요. 서울과 인천을 오가는 기동열차. 그걸 타고 무작정 동인천으로 들어왔어요.

　그러고 있었는데, 옛날에는 종이 줍는 넝마주이들이 있었어요. 그 사람들에게 잡혀가지고. 똘마니 잡는다고 하죠. '여기서 우리랑 같이 있을래, 안 있을래?' 그렇게 묻는데, 안 있겠다 그러니까 있겠다고 답할 때까지 때리더라구요. 그 사람들은 30~40대 성인이었죠. 그 사람들한테 감금되다시피 있다가 밤에 탈출을 했어요. 아침에 이리저리 피해 다니다가 몰래 열차를 타고 무작정 상경해서 서울역에 왔지요. 서울역에서 구두 닦는 일을 했는데, 어린 나이에 그것도 잘 못할 거 아니에요? 그래서 사람들한테 구걸해가면서 밥 얻어먹고. 표 파는 곳에 사람들 줄 서 있으면 '1원만 주세요' 그러고.

　서울 양동(현 남대문로5가)에 넝마주이 조직이 있더라구요. 그 사람들에게 또 잡혔어요. 콜라병, 오렌지병 이런 걸로 막 때리는 거야. 머리통에 피가 막 터지고. 죽을 만큼 맞다가, 살아야겠다는 생각에 또 탈출을 해요. 서울에 있으면 안 되겠다 싶어서 다시 열차를 탔어요. 다 도둑 열차죠 뭐. 그래서 무작정 간 곳이 부산이에요. 부산 가서도 거지 생활을 하면서, 남포동이나 자갈치시장 같은 데 가서 얻어먹고 살다가. 영화숙˙이라는 곳에 또 잡혀갔어요. 거기서도 못 도망가게 곡괭이자루 같은 걸로 발바닥을 때리는데, 사정없어요. 팅팅 부어서 걷는 건 어림도 없고, 무릎으로 엉금엉금 기어가야 돼.

어린 나이에도 이런 곳에 있으면 안 되겠다 싶은 마음이 생겨서, 한밤중에 도망을 시도했어요. 영화숙 옆에 산이 높은데, 그 산을 넘으면 다 공동묘지예요. 공동묘지에 비석 같은 게 있는데, 달빛에 보면 처녀귀신이 서 있는 것 같기도 하고. 그런데 그 어린 나이에도, 귀신이 나타나면 그 귀신을 물리치고 도망갈 정도로 무서움이 없었어요. 어떻게든 여길 빨리 빠져나가야겠다는 생각밖에는.

거길 나와서 다시 자갈치시장에 들어왔는데, 노점에서 밥장사하는 아주머니가 나한테 잘해줬어요. 근데 어느 날 그분이 어느 아줌마를 소개시켜주는 거예요. 나를 양아들 삼아줄 거라고. 양엄마를 따라 제주도로 갔어요. 배를 타고 제주도까지 갔는데, 막상 가보니까 내가 양아들이 아니었어요. 나중

• 1960~1970년대 부산 장림동에서 운영된 부랑아 시설. 《중앙일보》의 1970년 1월 13일 보도에 따르면, 영화숙 원장 이순영(당시 40세)은 고아, 부랑아들을 치료하는 병원을 짓는다는 명목으로 부산시로부터 150만 원을 받아 횡령한 혐의로 부산시청 직원 네 명과 함께 구속되었으며, 그 외에도 각종 구호단체 구호금품을 12년 동안 빼돌려 2만여 평의 대지와 6,500여 평의 임야를 사들이는 등 비리를 저질러왔다. 당시 영화숙은 고아 450명과 걸인 및 행려자 750명 정도를 수용하는 규모였다.

에 거기서 탈출할 때 생각해보니까, 사실은 내가 머슴살이로 갔던 거예요. 애 봐주고, 고사리 캐러 당기고, 일 시키고…… 그 당시에 아주머니가 손가락이 다 잘렸더라구. 세월이 흘러서 생각해보니까 그 아줌마가 문둥이였나? 그런 생각도 났었어요. 그 손가락 잘린 걸로 머리통이고 뭐고 막 때리는 거야. 나중에는 그 사람 딸내미가 육지에서 들어와가지고는 얘기를 한 것 같아요. '엄마, 애 보내주자, 불쌍하잖아.'

그 아줌마가 그 당시에는 양계장을 좀 했는데. 배가 고플 때는 아줌마 일 나가고 몰래 계란을 깨 먹기도 했어요. 배 좀 채우려고. 어느 날, 아주머니가 계란 장사 나가자고 해서 큰 통에다 계란을 짊어지고 나섰어요. 밥도 안 먹고 나섰는데 아주머니가 계란을 다 팔 때까지 밥도 안 사주는 거예요. 따라오라는 말도 안 하고. 그길로 그 아주머니랑도 헤어졌어요. 이후엔 시장에서 건빵 같은 거 얻어먹고 다니다가 제주도 선착장까지 걸어가게 됐어요. 건빵을 먹으면서 거기까지 가는데 눈물이 쏟아지더라구요. 그 망망한 바다를 보면서. 내 부모가 어디 있을까? 나도 인간으로 태어났는데, 나를 낳아준 부모가 있을 텐데. 눈물이 막 쏟아지더라구요.

거기에도 보니까 거지 아이들이 있더라구요. 제주도 아이들도 있지만, 육지에서 온 아이들도 있고. 그 아이들하고 어울리며 지냈어요. 그러다 거기서도 제주시청 직원들한테 잽혀가지고 이제는 육지로 쫓겨났어요.

목포로 나왔는데, 거기서 막 반나절 정도 시장을 헤매다가 아이스께끼 장사꾼한테 또 잡혔네? 맞는 건 또 내가 일인자였어요. 그렇게 또 그 사람들한테 끌려가다가 나중에 옆 골목으로 싹 피해버렸어요. 도망가려면 무조건 열차를 타야 돼. 군인들 타고 다니는 열차 있잖아요? 거기에 올라탔어요. 처음에는 차장한테 잡혀서 암흑 같은 역에 버려졌어요. 플랫폼에 서 있는데 너무 춥고 떨리더라고. 내가 어떻게 이렇게 살아 있었는지…… 그래서 열차 소리만 나면 무진장 반가운 거야. 다시 다른 열차에 올라타서, 맨 뒤 칸에 탔어요. 군인 칸이더라고. 혹시 또 잽히면 혼날까봐 들어가지는 못하고 난간에서 그냥 가는 거야. 그 바람을 다 맞으면서. 그렇게 해서 다시 서울로 들어왔어요."

일곱 살에서 아홉 살 어린 나이에 떠돌이 생활을 하면서, 경부선과 호남선, 그리고 제주도 뱃길을 따라 전국을 한 바퀴 다 돌았다는 것이다. 솔직히 말하면 믿을 수 없었다. 그가 다소 과장된 무용담을 늘어놓고 있는 게 아닌가 하는 의심이 일었던 것도 사실이다. 그는 말하는 중간중간 "우리 생존자들 중에서 내가 최고로 고생을 많이 했어요" 같은 말을 자주 했는데, 타인의 입장에서는 이를 확인할 방법도 없고 최대한 객관적인 사실을 바탕으로 글을 쓰고 싶었기 때문에, 가능하면 그의 이런 발언과는 거리를 두고 싶었다.

게다가 그는 이 이야기도 "그나마 뺄 내용은 다 빼가면서" 하는 거라고 했다. 열 살도 안 된 아이에게 닥친 고독하고 어두운 떠돌이 생활. 듣고 있는 것만으로도 숨이 막히는 이야기였다. 대체 이 이야기는 어디쯤에서 끝나는 걸까. 어린아이가 그렇게 거리를 떠도는데 아무도 보호자에게 인계해주려 하지 않았다. 그를 반기는 이들은 주먹으로 모든 소통을 대체하던 넝마주이 조직, 아니면 머슴살이로 보내려는 장사꾼뿐이었다. 공무원이나 군인들조차 그를 자기들의 시야 밖으로 내쫓기 급급했다. 가족을 비롯해 어느 누구도 그를 반기지 않았고, 그 자신조차 어디 한 군데 정착하려고 하지 않았다. 떠밀리듯, 숙명처럼, 도망 다니며 살았다.

도망 끝에 이르게 된 곳, 선감도

"서울역에서 다시 구걸 생활을 시작했어요. 서울역에 보면, 표 사려고 사람들이 개찰구에 몰려 있잖아요? 거기서 내가 구걸을 했단 말이에요. 그런데 코트를 딱 입고 스카프를 두른 여자가 나에게 오더니 '너 성곤이 아니니?' 그러는 거예요. '야 이놈아, 네가 어떻게 여기에 와 있어?' 그러는데, 선한 사마리아원에서 일하는 선생인 줄 알았어요. 그 사람이 '너 사마리아원에서 언제 나왔어?'라고 했으니까. 그길로 그 사람이 나를 남산동 자기 집에 데리고 갔죠. 수돗가 가서 씻고 오라더군요.

그 당시 펌프도 아니고 수돗가 있는 집이면 꽤 잘사는 편이었겠죠. 그런데 사마리아원에 다시 보내지면 도망 나왔다고 또 혼날까봐, 방에 들어가지 않고 그길로 또 도망쳤어요. 그런데 나중에 성인이 되어서 큰어머니한테 이야기를 들어보니까, 그분이 저희 막내 고모였더라구요.

다시 서울역에서 생활을 하다가 서울시립아동보호소에 잡혀갔어요. 아동보호소에서도 계속 도망 다녀서 들락날락하길 세 번…… 세 번째에는 아예 나를 이송시켜버리더라구요. 말썽꾸러기로 여겨진 몇 명을 추려가지고. 그래서 간 곳이 선감도예요.

말 그대로 이곳이 진짜로 감옥이구나, 어린 감옥소구나, 생각했어요. 강제노동 당하고, 말 안 들으면 구타, 일하다가 밥 때 놓치면 밥도 굶어야 하고. 그러면 밭에서 일하다 배가 너무 고프니까 채소 같은 거 몰래 서리해가지고 먹고. 그렇게 살았던 거예요. 그리고 인천에서 배가 들어와서, 연탄, 시멘트 같은 게 들어오면 우리가 직접 날랐어요. 뚝방에 물 빠지면, 뚝방에서 뻘까지 높이가 얼추 4~5미터 돼요. 거기에 배하고 뚝방 사이에다가 발판을 두 개를 놔요. 생각을 해봐요. 그 어린 나이에, 열 살, 열한 살 이런 어린 나이에, 그 40킬로짜리 시멘트를 어깨에 메고. 지금 애들한테 그런 거 시킨다고 해봐, 어림도 없지. 그러다가 내가 한번은 세멘 푸대를 어깨에 메고 올라오다가, 중심을 잃어서 떨어져버렸어요. 갯벌 뚝방 밑에는 돌부리 같은 게 많이 깔려 있었는데, 거기 떨어져가지고 여기 등짝에 찡겨서, 그때부터 내가 허리 디스크를 안고 살아온 거예요.

저수지나 바다에 가서 이곳을 탈출하려고 수영을 배웠어요. 목숨 걸고 하는 거죠. 저수지 수영을 어느 정도 마스터하면 파도치는 바다에서도 했는데, 바다 밑에 가끔 암초가 있어요. 그 암초에 부딪혀서 머리통이 깨지기도 하고. 그리고 마침내 탈출을 시도했어요. 날짜도 안 잊어버려요. 칠월 칠석. 태풍 주의보가 내렸다고 하더라고. 세 명이서 옷을 다 벗었어요. 팬티 바람에, 신발이고 뭐고 전부 다 모래에다 파묻었어요. 갯벌을 차고 나가는데, 점점 더 깊어지는 거예요. 안 되겠다 싶어서 다시 뻘 따라 나와가지고 대부도로 갔어요. 대부도에서 배를 타고 도망가볼까 해가지고. 그런데 방아머리(대부도 끝 인천 방향에 있는 해안가) 쪽에서 소금배가 있었는데, 거기 뱃사람들한테 걸려서 또 도망을 쳤어요. 친구랑 태풍이 그치면 다시 도망가자 그랬는데, 안 그치더라고. 춥고 배고프고, 산 타고 넘어오다가 가시에 찔려서 피는 흐르지 환장하겠더라고.

같이 도망 나온 동생이 결국 '형 안 되겠다. 다시 돌아가자' 그러더라고. 나는 좀 더 버텨보려고 했는데, 결국 선감도로 들어오고 말았어요. 선감학원 식당 바로 뒷산에 무 배추 담그는 통이 있었어요. 그 통 뚜껑을 힘들게 열어서 소금에 절인 무 이만한 걸 먹었어요. 그리고 비가 오면 산에서 물 흐르게 되어 있는 로깡에 3일을 숨어 지냈어요. 배고픔보다 더 서러운 게 없다고 하잖아요. 3일만 굶으면 돌덩어리가 빵으로 보인다고. 결국 못 버티고 자수했죠. 그리고 돌아온 건 곡괭이자루 타작……

다음 여름에, 다시 탈출을 시도했어요. 이번엔 어섬 쪽으로 헤엄을 쳤어요. 섬에 닿으니까, 낙지잡이 하는 가족이 있더라구요. 그 사람들이 저한테 잘해줬어요. 선감도에서 나를 잡으러 왔는데도 숨겨주고. 그 집에서 머슴살이를 했어요. 선감도 주변 섬에서 주민들이 원생들을 보면 선감학원에 신고해서 밀가루 포대 받거나, 자기 집 머슴으로 부려먹고 했는데, 그래도 그 집에서 나한테 잘해줬어요. 내가 이제 인천으로 나가고 싶다고 하니까 100원짜리 두어 장 쥐어주면서 보내주고. 그렇게 1년을 어섬에서 보내다가 인천으로 왔어요."

삶의 공백에 들어앉은 폭력

첫 인터뷰를 마친 다음 날, 그는 최근에 찾은 자신의 어린 시절 기록을 보여주겠다며 인천에서 서울까지 달려왔다. 과거 서울시립아동보호소 기록을 보관하고 있는 서울특별시 아동복지센터(서울시 강남구 수서동 소재)에서 받은 아동카드였다. 그러나 김성곤 씨의 것이라고 명기된 기록은 아니었다. 공문 첫 장에는 "2017. 9. 19. 민원과 관련 본인의(김성곤) 우리 시

아동복지센터 아동 D/B 검색 확인 의뢰 요청에 대하여 유사한 아동카드를 붙임과 같이 회신함을 알려드립니다"라고 되어 있었다.

아동카드는 한눈에 봐도 엉터리 같아 보였다. 두 장짜리 기록에는 공란이 너무 많았다. 그나마 적혀 있는 기록도 김성곤 씨 본인의 기억과 맞지 않았다. 주민등록번호란은 '61'로 시작했지만, 그는 자신이 1956년생이라고 했다(나중에 사망신고 된 호적을 살리면서 주민등록상에는 1957년생으로 등록했다고 한다). 아동보호소 입소 날짜가 1969년 7월 21일로 되어 있는 것도 본인 기억과 6년 정도 격차가 있다. 재학상태란에 적힌 '국2 중퇴'도 기억과 전혀 다르다. 그는 고아원에 있을 때 학교에 며칠 들락거렸을 뿐 제대로 다니지 않았다고 했다. 제일 이상한 것은 '아동의 가정환경(성장 과정)'이 "부 사망 모 생존 가정불화로 입소"라고 되어 있는 점이다. 그는 자신이 서울역에서 부랑 생활을 하다가 입소했다고 말했는데, 가정불화로 입소했다니 앞뒤가 맞지 않는다. 그나마 보호자란에 적혀 있는 김○○이 함께 고아원에서 자란 작은누나의 이름과 동일해 이 기록이 본인의 것임을 증명해줬다. 하지만 '모 생존'인데 보호자란에 미성년자인 누나의 이름을 적은 건 무슨 연유에서였을까? 또한 이처럼 연고자가 확인이 됐다면 누나에게든 어머니에게든 인계를 했어야 하는 것 아닌가?

이렇듯 그의 어린 시절은 '그나마' 존재하는 기록에서

도 여기저기 구멍이 나 있었다. 그 커다란 공백에는 거리에서 마주친 날것의 폭력과, 선감학원 등에서 자행된 각종 시설 폭력이 들어앉아 주인 노릇을 했다. 앞서도 말했듯, 그가 증언해준 이 이야기가 나에게는 과장 섞인 무용담으로 들리기도 했다. 그의 이야기가, 유년기 내내 안정적인 주거 공간을 박탈당해본 경험이 없는 사람으로서는 도저히 납득하기 힘든 이야기들로 가득 차 있었기 때문이다. 그러나 세세한 부분을 납득하는 것과는 별개로 내가 포착할 수 있었던 중요한 사실은, 국가의 정상적인 시스템이 그의 유년기 삶에서는 단 한 번도 작동하지 않았다는 것이다. 그는 발가벗겨진 채 이곳저곳을 떠돌며 얻어맞았다. 사람들은 그걸 '거리의 아이'가 당연하게 받아들여야 할 숙명으로 여겼고, 이 나라도 그걸 방치했다.

성인이 된 이후에도 그의 삶은 크게 달라지지 않았다.

시계와 달력이 없는 곳

그의 증언이 아동보호소의 기록과 일치하지 않는다는 문제 말고도 의아스러운 점은 또 있었다. 그는 첫 인터뷰에서 선감학원에 1966년에 입소해서 4년간 생활했다고 말했다. 그러나 그가 국가인권위에 제출했다는 탄원서에는 1962년에 입소해서 8년간 생활했다고 적혀 있다. 두 번의 증언 모두 그가 선감학원에 들어가기 직전에 있었다는 아동보호소 기록(1969년 입소한 것으로 적혀 있다)과는 큰 차이가 있는 것이다. 두 번째 인터뷰에서 이 점에 대해 다시 물었다. 그랬더니 이번에는 아홉 살(1964년경)에 선감학원에 들어가서 6년 정도 생활했다고 정정했다.

　　수사를 하는 게 아닌 이상 이런 정정이 뭐 그리 중요할까 싶지만, 그래도 입소 시기와 퇴소 시기 정도는 정확하게 알아야 글을 쓸 수 있다고 생각했기에 이렇게 매번 달라지는 증언을 두고 어떻게 해야 할지 감이 잡히지 않았다. 그는 자신의 말을 강조하기 위해서인지, 종종 "내가 기억력은 꽤 좋아요"라고 말했지만, 사실 그 말이 가장 믿기 어려웠다. 두 번째 인터뷰에서 입소 시기와 관련된 질문을 반복적으로 던지자, 그는 기억을 더듬어 이렇게 말했다.

　　"(아동보호소 기록대로) 내가 열네 살에 들어갔다는 건 말이 안 돼요. 그러면 내가 대충 선감학원에 6년 있었다 치면 벌써 스무 살이잖아요? 그런데 그 정도 나이가 되면 선감학원에서는 다른 데로 팔아먹든가* 그냥 퇴소시켰단 말이에요. 탈출할 이유가 없단 말이에요. 그런 것만 생각해도 맞지 않죠. 그리고 (피해생존자 중에) 김성환이라고 있죠? 성환이랑 내가 친구인데, (선감도에서) 성환이가 중학교 2학년인가 다니는 것을 볼 때

---

* 취업 명목으로 대부도나 인근 육지 주민 집에 머슴살이 등을 보내는 것을 말한다.

쯤에 내가 탈출을 했단 말이에요. 내가 그건 안 잊어먹어요."[*]

그는 직접 국가인권위에 탄원서도 내고, 2017년 11월 선감학원 피해자들과 진상규명 요구 기자회견을 열었던 진선미 더불어민주당 의원에게도 자신의 피해규명을 호소하는 편지를 써 보냈다. 그 정도로 선감학원 진상규명에 적극적인 사람이었다. 나중에 정말 일이 잘 풀려서 정부가 주도하는 진상조사가 시작된다면, 최소한 자신이 피해자였다는 사실을 증명할 수단이 있어야 할 텐데 지금처럼 증언이 안 맞거나 자신의 어렴풋한 기억에 의존한 퍼즐 맞추기만 반복한다면 누가 그의 말을 믿어줄까 싶었다. 이건 단지 김성곤 씨만의 문제가 아니다. 선감학원의 운영 주체였던 경기도가 당시 서류를 온전히 공개하지 않고 있는 상황에서 피해자임을 증명하는 방법은 현재로선 오로지 본인의 증언에 의존하는 것뿐이다. 그런데 적잖은 피해자들이 자신의 입소 시기조차 정확하게 기억하지 못하고 있었다.

그러나 그 증언의 신빙성에 의문을 갖던 나는 얼마 못가 부끄러워지고 말았다. 일전에 다른 피해자가 했던 말이 생각났기 때문이다. "거기엔 시계와 달력이 없었어요." 지금껏 시계와 달력이 없다고 들어본 곳은, 사람들의 중독적 소비와 도박을 부추기고자 하는 백화점이나 카지노 외에는 없었다.

---

* 이 책에 김성환 씨의 구술 〈해일의 시간을 경험한 조개의 이야기〉가 담겨 있다.

그런데 어린아이들 수백 명이 살아가는 공간에 시계와 달력이 없었다는 것이다. 게다가 김성곤 씨의 경우, 자신의 생生이 언제 시작되었는지에 대한 기억조차 망가져 있었다. 그의 생일은 11월 29일. 그러나 이는 진짜 생일이 아니라 선감학원에 들어올 때 선생들이 임의로 부여한 것이었다. 그래서 원생들 중에는 생일이 같은 사람이 많았다. 그중 상당수의 생일이 선감학원 개원일인 5월 29일로 통일되어 있다. 즉 그들은 입소 시점부터 자기 삶의 고유한 달력을 빼앗긴 것이다.

아니, 어쩌면 선감학원에 시계와 달력은 처음부터 전혀 필요하지 않았는지도 모른다. 근대의 시공간을 살아가는 사람들에게 시계와 달력은 자신의 과거를 반추하고 미래를 설계하는 준거점이 되지만, 선감학원에서는 그런 준거점이 전혀 필요하지 않았다. 그곳은 하루의 시작과 끝을 기상 명령과 취침 점호로 알리면 그만이고, 아무런 기약도 없이 주어진 노역만 말없이 수행하면 되는 곳이었다. 그런 곳에서 달력을 보며 내일, 내년의 삶을 계획한다는 것이 도대체 무슨 의미가 있을까. 여기까지 생각이 미치자, 피해를 입은 '정확한 날짜'를 추궁하기 바빴던 나의 질문이 얼마나 부질없었는지 깨달았다.

제사장과 레위인들에 둘러싸인 삶

선감학원을 탈출해 인천에 들어온 그는 '선한 사마리아 원'에 다시 찾아갔다. 그곳의 주소는 똑똑히 기억하고 있었다. 인천 부평동 674번지. 그곳에서 가족들을 다시 만났다. 가족을 다시 만난 건 1974년이라고 했다. 고아원을 떠난 일곱 살 아이가 다시 돌아오는 데 12년이 걸린 셈이다.

신약성서에 등장하는 '선한 사마리아인'은 자신과 적대 관계에 있던 유대인이 강도를 당해 쓰러진 것을 보고 그냥 지나치지 않고 유대인을 구하지만, 상류계급인 제사장과 레위인은 쓰러진 유대인을 외면했다. 12년 만에 '선한 사마리아원'에 다시 돌아오기까지, 김성곤 씨는 '선한 사마리아인'을 만나지 못했다. 그의 주변엔 제사장과 레위인들뿐이었다. 그가 선감 학원에 있는 동안 유일하게 기대를 걸었던 '쎄모' 선생도 마찬 가지였다. 쎄모 선생의 집도 인천 부평이었다. 그래서 그는 쎄 모 선생에게 '선한 사마리아원' 얘기를 많이 했다. 그러나 쎄모 는 그를 사마리아원에 보내주지 않았다.

"내가 거기 있으면서 쎄모 선생한테 기대를 많이 했었어 요. 혹시 가족을 찾아주지 않을까 해서. 그런데 안 찾아주는 거 예요. 진짜 많이 미워했었죠. 그래도 같은 동네 사람이라고 말 이라도 친절하게 해주긴 했던 것 같아요. 그 사람한테 맞은 기 억은 없어요. 하지만 서운하고 야속하다는 마음은 굴뚝같지."

그는 선감학원에 있는 동안 가장 힘들었던 일이 벽돌 만드는 일이었다고 말했다. 부원장이 운영하는 벽돌공장에서 손과 어깨가 다 까져가면서 벽돌을 날랐다. 그렇게 만든 벽돌은 경운기에 실려 선착장으로 옮겨졌다. 벽돌은 육지의 어느 공사장에 팔려갔을 것이다. 가치를 인정받아 육지로 나갈 수 있는 건 오직 벽돌이고, 그 벽돌을 만들었던 아이는 폐품 취급을 받다가 몰래 탈출해서 겨우 육지에 닿을 수 있었다. 그러나 12년간 그 어디서도 환대받지 못했던 소년은 복수하듯 세상과 불화하는 길을 택했다.

"어릴 때부터 제 별명이 깡다구이기도 했지만, 말썽을 많이 피우고 살았던 것 같아요. 인천 자유공원 같은 데 올라가서 패싸움도 많이 하고. 그러다 보안사에 끌려가서 걔들한테 또 다구리 맞고 그랬다니까요. 그때 다 도망갔는데 나만 잡혔어. 나중엔 또 복수한다고 차 두 대를 야구방망이로 다 때려 부수고."

그러나 복수의 대가는 혹독했다. 신군부가 장악한 세상은 그를 '사회악'이라며 삼청교육대로 내몰았다.

"친구랑 사고를 쳤어요. 경찰관을 폭행한 거예요. 친구는 재판받아서 집행유예로 나오고, 나만 징역 1년인가를 받았죠. 징역 끝내고 다시 경찰 지구대를 찾아갔어요. 그래갖고 거기를 또 작살내버린 거죠. 나중에는 경찰 한 명이 튀어나가서는 신고를 한 거예요. 그때가 계엄령이었단 말이에요. 헌병 지

프차가 와가지고 끌고 간 데가 삼청교육대였죠.

　나는 대구 50사단으로 가서 12월부터 1월까지인가 교육을 받았는데, 거기를 생각하면 지금도 소름이 돋아요. 근로건설단이라고 하는 데로 끌려가서 일을 했는데, 너무 맞다보니까 장이 꼬여버린 거예요. 이틀 동안 군의무대에 있었는데 의무관 대위가 진단을 내리더니 장파열이래요. 그러면서 하는 소리가 저놈은 괜히 여기 뒀다가는 송장 치르니까 석방시키라는 거예요. 그래서 겨우 나올 수 있었죠."

　이후에도 그의 삶은 이 굴레를 벗어나지 못했다. 부산에 놀러 갔다 취한 채로 역전에서 잠이 든 사이 끌려간 곳이 형제복지원이었다. 그곳에서 3개월간 건물 짓는 노역에 동원되었다가 몰래 탈출했다. 안정적이고 평온한 삶은 그에게 사치였다. 감금과 노역, 거기서 벗어나기 위한 탈출이 반복되었다. 이런 삶의 끝에 남은 것이라곤 공포밖에 없었다. 그래서 세상과 끝없이 겉돌면서 불화했다. 무언가 수틀리면 자신을 반기지 않는 세상을 향해 주먹부터 휘둘렀다. 결국 약 36년의 세월이 교도소 생활로 훌쩍 지나가버렸다. 허망하게 날아간 지난날들을 뒤로하고 힘들게 다시 만난 가족조차 기댈 수 있는 언덕이 되어주지 못했다. 애초에 자신을 고아원에 버린 사람들에게 다시 정붙일 수 없었던 것이다.

　"교도소에 사는 동안에 어쩔 때는 가족들이 면회도 오고 했지만, 내가 오지 말라고 보내버렸어요. 그 사람들이 힘들고 어려워서 못 오게 한 것이 아니라, 내가 싫은 거예요. 어머니도 싫고 형제들도 싫고. 같은 핏줄이라고는 하나, 나는 저 식구들하고 아주 먼, 보이지 않는 사람이구나, 생각을 했어요. 어느 날은 어머니가 누나들하고 면회를 오기도 했어요. 근데 내 앞에서 막 울어요. 그럼 내가 '왜 우냐고, 당신이 대체 누구냐고' 했어요. 누나들한테도 이 사람 데리고 올 거면 당신들도 오지 말라고 했어요. '성곤아 왜 그러냐, 엄마 이제 용서할 때 되지 않았냐' 그러는데, 나는 '용서? 용서가 뭔데?' 이랬어요.

또 한 가지 내가 가장 원통했던 게 뭐냐면, 사마리아원에 있을 때 나를 양아들 삼은 미국 사람이 있었어요. 미군 대령인데, 미국에 들어갈 때 나를 데리고 들어가려고 했어요. 나한테 미군부대 구경도 자주 시켜주고 그랬죠. 어느 날 (고아원에 같이 살던) 우리 막내 누나가 내 다리에 실수로 뜨거운 물을 쏟아서 덴 적이 있었어요. 병원 가서 응급조치만 하고 나왔는데, 그때도 양아버지가 미군부대 데리고 가서 한동안 치료 마치고 나오기도 했어요. 그러고 나서 양아버지가 나를 미국에 데리고 가려고 코스모스 피는 가을에, 나를 가슴에 안고 사진도 찍고 그랬는데…… 그런데 어머니가 나를 보내지 말라고 했다는 거예요. 그 자식이 어떤 자식인데, 이러면서. 그 이야기를 나중에 큰어머니한테 듣고 내가 얼마나 통곡을 하고 울었는지. 내 인생을 이렇게 망가뜨렸다는 생각을 하니까 너무 괴로운 거예요. 큰어머니도 '너희 어머니가 반대했어도, 그때 너를 보냈어야 하는 건데……'라면서 안타깝게 생각하더라구요. 하지만 그때는 이미 때가 늦었잖아요.

(안정적인 가정을 꾸려보고 싶다는) 꿈은 천지인데, 그건 나에게 이뤄질 수 없는 꿈일 뿐이에요. 나는 지금껏 혼자 살아온 거예요. 삶의 의지력 같은 거, 이런 게 딱히 와닿지 않더라고요."

어머니는 '그 자식이 어떤 자식인데'라며 그를 미국에 보내지 않았지만, 그렇다고 자기 품에서 키우지도 않았다. 성인이 되어 다시 만난 어머니에게는 그나마 대놓고 원망이라도 쏟아낼 수 있었지만, 자식을 내다 버리라고 했던 아버지는 이미 세상을 떠난 뒤였다. '선한 사마리아원'을 운영했던 친척들은 나중에 다 미국으로 이민을 가버렸다. 다시 만난 형제들조차 낯설게 느껴졌다. 그에게 형제들이란 "그들이 아무리 잘살아봐야 나하고는 상관없는" 사람들이었고, "형제들 속에서도 나는 그냥 나일 뿐"이었다. 평생을 홀로 가족들을 원망하며 살아온 그를 일으켜주고자 손 내밀어주는 '선한 사마리아인'도 없었다. 그렇게 제사장과 레위인으로 둘러싸인 세상 속에서 그는 보이지 않는 벽에 갇혔다.

인간답게 꽃필 나이에
다 꺾여가지고 살았잖아요

김성곤 씨는 현재 기초생활수급자로 살고 있다. 정부에서 지급되는 65~70만 원 남짓의 돈으로 한 달을 산다. 허리 디스크, 재발하는 어깨 탈골, 심장병, 간경화, 당뇨, 고혈압……그가 지금 안고 있다고 말한 질병의 이름들이다. 몸도 아프고 어딘가 돌아다닐 돈도 없으니 대부분의 시간을 집에서 보낸다. 이런 힘든 생활을 이어가는 가운데, 그의 마음 한편을 가득 채운 잊히지 않는 이름들이 있다.

"기자님 만나기 전에, 선감학원 나와 살면서 죽은 원생들 이름을 다 적어가지고 오려고 했는데…… 지금도 내가 그 원생들 이름을 다 알고, 어떻게 죽었다는 것도 알고 있거든요. 그들이 나이 서른도 안 되어서 죽었단 말이에요. 왜 그렇게 일찍 죽었겠어요? 선감학원에서 살면서 제대로 먹지도 못하고 맨날 구타만 당하니까 병이 생기고 육신도 다 망가진 거죠. 그게 괴롭고 힘드니까 그냥 술로 세월을 보내고. 지금 생각해보면 20대들이 술을 얼마나 먹었다고 죽겠어요? 결국엔 다 병으로 죽은 거라고요."

그는 이 말끝에 "저 또한 여러 가지 병이 와서 얼마나 살지 모르겠어요"라고 했다. 자신의 운명도 먼저 스러진 동료들의 삶처럼 언제 끝나버릴지 모른다는 불안감이, 어린 소년들이 암매장된 선감도 야산에 내려앉은 어둠처럼 낮게 깔렸다.

"우리가 선감학원에 어린 나이에 들어가서 모진 고생을 하고, 인간답게 꽃필 나이에 다 꺾여가지고 살았잖아요. 우리 생존자들 중에서도 거기를 다시 떠올리고 싶은 사람은 없을 거예요. 그런데 이제 세월이 흘러가고 사회가 점점 잘못된 것을 잡아나가는 것을 보니까, 우리도 진짜 죽기 전에 바로잡고 싶은 거예요. 진짜 무서운 역사가 숨어 있었던 거잖아요. 금전적인 보상을 받고 싶은 것보다도, 우리가 고통을 안고 살아온 것에 대해 역사에 내놓고 싶고, 밝히고 싶은 거예요. 문재인 대통령이 되고 나서 이런 일들에 힘쓰고 이렇게 하시는데, 우리 일도 수면 위로 띄워줄 거라 생각하고. 나를 포함해서 생존자들도 하나같이 그렇게 잘되길 바라고 있어요."

한 퇴로 없는
삶에 관하여

구치소에 수감되어 있는 김성곤 씨를 두 번 정도 면회하고 온
뒤였다. 그에 대한 생각도 한동안은 접어두고 있던 와중에 최
현숙 작가의《삶을 똑바로 마주하고》라는 책의 북콘서트에 가
게 되었다. 살짝 졸음이 오려던 찰나 자신이 20대 초반까지 도
벽이 있었다는 작가의 이야기에 귀를 바짝 세우게 되었다. 이
야기가 재미있어서 책을 펼쳐 해당 부분을 읽어 내려갔다. 그
녀의 도벽은 여덟 살에 엄마의 심부름 돈을 '삥땅' 치는 것부
터 시작해서 대학 3학년 때 친구 돈을 훔치는 것이 발각되는
'쪽'을 당하고 나서야 끝났다고 했다. '진짜 쪽팔렸겠다' 생각
하며 책을 덮으려던 차였다. 바로 그때, 선명한 기억 하나가
떠올라 뒷통수를 강타했다.

    2007년, 그러니까 학생운동을 하겠다고 군대 가는 것
도 미뤄두고 활동하던 스물네 살 때의 일이다. 부모님께 더 이
상 용돈을 보내달라고 말할 수 없는 상황이었다. 하지만 아

르바이트로 버는 돈은 푼돈에 불과했다. 그래서 편법을 연마했다. 학생식당에서 식권을 내는 척하다 거둬들이는 방식으로 무전취식을 한 것이다. "식권 내세요!"라는 말이 들리면 깜빡 잊었다는 듯이 능청스럽게 식권을 내면 그만이었다. 그렇게 식권 한 장으로 서너 끼 정도를 해결했다. 무임승차도 거리낌없이 했다. 지하철 게이트를 훌쩍 뛰어넘곤 했는데, 한 번도 직원에게 걸린 적이 없어서, 별다른 죄의식을 느끼지 않았다.

그러던 어느 날, '한 발 더 나아간' 짓을 하고야 말았다. 그날은 하루 종일 밖을 돌아다녀서인지 허기가 졌다. 때마침 지하철 가판대에 세워진 음료수 냉장고가 보였다. 열차가 들어올 때 음료수를 집어서 문이 열리면 냉큼 열차에 타버리면 되겠다 싶었다. 계획대로 실행에 옮겼고 열차에 발을 올리려던 찰나, 뒤에서 "학생!" 하고 외치는 소리가 들렸다. 그러나 이미 나는 몸을 열차 안에 실은 뒤였고, 그 소리의 주인공이 뛰어오는 순간 열차 문은 닫혔다. 열차가 출발하기 직전 나와 그의 눈이 마주쳤지만 잠시였다. 그런데 그 '잠깐'의 경멸하는 눈빛이 계속 떠올라 음료수 병을 딸 수 없었다. 부르르 떨리는 손은 다음 역에 도착할 때까지 멈추지 않았다. 마치 열차 안의 승객들이 다 나를 향해 손가락질하는 것만 같았다. 그 눈빛들이 알려주었다. '아, 내가 도둑질을 했구나!' 결국 음료수를 열차 안에 두고 내렸다. 그날 내가 울었는지는 정확히 기억나지 않는다.

그 후 한동안 수치심에 사로잡혀 살았다. 그건 죄의식과는 전혀 거리가 먼, 그저 구질구질한 자괴감이었다. 결국 학생운동이고 뭐고 다 때려치우고 고향집으로 내려왔다. 소중히 여겼던 신념은 잠시 접어야 했지만, 구질구질한 짓은 더 이상 하지 않아도 되었다. 그리고 2년 2개월간 공익 근무요원 생활을 했다. 그 시간을 견디며 간신히 그 수치심과 결별할 수 있었다.

나, 그리고 최현숙의 경우, 수치심과 마주한 때에 도벽을 그만둘 수 있었다. 최현숙에게 도벽은 어머니에 대한 반항으로 시작되었다가 굳어진 습관 같은 것이었다. 친구들에게 적발되자 두어 달 정도 집과 학교에서 도망치는 것으로 사태를 모면했다고 그녀는 말했다. 다시 돌아오니 모두들 그것을 없던 일로 덮어주었고, 그녀는 그것을 "'무조건적인 용서'로 날름 해석했다"고 한다. 그녀는 "그래야 버틸 수 있었다"고 말했지만, 약간 다른 각도에서 바라보면 그녀에게는 그렇게 버티는 게, (그녀 자신의 표현대로라면) '도벽의 퇴로'가 허용되었다고 말하는 것도 크게 틀리지는 않을 것이다. 나의 경우에는 실제로 돈이 없기도 했지만, 그 돈이 없는 상황도 마음만 먹으면 쉽게 빠져나올 수 있는 것이었다. 학생운동에 대한 신념만 잠시 포기하고 부모님의 요구에 따르면 스스로 구질구질하다고 느낀 행동들을 하지 않을 수 있었고, 실제로 그렇게 했다. 무전취식과 무임승차를 밥 먹듯 하던 시간을 없던 일처럼 여기며 사는 게 나에게도 '허용되었던' 것이다.

하지만 김성곤 씨의 경우는 어떤가. 그에게 절도는 습관도 아니었고 여러 가지 선택지 중 하나도 아니다. 애초에 죄도 없이 수용소에 갇힌 삶을 살았던 그는 빈손으로 이 사회에 내던져졌다. 범죄가 생존을 위한 유력한 수단으로 여겨질 수밖에 없었을 것이다. 노력을 하면 그 외에 다른 방법도 얼마든지 가능하지 않았겠냐고 물을 수도 있겠지만, 최현숙과 나에게 요구되는 노력과 김성곤에게 요구되는 노력의 크기는 결코 같지 않다. 그에겐 혼자만의 힘으로 어려울 때 도움을 청할 이도, 그간의 수치심을 없던 일로 여겨줄 이도 없었다. 국가는 가족에서 이탈한 유년 시절의 그를 감금 생활로, 성인이 된 그를 처벌로 내몰았다. '선한 사마리아원'에서 시설 생활을 시작해야 했던 그는 사마리아인을 만나지 못한 채 제사장과 레위인들에 둘러싸여 상처투성이가 되었다. 그의 범죄를 옹호할 생각은 없다. 그러나 그의 범죄에 도덕적 잣대를 들이대는 것만큼 무의미한 일도 없다는 것을 이제는 안다.

2018년 마지막 주에 그를 면회했다. 새로 이감된 교도소는 육지에서 선감도로 들어가는 입구에 있었다. 그는 선감도 근처에 있어서 마음은 편하다고 했다. 그에게 상처만 주었을 섬 근처이기에 편하다는 말이 낯설게 느껴졌지만, 그래도 다행이란 생각이 들었다. 그가 그곳에서도 자신의 상처와 마주하며 자기 삶을 일으키려 애쓰고 있는 것 같아서. 다가오는

2부 | 삶이라는 공식에 셈해지지 않는 삶

봄, 출소하게 될 때까지 그가 그 모습 잃지 않으면 좋겠다. 그리고 삶의 새로운 퇴로를, 아니 진입로를 만들길 바란다.

여기에 있는 나는 누구입니까

오광석 구술
강혜민 글

그는 그날 작은 수첩 속 그림 몇 개를
보여줬다. 검은색 볼펜으로 그려진
그림은 단순하고 거칠었으나 정확했다.
머리, 몸통, 팔다리로 표현된 원생들은
늘 행렬을 맞춘 집단으로 표현됐다.
기억들이 현재의 그에게 말을 걸고
있었다. 겁이 난다고, 그리고 내가 왜
그곳에 있었어야 했는지, 너무 서럽고
억울하다고.

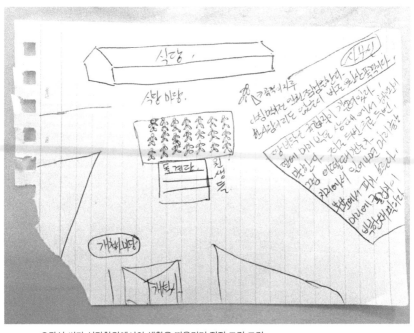

오광석 씨가 선감학원에서의 생활을 떠올리며 직접 그린 그림.

그를 처음 만나고 한 달이 채 되지 않던 2017년 6월 초, 그에게 갑자기 전화가 왔다. 그는 자신의 과거 기록을 찾고 있다고 했다.

"서울시립아동보호소에서의 기록을 찾고 싶은데 그곳으로 가는 길 좀 알아봐줄 수 있나요? 아무리 찾아도 인터넷에 안 나와서 연락드렸어요."

그는 인터넷을 아무리 뒤져도 서울시립아동보호소 가는 길이 나오지 않는다며 곤혹스러워했고, 이런 부탁으로 연락하고 싶지 않았는데 연락드리게 되었다며 무척 미안해했다.

그는 얼마 전 부천동초등학교에 가시 생활기록부를 받아왔다고 했다. 그 학교는 그가 선감학원에서 옮겨간 부천 '새소망소년의집'에서 다녔던 초등학교로 생활기록부에는 4학년 2학기(1980년 9월 1일)부터 6학년 졸업 때까지의 기록이 있었다. 그는 그 이전의 기록을 찾고 싶다고 했다.

전화를 끊고 인터넷에 서울시립아동보호소를 검색해봤다. 나오지 않았다. 다음 날 확인해보니 서울시립아동보호소는 '서울특별시 꿈나무마을'로 바뀌어 있었다. 서울시가 1975년 민간 사회단체인 마리아수녀회에 서울시립아동보호소 시설과 운영권 전부를 위탁하게 되면서 이후 '서울시립소년의 집'이라는 이름을 거쳐 현재의 '서울특별시 꿈나무마을'이 된 것이다. 그에게 이러한 사실을 알리자, 그는 그곳의 위치를 물으며 당장 가겠다고 했다.

서울특별시 은평구 백련산로14길 20-11. 위치는 그대로인데 이름만 바뀌었다. 그곳에서 그를 다시 만났다.

결론부터 말하자면, 그곳에 그가 찾는 '오광석'은 없었다. 동명이인만이 있었다. 그와 같은 이름을 가진 서류 속 오광석은 '가출 아동'으로, 1979년 열다섯 살의 나이로 입소해 곧바로 연고자가 인도해간 것으로 기록되어 있었다. 분명 그는 아니었다. 그의 기억에 따르면 그는 대여섯 살쯤에 이곳에 왔다.

오광섭, 오강석, 강석이, 오강섭, 오광식…… 담당자에게 요청해 어린 나이의 그가 불렸을지도 모를 이름들로 검색을 했다. 하지만 그로 추정되는 인물은 없었다. 그는 손으로 직접 아동카드를 찾으면 안 되냐고 거듭 물었다. 하지만 담당자는 개인정보보호법 때문에 직접 찾는 것은 곤란하다는 기색을 표했다.

"마지막에 내가 어디서 왔다, 하는 걸 조금이라도 알고 싶어서 부탁을 드리는 거예요."

그가 간절함을 토했다. 하지만 안 되는 건 안 되는 것이었다. 담당자는 난처한 표정으로 "다른 루트로 찾아본다던가……"라고 말을 애써 돌렸다. 결국 그렇게 빈손으로 나왔다.

얼마 후 그가 새로운 직장에 취직했다는 소식을 전해왔다. 그해 5월 처음 만났을 당시 그는 하던 일을 그만두고 쉬고 있었다. 이삿짐 나르는 일을 할 정도로 건강했던 그는 근래에 선감학원이 언론에 오르내리는 것을 보고선 온몸으로 아파하더니 앓아누웠고, 자연스럽게 일도 그만두게 되었다. 하지만 두 달여간 일을 쉬니 먹고살 길이 막막해져 다시 일을 시작해야만 했다. 그렇게 어렵게 시작한 일이었지만 넉 달 후 그는 직장에서 잘렸다. 일을 다시 구하는 동안 그는 형제복지원 피해생존자의 국토대장정을 함께하고, 틈틈이 자신의 기록을 찾으러 다녔다. 그는 경기도청에 정보공개 청구를 해서 선감학원 원아대장을 받아내고 청와대에 탄원서를 넣었다. 그가 자신의 원아대장을 전해주러 온 10월 14일, 그 전날은 그가 새로 구한 직장에 첫 출근한 날이었다. 함께 밥을 먹으며 새 직장에 관한 이야기를 나눴는데 그다음 주에 그가 또다시 일을 그만뒀다는 소식을 들었다. 그의 마음속에서 초조와 불안이 크게 요동치고 있는 건 아닐까 하는 생각이 스쳐 지나갔다.

스케치북에 글을 써 온
쉰한 살의 사내

2017년 5월 중순, 그가 사는 부천시의 한 카페에서 그를 처음 만났다. 그는 인터넷에서 선감학원을 검색하던 중 '비마이너'를 알게 됐다며 만나고 싶다고 거듭 전화해왔다. 무의식적으로 '남루한 중년 남성'을 상상했던 나는, 거기서 한참 비껴간 그의 외형을 마주하곤 조금 놀랐다. 그는 샛노랗게 탈색한 머리에 크지 않은 신장이지만 잘 관리된 근육질의 몸을 갖고 있었다. 그의 나이 쉰하나, 주민등록증 나이로는 마흔여덟이라고 했다.

카페에 앉자마자 그는 "간단하게 써놓은 게 있어요"라며 스케치북을 펼쳤다. 8절 스케치북 두 장에 걸쳐 매직으로 쓴 글이었다.

"박정희 정권 때 어린 나이에 길거리를 돌아다니다가 일명 양아치 차라는 차에 끌려가게 되었읍니다. 멀정이 어머니가 있고. 여동생이 있는대도 또한 어린 간난아이 동생도. 있었는대 전 길거리에 돌아다닌다는 이유로 고아가 된 것입니다. 그리고 보금자리라고 간 곳이 어린이집. 일명 서울소년의 집 안에 있는 갱생원이였읍니다. 거기서 얼마나 있었는지 기억이 나질 않습니다. 그 후 한참 후에 이유 없이 배를 타고 선감도라는 섬에 오게 된 것입니다. 다른 기억은 없고 배고프고,

매 맞고, 일하고 훈련받고. 등등입니다."

　배고파서 길거리를 돌아다니던 어린 광석을 이름 모를 탑차(일명 양아치 차량)가 낚아챘다. 그는 그길로 서울 소년의집에 끌려갔다. 그의 기억에 따르면 그곳에서 유치원을 다니다가 국민학교 1학년에 입학한 어느 날, 소년의집 안쪽에 있는 갱생원에 들어가게 됐다. 거기선 학교도 보내지 않았다. 이후 소년의집에서 일고여덟 명의 아이들과 선감도로 보내졌다. 그는 선감학원에 대해 말할 때면 유독 "그런 기억이 나요", "제 기억으로는"이라는 말을 앞뒤에 덧붙였다.

　이 글은 그날부터 "배고프고, 매 맞고, 일하고 훈련받는"게 전부였던, 선감학원을 경유한 한 사람의 기억과 존재 증명에 대한 이야기다.

서로가 서로를 때리는
폭력의 도가니

　그곳에선 새벽처럼 일어나야 했다. 새벽 5~6시경에 일어나면 "산꼭대기 정도에 있는" 사무실 앞까지 선착순 집합을 했다. 늦게 가면 맨 뒤에서부터 빠따를 맞았다. 꼭 허벅지만 때렸는데 엉덩이보다 허벅지가 더 아프기 때문이다. 인원을 점검할 때 한 사람이라도 없으면 바로 원산폭격에 들어갔다. 머리를 처박은 땅바닥엔 굴 껍데기가 깔려 있었다. 좌로 두 번. 우로 두 번. 그 위에서 작은 머리를 데굴데굴 굴리다보면 머리에 굴 껍데기가 박혀 피가 났다.

그리고 해산. 내려가서 아침밥을 먹는다. 학교 갈 아이들은 학교 가고, 학교에 가지 않는 아이들은 남아서 일을 했다. 광석은 다행히 학교 가는 아이였다. 원생들은 학교 갈 때도 줄을 맞춰 갔다. 그의 기억에 따르면, 그는 선감국민학교에서 1~3학년까지 다녔다. 학교에 가면 선감학원엔 없는 또래 여자아이들이 있었는데 그 나이에도 여자아이들을 보면 설렜다.

학교 끝나고 돌아온 아이들은 일을 했다. 밭 매고 땅을 팠다. 겨울이면 배와 선착장 사이에 판자를 대고 그 위를 왔다 갔다 하며, 육지에서 배달된 42공탄 연탄을 날랐다. 걸을 때마다 판자가 출렁여 간혹 떨어지는 아이도 있었지만 죽지는 않았다. 다만 직원들에게 곡괭이자루로 사정없이 맞았다. 어린 아이들은 자기 몸무게만 한 42공탄을 들고 언덕을 넘어 연탄 창고까지 날랐다. 연탄을 실어 나를 별도의 운반 수단은 없었다. 아침부터 시작한 연탄 배달은 오후까지 계속됐다. 추위를 막을 잠바도 신발도 없이 종일 바닷바람을 맞으며 연탄 나르는 일은 너무 춥고 배고픈 일이었다.

극심한 허기는 마치 또 하나의 장기臟器처럼 늘 배에 붙어 있었다. 덩치 큰 식당 아주머니가 오물 치우던 삽으로 퍼준 밥은 서너 번 수저를 뜨면 사라졌고, 반찬은 단무지에 콩자반 열 알, 멸치뿐이었다. 오뎅이 나오면 잘 나오는 거였다. 그런데 그 오뎅에서 무언가 꿈틀거렸다. 구더기였다.

광석은 주린 배를 채우러 산을 돌아다녔다. 뱀을 잡으면 머리는 자르고 껍질은 벗겨 창자를 뺀 뒤 구워 먹었다. 물방개를 잡아 연탄불에 구워 먹기도 했고 잠자리를 생으로 먹기도 했다. 나름 "고단백질"이었다. 산도라지, 칡뿌리, 냉이 등 산에 있는 것 중 먹을 수 있는 것들은 다 먹었다. 겨울이 되면 바닷가에 가서 '쇼팅'(기름덩어리)을 주워 밥에다 고추장을 넣고 비벼 먹기도 했다. 맛있었다.

"제일 힘들었던 건 뭐냐면 배고픈 거, 춥고, 여러 가지가 복잡한 거. 그런 것들이죠. 자유가 없었던 거. 자유가 있어도 조금만 늦으면 비상이 걸리니깐. 자기 전에 군대식으로 인원 전원 보고를 해요. 줄 맞춰서 하나 둘 셋, 틀리면 다시. 틀리면 맞고. 그건 매일 해요. 왜냐면 도망가는 사람이 있기 때문에. 도망갔다가 잡혀오면 맞는 거예요. 죽도록. 옷 다 벗기고 물 뿌려가지고 때린다고."

도망가다 잡혀도 죽도록 맞았지만, 사실 폭력은 일상이었다. 한겨울에 자다가 연탄불이 꺼지면 방장은 원생들을 사정없이 팼다. 방장, 사장은 원생 중 힘세고 윗사람들에게 잘 보인 이들이 맡았다. 그러나 방장, 사장이 아닌 원생들도 그 안에서 폭력의 가해자가 되었다.

일렬로 원생들을 엎드려뻗쳐 시킨 뒤 원생이 원생을 때

리는 '줄빠따'라는 게 있었다. 원생 열 명이 누워 있으면 맨 앞 원생이 일어나 아홉 명의 원생을 때린 뒤 맨 뒤로 가서 엎드린다. 그다음 원생이 일어나 또 아홉 명의 원생을 때린 뒤 맨 뒤로 가서 엎드린다. 맨 첫 번째로 때린 사람의 순서가 되면 줄빠따는 끝난다. 이불 뒤집어씌운 한 사람에게 여러 사람이 달려들어 때리는 '다구리'도 있었다. 그 안에서 폭력은 원생이 원생을 때리는 구조로 작동했다.

어느 날 밤, 개척사와 창조사 사장들은 아무 이유 없이 원생들끼리 패싸움을 붙이기도 했다. 이른바 '전쟁'이다.

"사장끼리 합의가 되면 그렇게 밤새도록 싸우는 거예요. 그런데 선생들은 터치를 안 해요. 그날 잠 못 자요. 그냥 우당탕하면서 싸우는 거예요. 이유 없이. 나이가 어리다보니깐 그때 당시 기억이 흐릿한데 기억이 나는 게, 칫솔로 머리를 찍었는데 이만큼이 들어갔어요. (상대방 머리에요?) 네. 그런데 웃어요. 싸우면서. 그러면서 싸우는 거예요. 좀 잔인하죠."

원생들 간의 관계는 어땠을까. "좋은 건 없어요"라고 그는 건조하게 답했다. 온종일 같이 밥 먹고 자며 일상을 함께했지만 그는 "나한테 잘해줬던 축산부 박○○ 그 사람 외에는 얼굴이 기억이 잘 안 나요"라고 말했다. 마치 몸통은 있지만 얼굴은 새까맣게 칠해진 사진들처럼. "그게 희한한 거예요. (그런데) 이름을 알 필요도 없었을 것 같아요."

"배고프고, 매 맞고, 일하고 훈련받"는 게 일상이었던 그곳에서 광석은 크게 앓아 인천 기독병원에 한 달쯤 입원한 적이 있다. 선감학원에 있었던 시간 동안 유일하게 '섬 밖'으로 나온 때이다. 하지만 선생이 24시간 지키고 있었던 탓에 도망갈 수 없었다. 광석은 그 후에도 선감도 바깥으로 도망갈 생각을 차마 하지 못했다. "도망가다가 물에 떠내려와서 얼어 죽은 사람이 있다"는 이야길 들은 적이 있었다.

살면서 단 하루도
온전하게 산 적 없어요

그의 기억에 따르면, 그는 "박정희가 총 맞아 죽던 1979년 가을에 모범생으로" 선감학원에서 부천 새소망소년의집으로 전원됐다. 경기도가 폐쇄를 염두에 두고 원생들을 점차 줄여나가던 시기였다. 경기도는 선감학원을 민간에 위탁하려고 했으나 잘되지 않자 1970년대 말부터 원생들을 육지의 고아원에 보내는 방식으로 인원을 줄여나갔다. 이후 선감학원은 1982년에 폐쇄됐다.

그는 새소망의집을 "천국"이라고 했다. 새소망의집은 따뜻했고, 먹을 것이 풍부했으며, 선생님들은 "천사"처럼 다정했다. 그곳에서 용돈이란 것도 처음 받아봤다. 도착한 첫날, 배가 터지도록 밥을 먹고 처음으로 제대로 된 샤워를 했다. 그날 밤, 선감학원으로 되돌아가는 악몽을 꿨다. "악—" 소리 지르며 깨어난 광석을 선배가 토닥이며 안아줬다. 그 선배 또한 선감학원에서 나온 원생이었다. 악몽은 일주일 동안 계속됐다. 생일이면 생일파티도 해주던 그곳은 외국인 선교사가 운영하는 시설이었다. 천국 같은 그곳에서 광석은 고등학교까지 무사히 다닐 수 있었다.

"개인 후원자도 따로 있었고, 양자로도 삼고. 친구 중에 미국에 입양 간 애도 있고. 잘된 애들 많아요."

한국전쟁 때 전쟁고아를 위해 미국 선교사가 설립한 새소망의집은 최근까지 월드선교회유지재단에 의해 운영되고 있었다. 그러나 수십 년간 이어진 시설 내 공금 횡령과 후원금 부정 사용, 원생들 간의 성폭행, 폭력 등의 문제가 대대적으로 터지면서 2017년 2월 폐쇄됐다.

선감학원을 나온 뒤 광석은 가족을 찾고자 했다. 선감학원 입소 전 그의 기억에 따르면, 그의 어머니는 남편을 피해 광석과 여동생을 데리고 집을 나왔다. 어머니는 시장에서 장사를 했고, 외할아버지는 천안에서 이발소를 했다. 그는 외갓집에 가려고 홀로 기차를 탔다가 길을 잃어 파출소에 잡혔다. 스무 살 넘어 어른이 된 광석은 기억을 더듬어 외할아버지 이발소가 있는 천안을 찾아갔고, 그곳에서 작은아버지를 만났지만 외면당했다.

어른이 된 광석은 새소망의집에서 나온 후 웨이터로

1년쯤 지내다 금형金型 만드는 일을 15년가량 했다. 호적상 고아라는 이유로 군대는 면제됐다. "가정 갖는 게 소원"이었던 그는 스물한 살 이른 나이에 결혼했다. 그러나 그만 "욕심을 부려" 2011년경 이혼하게 되었고 지금은 혼자 산다. 8년 전 마지막으로 봤던 큰아이가 지금은 스물여섯쯤 되었을 것이다. 자식들은 아내와 살고 있다.

이혼 후, 그는 "많은 걸 잃"고 고시원에 들어가 살았다. 일도 안 하고 라면으로 연명하며 자살을 생각했다. 그러다 고시원에서 스물일곱 살 난 아가씨를 알게 됐다. 밤에 일하러 다니길래 "노래방 다니는 줄 알았"는데, 알고 보니 "젊은 사람들 가는 퓨전 음식점에서 일하면서 집에 돈 부쳐주는 가장 역할을 하며" 살고 있더란다. 그 말에 정신이 번쩍 들어 다시 일을 시작했다. 이삿짐 일은 거칠고 힘들지만 스트레스 풀기에 좋았다. 1년 전부턴 헬스도 시작했다. 선감학원에서 겪은 모진 폭력으로 척추가 좋지 않아 근육으로 허리를 잡아주고자 시작한 운동이었다. 잘하던 이삿짐 일을 그만둔 것은 선감학원 소식을 들으면서부터다. 그때부터 이유 없이 온몸이 아프면서 더는 일을 나갈 수 없었고 살도 4킬로그램가량 빠졌다. 그러나 선감학원 이야기는 누구한테도 할 수 없었다. 아내에게조차 말해본 적 없다.

"살면서 단 하루도 온전하게 산 적은 없어요. 솔직하게 산 적은 없어요. 그렇게 살아왔고 앞으로도 그렇게 살 거고.

…… 어떤 사람한테 이 말(선감학원)을 했다가 건너서 들었는데, 저런 뺑쟁이 같은 놈이 있나. 저 또라이 아냐, 이런 소리도 들은 적 있어요. 그 후로는 말 안 해."

경험하지 않은 사람들은 그런 일이 있을 수 없다고 했고, 그것을 경험한 사람들은 그 일에 대해 말하려 하지 않았다. 그의 주변엔 선감학원에서 지낸 친구들이 몇 있다. 종종 만나지만 선감학원 이야기는 일절 하지 않는다. 한 친구는 페인트칠 일을 하고, 파주에서 고깃집 하던 친구는 일이 잘되지 않더니 나중에야 자살했다는 소식을 들었다. 선감학원에도 다시 가본 적이 없다. 그냥 가기가 싫었다. 다만 그 근처는 한 번 가봤다. 오래전, 그저 바지락 칼국수를 먹고 싶어서, 아내와 자식들을 데리고 갔다.

여기 이 안에,
아직도 '쓴 뿌리'가 남아 있어요

"내 친구 중에 몇 년 전에 자살한 애가 있어요. 그 친구가 도망가다가 잡혀왔는데 한겨울에, (직원이) 옷을 다 벗기고 물을 짝 끼얹어가지고 때리는 거예요. 얼마나 아프겠어요. 제가 이렇게 보면 끔찍해야 하잖아요. 그 광경을 보고. 살점이 뚝뚝 떨어지니깐. 아무렇지도 않게 봐요, 그 나이에. 그건 국가가 그렇게 저를 만든 거예요. (명치를 손으로 만지며) 이 안에 아직도 '쓴 뿌리'가 남아 있어요. 제가 교회를 다니거든요. 기도하면서 없애려고 하는데도 간혹 욱하는 그게 나와요. 왜냐면 그만큼 겁 없이 싸우고 그랬기 때문에. 아직도 많이 남아 있어요. 그래서 그런지 함부로 남한테 안 해요. 기자님도 오면서 이 사람이 어떻게 생겼을까, 아마 생각 많이 했을 거예요. 최대한 나도 옷을 깔끔하게 입는 거예요, 모자도 쓰고(그는 첫날 모자를 쓰고 왔다). 저 같은 인간 보면 눈빛이 다 날카로워요. 그런데 솔직히 마음은 여리거든요. 저는 무슨 생각을 하냐면 취재를 마치고 나서 상봉역까지 택시를 같이 타고 가서 기자님 데려다드리고 가는, 그런 것까지 생각을 해요. 그런 배려를 좀 많이 하고. 대신 용납이 안 되는 거는 다 잘라요. 잔인하다는 것은 사람을 죽이고 그러는 것들이 아니고 남한테 인자 하도 짓밟히다보니깐 지지 않으려는 그런 성분이 있죠. 그게 인자 너무 꽉꽉 막혀 있으니까, 어디 가서 풀지를 못하니까."

그는 살면서 간혹 선감학원 생각이 난다고 했다. 맞았던 기억, 소문으로만 들었지만 누가 헤엄치며 도망가다가 얼어 죽었다는 이야기, 매 맞아 죽었다는 이야기. 그와 처음 만난 날은 선감학원 위령제를 2주 앞둔 날이었다. 그는 "빨리 밝혀져서 남들처럼 마음이라도 좀 해방됐으면" 바랐고, 보상을 받을 수 있다면 꼭 받고 싶다고 했다.

그는 "솔직하게 살면 남을 많이 이용"하며 살 것 같아

평생을 단 하루도 솔직하게 산 적이 없다고도 했다. 그 두려움의 기원엔 약육강식의 언어가 지배했던 선감학원이 있었다. 그 세계의 언어를 함부로 휘두를까 두려웠던 그는 자신을 꾸욱 누르고 '자신에게 솔직해지지 않음으로써' 타인을 함부로 대하지 않으려고 노력하며 살고 있었다. 그리하여 그가 선감학원 문제가 해결됨으로써 희망하는 것은 그 자신의 변화였다.

"이번에 사회에 밝혀지고 하면 완전히 변화가 되겠죠. 어떻게 변할지는 몰라도 아마 '너무 좋게'(강조) 변할 거 같아요. 제가 분수에 안 맞지만 돈을 좀 벌면은 길거리에 다니면서 어려운 사람들한테 돈 좀 주고 이렇게 다니고 싶은 꿈이 있어요. 크리스마스이브 때 다들 노는데 경비원들은 추운 데서 이렇게 있잖아요. 그러면 커피통 이마안한 걸 사가지구 믹스를 타서 컵 들고 다니면서 한 잔씩 전하는 그런 것도 하고 싶고. 도와주고 싶은, 그런 것들이 좀 있어요. 그 이상은 하면 오바니까."

첫 인터뷰는 그렇게 끝났다. 그는 "그 안에서 되게 슬픈 게 있었는데 기억이 전혀 안 나요"라는 말을 덧붙였다. 이후 그는 선감학원과 관련한 자리에 꾸준히 모습을 비추었다. 경기도의회에서 열린 선감학원 사건 진상조사 및 지원 방안을 위한 학술회의에도, 선감도에서 열린 위령제에도 빠지지 않고 참석했다.

선감학원 피해생존자들을 만나고는 본격적으로 활동을

시작했다. 피해생존자 모임에서 그는 막둥이였다. "선감학원 생존자 아동 국가폭력 피해자 협의회: 부천지회, 홍보부장 오광석"이라고 쓴 명함도 만들었다. 명함 뒷장엔 위령제 때 찍은 사진이 있었다. 그 사진 속 공간은 선감학원에서 사망한 원생들이 암매장된 곳이다. 선감학원에서 탈출하기 위해 도망쳤던 아이들이 죽어서 떠내려오면 원생과 직원이 아이들을 마대자루에 둘둘 말아 비석도 없이 그곳에 묻었다.

내가 기억하는 나와
서류 속 내가 다릅니다

2017년 10월 14일 토요일 오전, 그가 선감학원 원아대장을 들고 부천에서 서울까지 찾아왔다. 원아대장에 있는 흐릿한 흑백사진 속엔 빡빡머리의 어린 광석이 경직된 얼굴을 하고 있었다. 원아대장에 그의 본적지는 경기도 인천시로, 아버지 이름은 '오창석'으로 적혀 있다. 어머니 이름은 기록되어 있지 않다. 어머니 성은 '김 씨'라는 것밖에 기억나지 않는다고 했다. 원아대장 두 번째 페이지엔 지장이 찍혀 있는데 어른 손가락 크기다. 누구의 것일까.

"부랑성으로 여섯 살 때부터 집을 나와서 앵벌이 및 구걸을 하며 서울역 등지에서 3년여 동안 지내던 중 단속되어 아동보호소에서 4년 동안 있다가 전원되어옴." 원아대장에 쓰인 그의 입원 경로다.

조사자 소견엔 "귀가를 원함으로 교화 후 연고자를 찾아줌이 좋겠음"이라고 쓰여 있다. 그걸 본 광석이 "교화 같은 소리 하고 있네" 낮게 읊조렸다. 원아대장에 따르면, 1967년 8월 15일생인 그는 1973년 7월 10일에 부랑을 시작해 1980년 7월 29일 선감학원에 온 것으로 되어 있었다. 광석은 선감학원 창조 5반으로 배정된다. 그해 2학기엔 선감국민학교 4학년에 편입된다. 그리고 1년 후인 1981년 9월 16일, 부천 새소망소년의집으로 전원된다.

그가 부천 동초등학교에서 떼온 생활기록부에도 "고아원생으로 1980. 9. 1자 전입된 어린이"라는 기록이 있다. 여기엔 김창희 선감학원 '학원장'이 그의 '부父'로 되어 있다.

즉 이 기록들에 따르면 그는 선감학원에 3년이 아니라 1년 머물렀다. 1976년 혹은 1977년인 국민학교 1학년경 선감학원에 들어가 '박정희 총 맞아 죽던' 1979년 가을에 나왔다는 그의 기억과 다른 것이다.

"(내 기억과) 전혀 안 맞잖아."

기억과 기록을 대조한 광석은 당황했다.

"그런데 내 기억으로는 거기서 겨울을 몇 번을 났어요. 3년 동안 구걸했다는 것도 말이 안 돼요. 실제 나와서 한두 달은 헤맸겠죠. 길 잃어버리면 한자리에 안 있잖아요."

그는 만날 때마다 되풀이하던, 서울시립아동보호소를 거쳐 배를 타고 선감도로 들어와 박정희가 총 맞아 죽던 1979년 선감도에서 나온 이야기를 압축해 말하며 자신의 기억을 붙잡았다.

기억이 말을 건다. 겁이 난다고, 너무 서럽고 억울하다고

그는 그날 작은 수첩 속 그림 몇 개를 보여줬다. 지난 5월 처음 인터뷰한 날, 집으로 돌아가 두 시간 동안 그린 그림이라고 했다. 검은색 볼펜으로 그린 그림은 단순하고 거칠었으나 정확했다. 머리, 몸통, 팔다리로 표현된 원생들은 늘 행렬을 맞춘 집단으로 표현됐고, 그 곁에 있는 공무원들 손에는 곡괭이자루가 들려 있었다.

그림 속에서 원생들은 긴 식탁에 마주 앉아 밥을 먹고 있었다. 한 줄에 8명씩, 총 32명이 있다. 그 앞엔 사각형 급식판이 놓여 있고 급식판 안에는 커다란 네모 두 개와 작은 네모 세 개가 그려져 있다. 밥, 국, 반찬 칸이다.

32명의 원생을 그리기 위해 같은 그림을 반복적으로 그렸을 그를 생각한다. 식판 32개를 반복해서 그리는 그를 생각한다. 네모를 그리고, 더 작은 네모를 그리고, 그 안에 또 더 작은 네모를 그리는 그의 모습을. 그림을 그리고 남은 공간엔 머릿속 기억들을 글로 옮겨 적는 그를 생각한다. 이 그림들을 그리며 그는 무슨 생각을 했을까. 그림 속 32명의 원생 중 그는 누구일까. 오뎅 속 구더기를 대수롭지 않게 치워내곤 꾸역꾸역 밥을 삼켰을 오광석은.

눈 내리는 겨울, 바닷가에서 연탄 나르던 기억에 대한 그림도 있다. 어김없이 공무원의 손엔 곡괭이자루가 들려 있다. 또 다른 그림은 사무실로 추정되는 공간. 공무원이 "8살 남자아기"를 향해 곡괭이자루를 하늘 위로 치켜들었다. 그림 하단엔 이런 글이 쓰여 있다.

"이곳은 사무실 복도 구석. 이유는 없다. 단지 군기 목적일까. 아니면 뭐지 짜증이 난다. 여기 그림 집에 글 채우기가 겁이 난다. 왜일까."

기억들이 현재의 그에게 말을 걸고 있었다. 겁이 난다고, 그리고 내가 왜 그곳에 있었어야 했는지, 너무 서럽고 억울하다고. 곡괭이자루가 시멘트 바닥에 '꽝' 하고 부딪히던 소리, 이내 그것을 바닥에 질질 끌고 다가올 때 오싹해지던 내 등골. 마당으로 끌려 나와 한 대 맞고 개구리처럼 쫙 뻗었던 그날 밤. 그곳의 소리, 냄새, 근육의 감각. 몸이 기억하고 있다. 나는 그 기억들과 함께 살아왔다.

2부 | 삶이라는 공식에 셈해지지 않는 삶

기억은 기록을 의심하고,
기록은 기억을 부정하고……

　　기억은 '불확실하다'지만, 자신의 존재를 증명해줄 이가
한 사람도 없을 때, 그 사람은 자신의 기억만을 믿을 수밖에 없
다. 기억조차 거짓이라면 '나'는 도대체 무엇으로 증명될 수 있
단 말인가.

　　그는 첫 만남 때도 스케치북에 글을 써왔다. 인터뷰를
마친 그날 밤엔 작은 수첩에 두 시간 동안 그림을 그리고 글을
썼다. 이후엔 자신의 기록을 찾으러 다녔다. 부천동초등학교
에 가서 생활기록부를 떼고(네 시간 동안 서류 더미를 뒤지며 본인
이 직접 찾았다), 서울시립아동보호소 기록을 찾기 위해 자신이
할 수 있는 방법을 다해 사방팔방 헤맸을 것이다. 그러나 끝내
찾지 못한 그날 밤, 그는 내게 전화했다. 그리고 다음 날 바로
서울특별시 꿈나무마을을 찾아갔지만 성과 없이 돌아와야 했
다. 이후에 그는 경기도청에 정보공개 청구를 해서 선감학원
원아대장을 받아냈다. 기억을 바탕으로 기록을 찾아 나섰다.

　　공적 기록은 그가 이 사회에 존재했음을 드러내는 일종
의 증거다. 그런데 기록은 끊겨 있고, 남아 있는 기록조차 온전
한 사실인지 확신할 길이 없다. 그의 기억에 따르면 선감학원
원아대장에 적힌 생년월일은 거짓이다. 어느 계절을 좋아하느
냐는 물음에 여름이라고 답하니 직원이 광복절을 생일(1967년

8월 15일)로 지어줬다고 그는 기억한다. 기억은 기록을 의심하고, 기록은 기억을 부정한다. 존재의 시원을 찾기 위해 추적한 기록이 오히려 기억을 헝클어트려 혼란스럽다.

"이게(서류) 맞는 게 하나도 없어요…… 뭐라고 해야 하나…… (침묵) 말이 안 되는 거 같아요. (허탈한 듯 웃는다) 뭘로 말을 어떻게 할 수가 없어요."

과거의 나를 증언해줄 가족도, 선생도, 친구도 없다. 여기 있는 나는, 누구인가.

나에 대한
흔적 찾기

자신에 대한 존재 증명은 무엇으로, 어떻게 가능한가. 그 물음이 머릿속에 붙어 떨어지지 않는다.

　　나는 내가 '강혜민'임을 의심해본 적이 없다. 나는 내 아버지, 어머니 사이에서 태어나 초·중·고등학교와 대학교를 졸업한 후 '비마이너'에서 일하고 있다. 물론 이것만으로 내가 설명되는 것은 아니다. 강혜민이라는 존재를 설명하기 위해서는 지난 33년의 시간을 인과성 있는 서사로 구성해 '내가 누구인지'를 드러내야 한다. 내가 나 자신을 어떻게 규정짓는지는 앞으로 내가 어떻게 살 것인지에 대한 실존적 선택에 영향을 미친다. 이때 자기 서사를 구성히려면 과거 사건들에 대한 명확성이 필요하다. 그 사건이 내게 일어났다는 의심할 수 없는 명확성. 이는 그 시간을 함께 보낸 부모와 친구들의 기억, 나의 기억과 더불어 일련의 공적 서류(학생기록부, 졸업증명서, 주민등록등본 등)들이 내가 사회적으로 존재했음을 뒷받침해줘야 가능하다. 이를 통해 이 세계에 강혜민이라는 한 존재자의 자리가 만들어지는 것이다. 그런데 만약 그 시간을 증명해줄 사람도 없고 공적 서류도 없다면, 그가 '누구인지'에 대한 증명은 어떻게 가능할까?

선감학원 피해생존자, 형제복지원 피해생존자와 같이 사회적 존재로서의 지위를 박탈당한 이들이 자신의 기억을 꺼내 들어 말할 때, 이들의 증언은 주류 역사를 교란하면서 역사의 어두운 면을 들추어낸다. 이는 사회가 의도적으로 삭제한 역사의 파편을 드러냄으로써 과거를 반성하게 하고, 사회적 존재의 자리에서 치워진 이들이 복권할 수 있는 계기가 되기도 한다. 이 과정에서 피해생존자들이 하는 일 중 하나는 원아대장과 같은 '내가 거기 있었음'을 증명하는 공적 서류를 찾는 것인데, 이러한 자료들은 찾기도 힘들뿐더러 찾는다고 해도 생년월일, 입소 사유 등이 대부분 명확히 기록되어 있지 않다.

즉 사회적 존재의 자리에서 삭제된 이들이 '나에 대한 사회적 흔적'을 찾아내는 과정은 사회구성원으로 다시 인정받기 위한 인정투쟁임과 동시에 그 개인에게는 내가 누구인지에 대해 끊임없이 물으며 내 존재의 시원을 찾고, 내가 앞으로 어떻게 살아갈지에 대한 실존적 물음 앞에 서는 행위가 된다.

오광석은 "단 한 번도 솔직하게 살아본 적이 없다"고 말한다. "솔직하게 살면 무슨 일이 일어날 것 같냐"고 물으니

2부 | 삶이라는 공식에 셈해지지 않는 삶

"타인에게 함부로 대할 것 같다"고 했다. 선감학원 진상규명을 통해 무엇보다 "마음이 해방되길" 바라는 그는, 무척이나 애를 쓰며 살고 있었다.

넝마주이 왕조가 만난 하나님

현정선 구술
하금철 글

선감도에 잡혀온 넝마주이 똘마니는
굴 껍데기에 발바닥이 터져가며 자유를
찾아 떠났고, 방배동 재건대 막사에서
자살을 생각하다 살아 있는 하나님들을
만났다. 그 은혜로운 사건이 상처받은
모든 이들에게 일어나기를 바란다.

2017년 5월 27일 경기도 안산시 선감도에서 열린 선감학원 희생자 추모제. 이곳이 선감학
원의 원생들이 섬에 잡혀와 처음 발을 딛은 선착장 자리다. ⓒ 비마이너

2018년 8월의 어느 토요일, 인천의 한 부대찌개집에서 선감학원 피해자들을 만났다. 두 달에 한 번씩 열리는 '선감학원 아동국가폭력 피해대책위원회' 모임에는 종종 초대받은 적이 있지만 시간을 맞추기가 쉽지 않았다. 마침 그날은 다른 일정이 없던 터라 오랜만에 피해자분들을 뵈러 일찌감치 동인천역으로 갔다.

　식당에 도착하니 김춘근 씨가 노년의 한 부부와 마주 앉아 있었다. 처음 뵙는 분들이었다. 부리부리한 두 눈이 인상적인 남성분에게서는 교장 선생님의 풍모가 느껴졌다. 여하튼 보통 사람은 아닌 것 같다는 느낌이 강렬하게 다가왔다. 내가 어떻게 인사를 드려야 할지 몰라 머뭇거리고 있으니 마주 앉아 있던 김춘근 씨가 먼저 입을 뗐다. "오늘 처음 오셨어. 우리 선감도 출신이야. 부부가 같이 오셨네."

　어색하게 마주 앉아 밥을 먹다가 지금은 무슨 일을 하

고 계신지 슬쩍 여쭤보았다. "목사예요. 지금은 여주에서 요양원을 운영하고 있고요." 나는 살짝 입을 벌린 채 '얼음'이 되었다. '목사'라는 단어가 저 인상과 풍모에 무척 잘 어울렸지만, 선감학원 출신에서 목사로, 거기다 요양원을 운영하는 원장까지, 뭔가 격차가 너무 크게 느껴져 낯설었다. "선감도 나와서 넝마주이 왕초 생활을 좀 했거든요. 그러다……" 어떤 계기로 목사가 되었는지 묻는 내 질문에 대한 답은 식당의 어수선한 분위기에 묻혀 맥이 끊겼다.

그는 '동수'를 찾고 싶다고 했다. 선감도에서 함께 탈출한 친구라고 했다. 피해자 모임 총무인 전남석 씨가 모임에 최동수라는 사람이 나오고 있었는데 최근 들어 발길이 뜸해졌다고 답했다. 그는 자신이 찾는 '동수'의 성은 잘 기억이 나지 않는다고 했지만, 혹시나 하는 마음에 최동수 씨의 전화번호를 받아 적었다.

그의 이야기를 더 듣고 싶었다. 다른 일정이 있어 먼저 자리를 뜨겠다는 그를 붙잡고 연락처를 받았다. 그리고 한 달 후 여주 '희망의 집'에서 그를 다시 만났다. 어르신들을 대상으로 한 레크리에이션 프로그램이 한창 진행 중인 곳 옆방에서 나눈 인터뷰에서 그는 어마어마한 이야기들을 털어놓았다. '어마어마'하다는 것은 단지 그가 전한 이야기가 무섭고 충격적이었다는 것만을 뜻하지 않는다. 어느 날 갑자기 고아가 되어버린 그가 선감도에 끌려가 겪은 일은 물론 무섭고 충격적인 것이다. 하지만 선감도를 가까스로 탈출하고 난 후의 인생사는 '충격적'이라는 단어로는 다 담아낼 수 없었다. 그건 다소 낯선 종류의 감동이었다. 두 시간 남짓한 인터뷰 내내 그의 얼굴을 한 번도 떠나지 않은 평온함 때문인지도 모르겠다. 이 이야기는 거칠었던 그의 젊은 시절의 삶에서 건져 올린 어떤 희망에 대한 기록이다.

"어렸을 때 우리 집이 인천 신포동에 있었어요. 신포동이면 그래도 중심지였으니까 부모들이 잘사는 편이었을 거예요. 그런데 아버지가 집안을 제대로 돌보지 않으면서 풍비박산이 나고 이혼하고 그러면서 형제들이 뿔뿔이 흩어져 살게 되었어요. 저는 남의 집 전전하며 살다가 중국집에도 있고, 아이스크림 장사도 하고 그랬는데, 결국엔 난장 치고 자다가 넝마주이 공동체에 잡혔어요.

내가 선감도에 들어간 때가, 열세 살이었는지 열네 살이었는지 기억은 정확히 나질 않아요. 거기서 2년 정도 있었던 것 같기는 한데…… 어느 날 갑자기 인천 시청으로 끌려갔거든요. 그러고는 인천 부두로 데려갔어요. 거기서 통통배에 시루짝처럼 실려가지고 세 시간 반 정도를 간 것 같아요. 선감도 부두에 닿자마자 다 내려라 그러더니 머리를 전부 박박 밀더군요. 사복은 다 벗기고 광목으로 된 옷을 나눠줬어요. 무지 추운 겨울에도 그 홑껍데기 같은 옷을 줬어요. 그리고 애들 중에 예전에 탈출했던 전과가 있는 애들은 따로 빼내서 떡쳐버리고."

배고파 농약을 먹다 죽은 아이,
맞고 또 맞다 죽은 아이

"우리가 들어가자마자 뭘 했냐면, 운동장 메우는 일을 했어요. 산에서 흙을 파서 가마떼기로 옮겼죠. 그리고 육지에서 배를 통해 먹을 양식이 들어오면 우리 어린애들에게 그걸 짊어지고 옮기게 했어요. 새끼줄로 멜빵을 메서. 열네 살 먹은 애가 80킬로짜리를 지고 옮기는 거예요. 시키니까 어쩔 수 없이 하는데, 걷다가 수십 번은 멈춰 서서 숨을 몰아쉬어야 했어요.

항상 밥이라고는 강냉이밥뿐이었어요. 쌀은 찾아보기도 힘들었고. 한참 먹을 나이에 그거 가지고는 연명이 안 되니까, 뱀도 잡아먹고, 도라지도 캐 먹고…… 어떤 때는 배고파서 길에 배추 꼬리 같은 게 있길래 싹 깎아서 먹었어요. 근데 그게 사실은 근대 뿌리였어요. 그걸 먹고 속이 아려서 엄청 혼난 적이 한두 번이 아니었어요. 먹고 나면 다 토해버렸죠. 어떤 아이는 배가 고파서 사무실에 들어가 콜라병 같은 게 있길래 그걸 마셨대요. 근데 그게 사실은 농약이었던 거예요. 어처구니없게, 농약을 먹고 죽은 거죠.

맞는 건 일상이었어요. 어느 날은 빠따를 하루 종일 맞은 적도 있어요. 뭘 훔쳐 먹었다고 맞고, 뭘 못했다고 또 맞고, 조금 쉬었다가 또 맞고. 이유가 없으면 만들어서라도 때리는 거죠. 주로 사장이나 반장들, 원내에서 완력 좀 쓴다는 사람들이 그랬는데, 선생들은 그걸 보고도 아무 소리도 안 했어요. 규율을 잡는다고 그랬겠지요. 더 끔찍한 건, 사장 놈들이 원생끼리 권투를 시키는 거예요. 권투장갑을 만들어서. 권투 못하겠다면 또 짓밟아버리는 거지. 가혹하게. 거기서 사장 놈들은 재미를 보는 거예요.

정확히 알 수는 없지만 맞아서 죽은 애들도 많았을 것 같아요. 나도 맞다가도 어떨 때는 반항하기도 했는데 그러다 잘못 맞으면 그냥 죽는 거죠. 그렇게 죽어도 무연고자라고 생각하고 어디에 묻어버리면 그냥 끝나는 거예요. 그 지옥 같은 곳에 있으면서 자유를 찾아 도망가야겠다는 생각을 한시도 놓지 못했어요. 설령 내가 죽더라도 이 지긋지긋한 곳을 탈출해 나가야겠다는 생각을…… 근데 도망가다가 바다에 빠져서 죽었다는 아이들 이야기를 너무 많이 들었어요. 죽어서 떠내려온 애들을 가마떼기에 돌돌 말아서 묻었다고 하는데, 그걸 직접 보지는 못했어요. 나이 먹고 차 끌고 가서 그 주변을 몇 번 봤는데, 아직도 작은 산소들이 많더만요."

목숨을 버리더라도 찾고 싶었던 자유

"도망가고 싶었어요. 자유가 필요했어요. 동수랑 같이 도망가자고 모의를 했어요. 동수는 각심사에 있었고 나는 성심사에 있었지만, 양잠반에서 누에고치 만드는 일을 하다가 친해졌거든요. 거기선 군대 갈 나이가 될 때까지는 절대 못 나가요. 죽으면 죽었지 여기는 더 못 있겠다 싶었어요. 자유라는 게 그렇게 목숨을 버리면서까지 찾고 싶은 거예요. 우리가 원래 수영을 못했는데, 염전 근처 물 가둬놓는 곳에서 목욕하면서 수영을 배웠어요. 바다를 건너서 도망치려고.

하지만 밤에는 너무 무서워서 못 가겠더라고요. 그래서 낮에 소 풀 먹이는 척하다가 갯벌로 뛰었어요. 바다에서 수영을 치고 나가는데, 물살이 얼마나 센지 몰라요. 왠지 뒤에서는 배 타고 쫓아오는 것 같으니 또 불안하고. 수영을 치면서 바닷물을 얼마나 많이 먹었는지 몰라요. 구토가 계속 나오고 그러니까 수영을 못 치고 계속 물살에 떠밀리기만 했어요. 이대로 죽어버릴까봐, 죽는 게 너무 억울해서 눈물이 막 쏟아지더라고요.

물살에 떠밀리고 떠밀려서 간신히 육지에 닿았어요. 육지에 닿자마자 지쳐서 결국 까무러쳤어요. 근데 왠지 잡으러 올 것 같다는 생각이 들어서 계속 거기에 있을 수는 없었죠. 내가 먼저 깨서 동수 얼굴을 막 때리니까 겨우 깨어나더라고요. 동수를 깨워서 부두 쪽으로 가려는데, 벌써 연락이 다 되어가지고 옛날 선감도 선생이 우리를 잡으려고 기다리고 있는 거예요. 그래서 결국 돌아서 간 곳이 굴 양식장 쪽이었어요. 맨발로 굴 껍데기를 밟으며 막 뛰는데 발에서 피가 나면서 피비린 내가…… 양쪽 발에 아직도 그 흉터가 남아 있어요.

　그 당시에 마을 사람들이 도망간 원생을 잡아다가 선감학원에 넘겨주면 쌀을 두 말인가 받는다고 했어요. 그런데 아이들이 너무나 가혹하게 맞는 걸 보고 나서는 마을 사람들도 애들을 안 잡아줬다고 하더라고요. 굴 양식장을 건너 우리는 어느 풀밭에 들어가 납작 엎드렸어요. 거기서 어떤 할머니가 이삭을 줍고 있더라고요. 우리는 할머니 치마 속으로 들어갔죠. 할머니의 치맛자락이 동수랑 저의 목숨줄이었어요.

　날이 어두워지고 할머니는 집으로 돌아가셨어요. 우리는 다시 길을 걸었죠. 곧장 가는 길로 가면 경찰 지서를 몇 군데 통과해야 한다고 해서 산을 돌아가야 했죠. 그 길을 맨발로 걷는데 얼마나 따가웠는지 몰라요. 굴 껍데기에 찢어져 갈라진 틈으로 모래가 들어가니까. 그래도 자유를 찾고 싶다는 마음에 아픈 줄도 모르고 걸었어요.

　근데 그때 우리 꼴이, 얼마나 수영을 쳐댔는지 윗도리는 난닝구 하나만 남았고 아랫도리는 없어졌어요. 그래서 윗도리를 거꾸로 해서 바지로 입고 있었거든요. 달랑 팬티만 한 장 입고 있었던 거죠. 그 꼴로 난장을 치고 있어요. 다음 날 너무 배가 고파서 어느 교회를 찾아갔죠. 교회에서 옷을 하나 줬는데 그것도 여자 옷이었어요. 게다가 너무 큰 걸 줘서 아무렇게나 입고 말았죠. 배고프다고 하니까 교회에서 송편을 줬는데, 그때가 추석 지나고 열흘쯤 되었을 때거든요. 그러니까 송

편이 굳어서 딱딱해졌을 거 아니에요? 그래도 배가 고프니까 그 딱딱한 걸 그냥 막 씹어 먹었죠.

옛날에는 수원에서 인천 가는 조그만 수인선 기차가 있었어요. 지금은 없어졌는데, 인천에 가려면 그걸 타야 해요. 저는 또 한참을 걸어서 야목(현 화성시 매송면 야목리)에서 그 기차를 탔어요. 그러면서 동수랑 헤어진 거죠. 동수를 다시 만날 수 있다면 좋을 텐데…… 피해자 모임에 '최동수'라는 사람이 나온다고 해서 전화번호를 받았는데, 전화가 안 되더라고요. 그래서 아직까지 연락을 못해봤어요. 나랑 같이 도망 나온 동수가 '최동수'가 아닐 수도 있지만, 어릴 적에 그렇게 같이 죽을 고비를 넘겼던 동수를 꼭 만나고 싶어요."

넝마주이 왕초, '희망의 집'을 열다

"'나는 이 세상에서 버림받은 사람이다'라고 생각하며 살았어요. 나는 막 살아야 하고, 잘사는 사람이 밉고, 그래서 남의 것 도둑질해서 살아도 된다는 식으로 생각하며 살았어요. '나는 맨날 얻어맞고 살아가는데 저 사람들은 뭔데 저렇게 웃고 잘사나'라는 생각이 들면 반항적인 행동이 튀어나왔어요.

나는 넝마주이, 그러니까 재건대* 왕초였어요. 인천으로 돌아와서도 다시 넝마주이 생활을 했는데, 이왕 물고기도

2부 | 삶이라는 공식에 셈해지지 않는 삶

넓은 데 가서 놀자 해서 선배를 따라 서울 흑석동으로 들어왔
어요. 그러다 방배동, 사당동으로 옮겨갔죠. 거기서 왕초가 되
기까지 칼부림도 나고 참 별일 다 있었는데…… 어려서부터
넝마주이 공동체에서 똘마니 생활을 많이 하다보니까 도둑질
도 배우고, 솔직히 나쁜 짓도 많이 하고 살았어요. 그렇게 살다
가 결국 왕초까지 된 거죠.

　　왕초가 되면 돈도 많이 생기고, 이권을 챙길 일도 많았
죠. 그런데 그렇게 막 사는 게 어느 순간부터 허무하게 느껴지
더군요. 술 한잔만 걸치면 아무 데서 욕하고 곤조 죽이고, 사람
이나 패고…… 이렇게 사는 게 재미가 없고 살아서 뭐하나 싶
은 생각에 건물에서 뛰어내렸어요. 자살하려고 했는데, 죽지
않고 살았어요. 그렇게 살아나고 나서 이 사람들을 만났어요.
넝마주이 공동체, 그 우락부락한 남자들 있는 곳에 한 여자분
이 찾아왔어요. 우리랑 친구가 되겠다면서. 나중에 보니까 그

• 넝마주이는 헌 옷이나 헌 종이, 폐품 등을 주워 모아 연명하는 사람을 말한다. 넝마주
  이들은 보통 전쟁고아들인 경우가 많아 주로 10대 청소년이었지만, 실제 연령 분포는
  20~40세까지 다양했다. 넝마주이들은 보통 여럿이서 공동체 조직을 형성하는 경우가
  많은데, 이 공동체를 이끄는 대장을 속칭 '왕초'라 불렀다. 한편, 정부는 1962년 넝마
  주이들에게 관할 시청에 등록해 증명을 받고, 지정된 복장과 명찰을 달고 지정 구역 내
  에서만 취업하도록 했으며, 미등록 넝마주이는 처벌하고 폐품 수집을 하지 못하도록 했
  다. 이와 같이 등록된 넝마주이들은 '근로재건대'라는 명칭으로 경찰의 관리, 감독을 받
  았다. 근로재건대는 1970년대 후반까지 경찰뿐만 아니라 종교, 시민단체에 의해서도
  운영되었으며, 1979년 6월에는 박정희 대통령의 지시로 자활근로대로 통합되었다. 이
  후 1995년에 이르러 자활근로대원이 감소해 폐지되었다. 《한국민족문화대백과사전》
  참고.

분이 한벗회*라는 기독교 봉사단체 소속이더라고요.

처음엔 세상과 담을 쌓고 살고 있던 우리에게 찾아와 친구가 되겠다고 하니 이해가 안 되었죠. 근데 이 사람들이 계속 자기들하고 예배 보자고 하고 환영받지도 못하는데 계속 찾아오고 그러는 게 기분이 이상하더라고요. 무엇보다 자존심이 상했어요. 그 사람들은 참, 말도 잘하더라고요. 나는 배운 게 없고 아는 게 없으니까 그들하고 대화가 안 돼. 아, 정말 이래서 사람은 배워야 하나보다 하는 생각을 그때 했죠. '나도 다른 사람하고 말할 때 딸리지 않을 정도는 되고 싶다'라고.

그전까지 저는 졸업장이 하나도 없었어요. 한글은 그냥 독학으로 깨우친 거고. 뒤늦게 공부를 해야겠다 맘먹었어요. 내가 공부를 하겠다니까 한벗회 사람들이 적극적으로 도와주었어요. 독학으로 공부해서 졸업장을 따고, 신학교에 편입했어요. 처음엔 내가 목사가 되어야겠다, 이런 건 꿈도 못 꿨어요. 그냥 저 사람들하고 이야기할 때 딸리지 않고 떳떳하게 말할 수 있었으면 좋겠다는 생각으로 시작한 거예요. 그런데 이 사람들이 정말 좋은 사람들인 게, 내가 이렇게 엉망으로 살아온 것도 다 이해하고 나를 위해 기도해주는 거예요. 그들한테 받은 은혜로 신앙심이 자라고 그러면서 목회자가 되어야겠다

---

* 한벗회는 1978년에 창립해 지속적으로 빈민 지역 어린이 지원 활동, 장애인 이동 봉사 등을 해왔다. 2000년대에 들어서는 한벗재단으로 발전해 지금까지 활동을 이어가고 있다.

는 꿈도 꾸게 되었죠. 그렇게 7년을 공부하고 1992년도에 목사 안수를 받았어요.

그 당시, 그러니까 1970년대 말에서 1980년대 초 즈음에 서울에 넝마주이 공동체가 수십 개 있었어요. 거기 있는 사람들이 다 술에 찌들어서 병들어 죽어가고 있는데 아무도 돌봐주는 사람이 없었어요. 그래도 내가 재건대 출신이니까 이사람들을 직접 찾아다니며 병원에 데려가서 치료도 해주고 복음을 전하는 일을 하기 시작했죠. 그 일을 하다보니까 이렇게 병들어 쇠락해가고 있는 사람들이 육체적으로나 영적으로나 다시 회복할 수 있는 터전을 만들고 싶어졌어요. 그래서 '희망의 집'을 만들기로 한 거예요.

서울 방배동 하꼬방촌에서 처음 시작했어요. 목회를 하면서 계속 모금 활동을 했죠. 많은 분들이 도움을 주셨어요. 기독교연예인선교회 활동을 하던 임동진 장로, 지금은 목사님인데, 그분이 큰 도움을 주셨어요. 인천 순복음교회에서 '희망의 집'을 위한 모금운동을 펼쳐서 1,200만 원 정도를 모을 수 있도록 해주셨죠. 임 장로가 또 황산성 변호사를 만나도록 주선해주셔서 '희망의 집'을 위한 신춘 음악회도 열었지요. 그렇게 모금한 돈으로 땅을 사고 '희망의 집'을 열게 된 것입니다. 그게 벌써 25년 전이네요. 지금은 그때 함께했던 '역전의 용사'들도 다 떠나고 이제 어르신들을 모시는 요양원이 되었지만, 하나님이 저를 불쌍히 여기시고 그렇게 좋은 분들을 만나도록 해주셔서 여기까지 올 수 있었어요."

오랜만에 가본 선감도

그의 파란만장한 인생사는 인터뷰 이후에도 오랫동안 머릿속에 남았다. 선감도에 들어가기 전부터, 그리고 그 섬을 가까스로 탈출하고 나서도 끝나지 않았던 거리에서의 삶을 마침내 끝내야겠다는 그 결심의 순간에 대한 이야기가 담담한 간증의 목소리처럼 다가왔다. 나는 기독교인은 아니지만 그 이야기를 두고두고 곱씹으니 영적으로 감화되는 것 같은 느낌도 들었다. 하지만 현정선과 한벗회의 만남을 그저 한 개인에게 찾아온 행운으로 여기고 말 문제는 아닌 것 같았다. 어떤 면에서 역사적인 조우라고 할 수 있을 그 만남의 의미를 좀 더 들여다보고 싶었다. 그래서 그에게 당시 한벗회를 이끌었던 분들을 만날 수 있는지 물었다. 그는 흔쾌히 당시 한벗회 창립을 주도했고 지금은 고양평화누리라는 단체를 운영하며 평화통일운동을 하고 있는 최준수 목사를 소개해주었다.

민중신학을 공부한 최준수 목사(한벗회를 만들 당시에는 전도사)는 소외된 이웃과 함께하는 교회를 만들고자 서울 곳곳의 가난한 이들을 찾아갔다. 30명 정도의 교인으로 구성된 한벗회가 처음 방배동 재건대 마을에 찾아갔을 때에는 10여 명의 사람들이 막사를 짓고 살아가고 있었다. 최 목사는 "거기서 안 맞아본 사람은 나 말고는 없다"고 말할 정도로, 처음엔 벽을 허물기가 쉽지 않았다고 한다. 깨끗하고 안정된 주거 공간을 갖지 못한 재건대 사람들은 술과 폭력으로 일상을 채웠고 한벗회 사람들은 그들에게 손을 내밀기 위해 부단히 애썼다. 남편의 돌봄을 받지 못하는 산모를 산부인과에 데려가 아이를 낳게 하고, 싸움을 하다 동맥이 끊어져 죽을 뻔한 사람을 병원에 데려가 치료해주기도 했다. 그런 노력 끝에 한벗회는 재건대 마을 안에서 매주 예배를 열 수 있게 되었다.

최 목사는 재건대 사람들 중 왕초였던 현정선(당시 그는 '현민철'이라는 가명을 썼다)이 제일 먼저 마음을 열었고, 그 덕분에 다른 사람들도 마음을 열 수 있었다고 말한다. 최 목사는 그가 "영혼이 맑은 사람"이었고 "사람에 대한 애정이 있는 사람"이라고 몇 번이고 강조했다. 그를 비롯해 몇 명의 재건대 사람들이 신앙인의 길을 택했고, 다른 이들도 점차 자기 삶을 돌보며 살아가게 되었다.

그러나 사회적 약자의 삶에 누구보다 가까이 가고자 노력했던 한벗회조차 당시 넝마주이들이 겪는 문제들 그리고 선감학원과 같은 수용시설을 하나의 사회문제로 바라보지 못했다. 최 목사는 이미 1980년대 초반에 현정선과 함께 선감도를 찾아간 적이 있다고 말했다. 그저 교인들과 함께 바닷가로 놀러가기 위해 찾은 것이었다. 최 목사는 그때만 해도 그곳이 그저 "불우한 아이들이 모여 있는 곳" 정도로 생각했다고 한다. 이처럼 당시에는 누구도 그런 시설의 존재를 '국가폭력'이라는 단어와 연결짓지 못했다. 그래서 현정선은 그 고통의 기억을 혼자만의 아픔으로 간직한 채 수십 년을 견뎌야 했다.

"그때 당시 우리와 함께하던 교인 중에 대부도가 집인 사람이 있어서 같이 놀러 갔어요. 그런데 제가 그 옆의 선감도 출신이라고, 거기에 한 번 가보자고 했어요. 후배들이 아직도 거기 있나 궁금하기도 했고. 원장 사무실에 가서, 우리가 선물도 사왔으니 후배들을 좀 보내달라고 했죠. 그래서 아이들 데리고 레크리에이션도 하면서 놀아줬죠.

그때 아이들 생활도 나 때랑 별로 달라진 게 없더라고요. 입고 있던 옷도 나이롱으로 된 반바지하고 윗도리. 옷이야 조금 나아졌지만 여전히 밥은 조금 준다고 하더라고. 그리고 아이들에게 들은 이야기 중에, 당시에는 북에서 공비가 자주 내려왔잖아요. 그래서 해군 배에서 경비를 서는데 헤드라이트를 비춰서 도망가는 공비처럼 보이는 게 있으면 그냥 총을 갈겨버렸다는 거예요. 그런데 바닷가를 헤엄쳐서 도망가려는 아이 중에 그 군인들 총에 맞아 죽은 애들도 있다고 하더라고요. 거기가 그렇게 살벌한 곳이에요.

그 이후로도 몇 번 선감도에 찾아가봤어요. 우리 집사람하고도 여러 번 갔어요. 그런데 언젠가부터 숙소가 없어지고 어느 목사가 와서 살고 있더라고요."

2부 | 삶이라는 공식에 셈해지지 않는 삶

양색시로 있는 동생을 붙잡고
얼마나 울었는지 몰라요

"선감학원에 들어가면서 잃어버렸던 가족들을 나중에 다시 찾기는 했어요. 그때 우리 형은 대전의 고아원에, 누이는 식모살이로 갔었죠. 동생은 농사를 크게 짓던 외갓집에 보냈고요. 근데 나중에 보니까 동생도 어떤 수녀원에 보냈더라고요.

고아원에 있던 형님은 어느 신학교 사무원으로 들어갔어요. 덕분에 거기서 신학을 공부해서 목사가 되었고, 나중에 미국으로 이민을 갔죠. 동생은 정말 우연히 만났어요. 내가 선감도에서 나와서 여기저기 떠돌며 살 때였어요. 오산 비행장 인근의 쑥고개라는 곳에 '미군홀'이 있거든요. 거기서 내가 구두닦이를 했어요. 큰 음식점에서 나오는 찌꺼기 받아다 식사 해결하고 그럴 때예요. 거기서 동생을 우연히 만났는데, 동생이 흑인들 모여 사는 동네에서 양색시로 있는 거예요. 동생을 붙잡고 얼마나 울었는지 몰라요. 그 후로 동생은 미군하고 결혼해서 미국으로 떠났고.

우리 형제들도 그렇지만, 나도 결혼 생활을 해도 안정감을 갖고 살 수가 없었어요. 어렸을 때 그렇게 맞으면서 자랐고 그 트라우마가 항상 있었으니까. 결혼을 두 번이나 실패했어요. 옛날에는 술 먹고 여자를 때리고 그러다가 헤어져버리고 그러기를 반복했죠. 깡패짓도 하고. 지금 같이 살고 있는 사람은 내가 예수를 믿고 목사가 되고 안정감을 느끼면서, 함께 정착해서 살고 있는 거지요. 자녀는 셋을 키웠어요. 큰애는 서울에서 살고 있고, 둘째는 여기(요양원) 사회복지사로 일해요. 막내아들은 강도사, 그러니까 목사 되기 바로 전 단계죠. 그거 하면서 여기 사회복지사로도 일해요."

"나는 그래도 목사가 되어가지고 이런 시설을 운영하고 있으니까 먹고사는 데는 큰 지장은 없는데, 피해자 모임에 나가서 보니까 다른 선감학원 출신 친구들은 여전히 노동일 하고 그러면서 생활에 어려움이 많더라고요. 그 친구들에게 국가가 어떤 식으로든 생계 지원을 해줘야 해요. 방배동 넝마주이 공동체 생활할 때 친구 중에도 선감학원 출신이 있는데, 지금도 명절 때 되면 음식 만들어서 나눠 먹고 그래요. 그 친구들도 다 이 모임에 가입시켜야지요. 그 친구들이 가진 상처를 치유하고 명예를 회복할 수 있도록 국가가 서둘러야 해요."

살아 있는 하나님들과의 만남을 꿈꾸며

현정선 씨를 피해자 모임에서 처음 만난 날은 기분이 참 묘했다. 현정선 씨는 선감학원 출신 중에서도 상당히 성공한 케이스다. 사회적으로 존경받는 '목사님'이자 사회복지사이다. 험난한 인생사를 거쳤지만 이제는 안정된 가정을 꾸린, 장성한 세 자녀의 아버지이기도 했다. 그런데 그날, 그와는 너무나 대비되는 피해자에 대한 이야기를 들었다. 선감도를 나와 이런저런 일을 하다가 원양어선을 타게 된 김명수 씨(가명)가 있다. 그는 원양어선에서 사고를 당해 한쪽 다리를 절단하게 되었다. 그래서 몇 년 전부터 인천의 한 노숙인시설에서 살고 있다. 그 시설은 선감학원 출신 아이들이 인천에서 구걸이나 넝마주이 생활을 하고 있으면 다시 잡아다가 선감도로 돌려보냈던 '선인원'의 후신이다.

　　김명수 씨의 이야기도 자세히 듣고 싶어져 그 노숙인시설에 찾아갔다. 그러나 그와의 인터뷰는 30분도 되지 않아 끝나버렸다. 그는 자신의 삶을 자기의 말로 설명하는 걸 무척 힘들어했다. 선감학원에서 겪었던 일에 대한 설명도 "춥고 배고프고, 그게 다죠 뭐"라는 말 이상으로 풀어내지 못했다. 조금 더 자세한 이야기를 듣고 싶어 질문을 이어갔지만 피하고 싶어 하는 눈치였다. 마치 커피 잔이 쏟아지듯 언어들이 미끄러져 쏟아지는 것만 같았다. 하지만 열리지 않는 그의 입보다 더 마음을 우울하게 만들었던 것은 그 노숙인시설을 나갈 마음이 없다는 그의 한마디 말이었다. 그는 죽을 때까지 그 시설에서 살겠다고 힘없이 말했다. "여기서 나가봐야 뭐 하겠어요?" 그 한마디에 수긍 아닌 수긍을 하고 말았다. 여기를 나가봐야 달리 살아갈 방도가 없다는 것을, 삼시세끼 꼬박꼬박 챙겨주는 이곳이 그에게는 그나마 마지막으로 남은 비빌 언덕이라는 사실을 반박할 도리가 없었다.

　　이런 감정을 느끼는 게 옳은지는 모르겠지만 좀 야속하다는 생각이 들었다. 분명 하나님은 누구에게나 평등하게 찾아오는 분이라고 들었는데, 현정선 씨에게 찾아온 그 하나님이 왜 김명수 씨에게는 끝내 찾아오지 않은 것일까. 여기서 내가 찾는 하나님은 우리가 눈으로는 볼 수 없는, 신적인 존재로서의 하나님이 아니다. 현정선 씨는 넝마주이 왕초 시절 자신에게 도움을 준 이들의 이름을 수도 없이 댔다. 그중 몇몇은 나도 어디선가 들어본 적 있는 이름들이었고, 최준수 목사님을 비롯해서 지금까지도 사회적 약자의 인권 증진을 위해 애쓰고 있는 분들이었다. 어쩌면 그들의 존재야말로 현정선 씨에게는 육화된 하나님이 아니었을까.

　김명수 씨에게 노숙인시설을 안내해준 것은 주민센터였다고 한다. 사고로 입원한 뒤 퇴원을 앞두고 있을 때, 살길이 막막하던 그에게 주민센터는 시설 입소라는 아주 편리한 길만을 제시했고, 그는 자신에게 주어진 그 유일한 길을 따라갔다. 김명수 씨는 그 시설에서 과연 어떤 존재였을까. 시설 앞 카페에서 일하는 직원의 한마디가 모든 걸 말해주었다. 인터뷰를 하기 위해 김명수 씨가 휠체어를 타고 카페 문을 열고 들어서자마자 직원은 이렇게 말했다. "그거 타고 여기 들어오시면 안 되는데." 김명수 씨도 자신이 살고 있는 건물 바로 코앞에 있는 그 카페를 이용하는 게 그날 처음이라고 했다. 그는 자신이 살고 있는 울타리 안에서조차 배제되고 있었다.

　현정선 씨는 자신에게 찾아온 육화된 하나님들의 손을 잡고 일어났다. 그것은 너무나 기쁘고 감동적인 일이지만, 그 하나님들의 손이 왜 거기까지밖에 뻗지 못했나 하는 생각에 마음이 아리다. 한벗회와 같은 자선조직 외에는 이런 이들의 상처를 깊이 들여다보고 함께 아파하는 이들이 왜 이 사회에 없었는지, 우리 사회가 스스로 나서서 육화된 하나님이 되고자 노력할 수는 없었는지 묻고 싶은 것이다. 어릴 적부터 섬에 감금된 생활을 해오다 몸을 다쳐 기댈 곳이 필요해진 사람에게 '시설 입소'라는 단순한 선택지를 제시하는 게 정말 이 사회가 보일 수 있는 최선이었던 걸까?

그런 안타까움을 현정선 씨 역시 느끼고 있으리라 생각한다. 그는 베트남 선교회를 조직해서 라이따이한 2세를 위한 봉사활동을 하고 있다. 그 또한 누군가에게 육화된 하나님이 되어 손을 내밀고자 오늘도 부단히 애쓰고 있는 것이다.

그의 노력이 혼자만의 노력으로 끝나지 않기를 바란다. 트라우마에 신음하는 사람을 보듬고 치유하는 일을, 역시나 트라우마로 신음했던 이들에게만 전가하지 않기를, 그 정도로 우리 사회가 무책임하지 않음을 증명하기를 바란다. 선감도에 잡혀온 넝마주이 똘마니는 굴 껍데기에 발바닥이 터져가며 자유를 찾아 떠났고, 방배동 재건대 막사에서 자살을 생각하다 살아 있는 하나님들을 만났다. 그 은혜로운 사건이 상처받은 모든 이들에게 일어나기를, 이를 위해 우리가 저 먼 곳에 있는 하나님의 기적을 무기력하게 기도하기보다는 지금 우리가 발 딛고 있는 이 땅에서의 노력으로 직접 바꿔나가게 되기를 바라본다.

눈초리들의 감옥

김창호 구술
홍은전 글

선감도하고 형제원에서 살았던 거
합치면 한 11년 정도 됩니다. 아무리
부모 없이 살았다고 해도, 11년이면
사람 일은 모르는 거 아닙니까.
거기 들어가지 않았다면 지금보다는
더 잘될 수 있었을 겁니다. 죄 없이
잡혀간 거, 쓰레기 취급받은 거,
11년이나 노역하고 보상도 못 받은 거,
생각하면 너무 억울합니다.

형제복지원 내 직업보도 훈련소. ⓒ 형제복지원 화보집

부산 형제복지원 피해생존자 김창호는 2017년 6월 국회에서 열린 형제복지원 피해생존자들의 증언대회에 참석했다가 선감학원에 대한 이야기를 들었다. 그는 자신의 귀를 의심했다. 선감학원이라면 그가 형제복지원에 들어가기 전에 4년 동안 지냈던 곳이었다. 그리고 선감학원을 나오던 1980년 이후 한 번도 입 밖으로 꺼내본 적 없는 이름이었다. 김창호가 어렵게 입을 뗐다.

"나도 거기에 있었습니다."

37년 만이었다.

형제복지원 피해생존자이자 선감학원의 피해생존자인 김창호를 만나기 위해 경남 합천으로 갔다. 터미널로 마중 나온 김창호는 키가 작고 마른 체구의 사내였다. 그의 옆에는 트럭을 운전해 함께 온 사내가 한 명 더 있었는데, 김창호는 그를 '공동체 식구'라고 소개했다. 시골 사람들답게 두 사람 모두 얼굴이 까맸다. 무뚝뚝한 두 사내와 읍내에서 냉면을 먹었다. "어떤 사람들이 모여 사는 공동체인가요?" 물었더니 김창호가 "출소자들이 함께 삽니다" 하고 대답했다. 예상치 못했던 대답에 내가 조금 당황해하자, 그가 동료를 가리키며 "이 사람은 (출소자) 아닙니다" 했고, 동료가 "우리는 하나님을 섬기는 사람들"이라고 덧붙였다.

트럭을 타고 30분쯤 달려 도착한 그들의 보금자리는 생각보다 더 외진 산골짜기에 있었다. 한집에 남자 여럿이 살 거라는 예상과 달리, 열여섯 가구가 각자의 형편대로 집을 짓고 살았다. 완만하게 구불구불한 비탈길을 따라 드문드문 집들이 나타났는데, 컨테이너 한 칸짜리 집도 있었고, 제법 근사한 마당이 딸린 집도 있었다. 커피 한잔하자며 트럭이 우리를 내려준 곳은 그 길의 끝에 있는 어떤 가건물 앞이었다. 비닐하우스에 차광막을 덮어씌운 집이었다.

마을회관 같은 곳이려니, 별 생각 없이 들어섰다가 깜짝 놀랐다. 산골짜기에 전혀 있을 법하지 않은, 수준급의 실력자가 직접 그린 그림과 공들여 만든 소품들로 세련되게 꾸민 '진짜' 카페였다. 어안이 벙벙해져 잠시 '얼음'이 되었다. 서울말을 쓰는 중년의 여성이 상냥하게 나를 맞이했다. 그녀가 핸드 드립으로 내려준 커피를 받아 마시면서도 연신 눈알을 굴리며 카페를 훑었다.

'여긴 뭐 하는 곳이지?'

숲속에서 길을 잃고 헤매던 주인공이 환상의 공간 속에 들어가는 영화 속 한 장면처럼 비현실적인 느낌이었다. 김창호의 동료가 "종교가 있느냐"고 묻는 순간 나는 현실로 돌아왔다. "아니요. 없어요." 내가 대답했다. 그가 카페의 여성에게 '당신이 얘기 좀 해봐' 하는 것 같은 의미심장한 눈빛을 보냈다. 불길한 예감이 엄습했다. 내 마음을 읽었는지 여성이 웃으며 다가와 물었다. "결혼했어요?" 내가 했다고 답하자, 이번엔 아이가 있느냐 물었고 나는 없다고 대답했다.

"그럼 아직은 괜찮아요."

그녀가 해사하게 웃었다. 그들이 합세해 본격적으로 전도를 해오면 어떻게 해야 하나 머릿속이 복잡해지려던 순간이어서, 그녀의 말에 나는 또 한 번 멍해졌다.

"내 한 몸 건강해서 힘껏 일하면 모든 게 다 내 뜻대로 될 때, 그땐 신이 필요하지 않아요."

그 말엔 어딘가 깊은 슬픔 같은 것이 묻어 있었다. 나는 대번에 그녀가 마음에 들었다. 커피값을 냈더니 그녀가 책을 한 권 주었다. 이 공동체의 대표가 쓴 《오두막》이라는 책이었는데, 책 속엔 김창호에 대한 내용도 있다며 그녀가 책상을 열어 보여주었다. 김창호는 쑥스러워하면서도 싫지 않은 표정이었다. 오두막. 그것이 이 공동체의 이름이었다. 영어로는 'Shelter', 그러니까 피난처.

인터뷰를 하기 위해 카페를 나와 '성전'(예배당으로 쓰는 집)으로 걸어가는 길에 몇 명의 젊은 남성과 마주쳤다. 김창호는 그들에게 지적 장애가 있으며, 카페에서 본 여성이 저 남성 중 한 명의 어머니라고 일러주었다. 내 입에서 아, 하는 탄성이 나도 모르게 새어나왔다. 성전에 도착하니 공동체의 대표인 목사님 부부가 아까의 그 장애 청년들과 함께 성전을 수리하고 있었다. 조용하고 나른한, 그러나 어디에서도 본 적 없는 낯선 시골 풍경이었다. 김창호는 이 공동체에 컨테이너 집을 짓고 사는데, 버스로 한 시간 거리의 진주에 집이 따로 있지만 대부분의 시간을 합천 공동체에서 보낸다고 했다. 인터뷰는 합천 공동체에서 한 차례, 진주 그의 집에서 한 차례 이루어졌다.

선감학원에 있었다는 가장 확실한 증거

김창호는 고아였다. 몇 군데의 보육원을 거쳐 선감학원으로 보내졌다. 김창호가 선감학원에 들어간 나이는 아홉 살로 추정된다. 선감학원에 대한 기억은 많지도 않고 또렷하지도 않다. "아홉 살인가 열 살"에 들어갔고, "열두 살인가 열세살"에 나왔고, "4년 정도" 있었다. 그가 숫자를 말하는 방식은 대개 이런 식이었고, 아귀가 잘 맞지 않았으며, 두 번의 인터뷰 과정에서 전혀 다른 숫자로 바뀌기도 했다. 특히 나이에 대한 그의 표현을 이해하는 데에는 한참의 시간이 걸렸다.

'스물 몇 살 때' 주민등록을 하는 과정에서 자신의 출생 연도에 대한 기록을 처음 받아 보았다는 그는 자신의 출생 연도를 여전히 자신과 분리된 어떤 것처럼 말했다. 그는 "내가 1968년생인 건 어떻게 아느냐면"이라고 말했는데, 그 같은 표현은 그 자체로도 매우 어색하지만, 더욱 이상한 점은 그가 출생 연도를 알고 난 후에도 알기 전의 나이를 거꾸로 계산해 "그때 내가 스무 살이었는데"라고 말하지 않고 계속해서 "그 때의 나이는 잘 모른다"고 말하는 것이었다. 마치 어느 날 갑자기 서류 한 장을 들고 와서는 "내가 당신의 아들이다"라고 주장하는 청년 앞에 선 어떤 남자처럼. 순전히 믿을 수는 없지만 그렇다고 믿지 않을 도리도 없는 어떤 존재를 대하듯이.

그것은 김창호가 자신의 형제복지원 번호 '80-376'을 말할 때와는 분명 달랐다. '80'은 형제복지원이 1980년에 입소한 원생들에게 붙이는 일련번호였다. 김창호는 선감학원에서 나온 후 몇 개월 뒤 형제복지원에 잡혀갔다. 김창호는 그 숫자의 탄생을 '겪었고' 그것과 함께 7년을 '살았다'. 그런 그는 선감학원에 대해선 너무 어렸을 때라 기억이 잘 나지 않는다며 내내 난색을 표하면서도 선감학원은 1980년에 폐쇄되었고 (공식적인 기록으로는 1982년이다) 자신이 그 섬을 나온 것도 그해였다는 사실만큼은 확신에 차서 말했다. "왜냐하면 내 번호가 80-376이었으니까." 마치 자신이 선감학원에 있었다는 걸 말해주는 가장 확실한 증거라도 찾았다는 듯한 표정이었다.

선감학원,
말썽을 피워 가게 된 '좀 다른' 곳

"처음부터 가족이 없었어요. 세 살 때인가, 어떤 아동보육원에 있었습니다. 거기에 2년 정도 있다가 성심보육원으로 갔습니다. 그게 어느 지역에 있었는지도 모르겠습니다. 하여간 거기서 내가 말을 안 듣고 말썽을 피우니까 선감학원으로 전원을 보냈어요. 아홉 살인가 열 살인가, 국민학교 들어갔을 때 즈음이었던 것 같습니다. 선감학원에서 4년 정도 살다가 폐쇄될 때 나왔습니다. 그때 나이는 잘 모르겠습니다. 집사람 통해서 선감학원에 대한 기사를 찾아봤는데, 1982년에 폐쇄되었다고 나오더라고요. 그런데 제 기억엔 1980년입니다. 제가 선감학원 폐쇄될 때 나왔거든요. 그리고 그해에 바로 형제복지원으로 잡혀갔습니다. 거기서 제 번호가 '80-376'이었습니다. 다른 건 다 헷갈려도 그거 하나는 확실하거든요.

노상 엎드려뻗쳐서 빠따를 맞았죠. 하도 맞으니까 멍이 들어도 면역이 돼서 아픈 줄도 몰랐습니다. 나처럼 단체생활을 많이 하다보면 금방 꿈이 깨집니다. 빨리 꿈을 깨야 합니다. 보육원도 단체생활이거든요. 단체생활은 다 자기 하기 나름입니다. 어떻게 하면 맞고 어떻게 하면 안 맞는지, 돌아가는 거 보면서 빨리 정신을 차려야 합니다. 그러지 않으면 개 맞듯이 맞을 수밖에 없습니다.

어렸을 때라 아이들하고 놀았던 기억이 더 많이 납니다. 방에서 아이들끼리 장난치고 그랬던 거. 여름에는 저수지에 가서 놀았습니다. 바다에 물이 빠지면 바지락도 잡으러 다녔습니다. 제일 기억나는 건 담배를 배웠던 거. 중학생 나이의 형들이 불러서는 '피워봐' 했는데, 시키는 대로 안 하면 때리니까 안 피울 수 없습니다. 처음엔 괴로워서 죽는 줄 알았는데 나중엔 익숙해져서 꽁초를 주워서 폈습니다. 선감도엔 눈이 많이 왔습니다. 눈 오면 우리가 빗자루 들고 나가서 마을까지 한참 눈을 쓸면서 갔습니다. 그렇게 마을에 갈 때마다 꽁초를 주워서 폈습니다.

보육원에서 생활할 땐 그래도 자유가 있었습니다. 선감학원도 자유시간이 없었던 건 아닌데, 일을 많이 시켰습니다. 부르면 언제든지 가야 했습니다. 누에, 염전, 농사, 모내기 같은 일을 했습니다. 누에를 할 때가 특히 힘들었습니다. 뽕잎이 떨어지면 밤이고 새벽이고 얄짤없었습니다. 언제든 따러 갑니다. 그땐 그게 뭐 하는 건지도 몰랐습니다. 누에가 고치가 된다는 것도 몰랐고, 거기서 실을 뽑는다는 것도 몰랐습니다. 우리는 오로지 시키는 일만 했을 뿐입니다.

먹는 게 너무 형편없었습니다. 형제복지원은 그래도 마지막 2~3년은 좀 괜찮아졌는데 선감학원은 정말 너무 심했습니다. 다른 보육원은 후원 물품으로 과자 같은 것도 들어왔었는데, 선감학원은 섬이라 그랬는지 그런 게 일체 없었습니다.

'보육원'이라는 글자 들어간 곳과 그렇지 않은 데가 좀 다르구나, 생각했습니다. '선감학원' '형제원' 이런 데는 다 '원' 자만 들어가죠. '아동보육원' '성심보육원' 이런 데는 다 '보육원' 자가 들어가잖아요. '보육원' 자 안 들어간 데는 다 이상하죠. 내가 커서 가만 따져보니까 그걸 느꼈어요."

그는 선감학원을 설명하기 위해 형제복지원을 비교하기도 하고, 일반 보육원을 설명할 땐 "선감학원보단 좀 낫죠"라고 말하기도 했다. 김창호에게 선감학원은 어느 날 갑자기 빨려들어가듯 떨어진 4차원의 세계가 아니라 그가 자란 세상의 연장, '말썽을 펴서' 가게 된 '좀 다른' 곳일 뿐인 듯했다. 정도의 차이가 있을 뿐, 그곳들은 모두 격리와 통제, 억압과 폭력에 의해 운영되는 곳이었다.

탈출을 생각해본 적은 없었다. 바닷물이 빠질 때 친구들과 나가서 갯벌을 바라본 적은 있었지만 김창호는 갯벌이 무서웠다고 했다. 썰물이 되어 갯벌이 훤히 들어날 때에도 물이 빠지지 않는 곳(갯골)이 있었다. 그게 자꾸만 머릿속에 떠올랐다. 그는 수영을 전혀 못했고, 물이라면 딱 질색이었다. 만약 선감학원이 폐쇄되지 않았다면 그는 스무 살이 될 때까지 그곳에서 살았을지 모른다. 해방의 날은 갑자기 찾아왔다. '형제복지원 때와는 딴판으로 조용하게' 왔다.

세 번의 도망 끝 다다른 곳, 부산

"그 섬을 나오는 날에도 선감학원이 폐쇄된다는 건 몰랐습니다. 어느 날 유람선 같은 큰 배를 타고 나왔습니다. 그 배에 150명에서 200명 정도 탔던 것 같습니다. 경기도청에 도착하니까 도청 직원 같은 사람이 그러더라고요. 선감학원은 폐쇄되고 너희는 고아원으로 뿔뿔이 흩어질 거다. 고아원에서 우리를 데려가려고 나와 있었습니다. 그 사람들이 원생들의 이름을 한 명씩 불렀습니다.

나는 평택에 있는 꽃동산보육원으로 갔습니다. 우리는 붕 떠 있었습니다. 섬 바깥으로 나왔다는 것만으로도 너무 좋았습니다. 꽃동산보육원 원생이 한 80명 정도 됐을까. 한 방에 일곱 명 정도 있었어요. 선감학원엔 남자들밖에 없었는데 거기에는 여자들도 있었습니다. 선감도에 비하면 천국이었습니다. 토요일마다 미군들이 와서 과자를 나눠줬습니다. 형제원에서처럼 반납하지 않고 그 자리에서 바로 먹게 해줬습니다."

'천국'에서 소년이 한 일이란 동네를 돌아다니며 고철을 줍는 일이었다. 김창호는 학교를 다니지 못했는데 그 이유에 대해서 "선감학원에서 제대로 배우지 못했기 때문에 같은 학년 아이들과 수준이 맞지 않아서"라고 기억했다. "보육원에서 학교를 보내주지 않은 건가요?" 하고 내가 묻자, 그가 "그런 건 나는 모르죠"라고 대답했다. "보내달라고 말해본 적 있나요?" 하고 다시 묻자, 그가 대번에 손사래를 치며 "아니요" 했다. 그 세계는 그런 걸 묻거나 요구하는 곳이 아니라는 듯 "안 보내주면 그냥 그런가보다 합니다" 했다.

"보육원에서 계속 도망쳤습니다. 밖에 나가면 뭐 좋은 거라도 있을까 싶어서. 나는 고아원, 선감학원, 이런 데만 갇혀 살았으니까 바깥을 잘 모르잖아요. 안 겪어본 사람들은 그런 마음 모릅니다. 나가면 반겨줄 사람도 없고, 뭘 어떻게 해야 하는지도 전혀 개념이 없습니다. 그냥 평택역이나 송탄역을 왔다 갔다 하는 겁니다. 잠은 대합실에서 자고요. 가끔 좋은 사람을 만나면 음료수 하나씩 얻어먹기도 했습니다. 하루 이틀 만에 잡혔어요. 보육원 차가 와서 우릴 잡아갔습니다. 선감학원처럼 심하게 때리진 않으니까 계속 도망을 치는 겁니다. 세 번 도망치고 세 번 다 잡혔습니다.

이대로는 안 되겠다 싶어서 돈을 모아서 기차표를 사야겠다고 생각했습니다. 동네를 돌아다니면서 깡통을 줍기 시작했습니다. 12,000원인가, 1,200원인가, 깡통을 팔아서 기차표를 샀습니다. 어린 생각에 큰 도시로 가야 안 잡힐 것 같았어요. 그런데 왠지 서울에 가면 또 잡힐 것 같아서, 제일 멀리 간다고 간 곳이 부산이었습니다."

아무것도 선택한 적 없는 삶

"부산에 도착해서 자갈치시장으로 갔습니다. 거기 가면 일자리가 있을까 했습니다. 그런데 가자마자 '부랑인 선도'라고 쓰인 차에 붙잡혔습니다. 형제원 차였는데 냉동차였습니다. 형제원은 시장에서 팔고 버리는 생선 대가리, 시래기 같은 것들을 수거해서 원생들 먹는 반찬하고 국을 만들었습니다. 그 차에 우리가 걸린 겁니다. 생선 대가리들하고 같이 차에 실려서 바로 끌려갔습니다.

처음 들어섰을 때부터 '아, 여긴 심상치 않은 곳이다!' 하는 생각이 딱 들었습니다. 몽둥이를 든 사람들이 군데군데 서 있었습니다. 옷을 싹 갈아입고 번호를 붙여주고 죄수처럼 사진을 찍었습니다. 내 번호는 '80-376번'이었습니다. 어릴 때부터 눈칫밥 먹으면서 여기저기 많이 돌아다녔어도 형제원은 감당이 안 됐습니다. 갓난아기부터 팔십 먹은 노인까지 있었어요. 그때 한 이삼천 명 있었나. 여긴 도대체 뭐 하는 곳이지? 앞이 캄캄했습니다."

열세 살의 소년 앞에 또다시 지옥문이 열린 순간이었다. 부산 형제복지원은 박인근 원장이 운영한 국내 최대 부랑아·부랑인 수용소였다. 경찰과 공무원이 합동으로 '부랑인'을 단속했을 뿐 아니라 형제복지원 자체적으로도 단속을 실시해 마구잡이로 사람들을 잡아들였다. 선감학원이 '소년'을 대상으로 한 수용소였던 것과 달리 어린이부터 노인까지 수용되어 있었던 형제복지원은 말 그대로 '형기 없는 감옥'이었다. 김창호의 '수감 생활'은 이 감옥이 폐쇄될 때에야 끝났다.

김창호에게는 이 감옥을 벗어날 기회가 있었다. 형제원에 들어가 몇 개월이 지나지 않았을 때 부산 노포동에 있던 '희락원'(보육원)으로 전원을 갔기 때문이다. 보육원에선 국민학교를 보내주었는데 그게 화근이 되었다. 학교에서 친구들과 싸움이 붙었던 날, 보육원에 돌아와 담배를 피우다 걸렸고, 이 일로 김창호는 다시 형제원으로 돌려보내졌다.

김창호는 인터뷰 내내 좀처럼 감정을 드러내지 않았다. '슬펐다'거나 '무서웠다' 같은 표현도 쓰지 않았을 뿐 아니라, 표정이나 뉘앙스로도 그의 마음은 잘 읽히지 않았다. 지옥을 벗어날 기회를 놓쳐버린 이 일에 대해 말할 때도 그랬다. 그의 마음이 궁금해서 "그때 희락원에 계속 있었다면 많은 게 달라졌겠네요" 하자, 그가 대번에 "당연하죠. 당연하죠. 학교도 다녔을 테고"라며 고개를 주억거렸다. 나는 다시, "그럼 그때 사고 친 걸 후회하지 않으세요?" 하고 물었다. 나는 소년이 놓쳐버린, 그러나 애타게 잡고 싶었던 어떤 꿈 이야기가 시작될 거라 기대했다. 그러나 그는 일말의 망설임도 없이 대답했다.

"아니요. 후회는 안 합니다."

나는 잠시 할 말을 잃었다. 그의 마음이 잡힐 것 같았는데 금세 놓쳐버린 느낌이었다.

"나랑은 안 맞았습니다."

이 말을 하는 김창호의 입 안에 쓴 것이 가득한 표정이었으므로 그의 마음을 조금이라도 짐작할 수 있었다면 나는 아마 더 이상 질문하지 않았을 것이다. 그러나 답답하게도 나는 '전혀' 그 마음을 알 수 없었다. 무엇이 어떻게 맞지 않으면 지옥을 벗어날 기회를 놓쳐버리고도 후회하지 않게 되나. 한참 동안 말이 없는 그에게 기어이 물었다.

"뭐가 그렇게 안 맞았습니까."

김창호가 내 눈을 보지 않은 채 말했다.

"고아원에서 왔다고 하면 많이 무시했습니다. 나는 누가 나를 무시하면 못 참습니다."

나는 조금 아득해졌다. 질문하면 할수록 그가 살아온 세상에 대해 내가 얼마나 모르고 있는지만 드러났다. 생각해보면 대단히 특별한 말이 아닌데, (드라마나 영화에 많이 나오니까!) 그는 순순히 마음속 상처를 열어 보여주지를 않고, 나는 기어이 그것을 보겠다고 안간힘을 쓰고 있었다. 그래서 결국 내가 보고 만 그의 상처엔 여전히 피가 흐르고 있었고, 그는 그 상처를 또 황급히 숨겼다. 나는 마치 그가 희락원을 걷어차고 형제원을 선택하기라도 한 듯 물었지만 김창호는 아무것도 선택한 적이 없었다. 그저 눈앞에 닥쳐온 어떤 멸시를 참지 못했던 것일 뿐.

"형제원으로 돌아갔을 때는 1981년이었는데 건물을 한

참 새로 짓고 있었습니다. 점심을 먹고 있는데 형제원 총무가 오더니 '희락원에서 온 애가 누고?' 했습니다. 나라고 하니까 나를 '새마음 소대'로 보내라고 했습니다. 새마음 소대는 근신 소대였습니다. 제일 힘든 곳이었습니다. 형제원에서 사고 치는 사람들은 다 그곳으로 보냈어요. 집 지을 때 쌓는 흙 블록을 찍어내는 일을 했습니다. 그걸 몇 년 했습니다. 형제원 사진 보면 알겠지만 엄청 큽니다. 3,000명이 그 안에 있었는데 그 사람들 자는 숙소, 식당, 교회가 다 따로 있었습니다. 그걸 우리 손으로 다 지었습니다.

자갈 깨는 소대가 있었습니다. 형제원 뒤에 냉정산이라고 돌산이 있는데 거길 다이너마이트로 터뜨립니다. 돌이 분사되면 우리가 그걸 운동장까지 지고 와서 일일이 망치로 깨서 자갈로 만듭니다. 형제원에 대한 영화가 있거든요. 〈종점〉 〈탄생〉 두 편 있습니다. 부랑인들이 형제원에서 살면서 교화되었다는 그런 내용입니다. 어느 날 영화 촬영하는 사람들이 자갈 깨는 소대를 직접 보러 왔었답니다. 그때 배우들한테 원장이 그랬대요. '우리 원생들은 하루에 만 원씩 받고 일합니다.' 우리는 그때 정말 그 돈을 받는 줄 알고 좋아했습니다. 내가 거기서 블록 찍는 일을 1981년부터 1985년까지인가 했습니다. 4년이면 그게 얼맙니까. 그런데 1987년에 폐쇄되고 나올 때 12만 원인가 받았습니다.”

벼락같이 찾아온 해방의 날

　원생들은 낮에는 자신을 가두는 감옥을 제 손으로 쌓았고, 밤에는 목숨을 걸고 그 감옥을 탈출했다. 선감학원에선 발이 푹푹 빠지는 갯벌 위를 달려 바다를 건넜고, 형제원에선 화장실의 똥통을 밟고 탈출해 산을 넘었다. 김창호의 세계는 늘 그런 곳이었지만 그는 탈출할 마음 같은 건 먹지 않았다. 그렇게 7년의 세월이 흐른 어느 날 밤, 해방은 벼락같이 찾아왔다.

　1986년 12월, 사냥을 갔던 한 검사가 우연히 울주군에 있던 형제원의 작업장 현장을 보게 되었다. 허름한 옷차림의 인부 수십 명이 산속에서 산을 개간하는데 큰 몽둥이를 든 경비와 사나운 개들이 그 현장을 지키고 있었다. 검사는 한눈에 그것이 중대한 범죄 현장이라는 것을 알아챘고 조용히 내사에 착수했다. 그리고 1987년 1월, 검찰과 경찰이 형제복지원을 급습했다. 원장의 방에는 은행에나 있을 만한 대형 금고가 있었고 그 안에는 한화 20억에 달러와 엔화가 가득했다.

　"잔업을 하고 있는데 사복 입은 사람들이 몽둥이를 들고 들어왔습니다. 검찰 쪽에서 온 사람들이라고 했습니다. 그 사람들이 '형제복지원은 폐쇄되고 여러분들은 다 내보낼 겁니다' 했습니다. 그다음 날 새벽에 방송으로 예배를 보는데 목사가 박인근 원장한테 온 편지를 읽어줬습니다. 박인근이 자기는 아무 잘못 없다고 쓴 내용이었습니다."

원장의 주장 혹은 바람과 달리 원장은 그날 외환관리법 위반 등으로 전격적으로 구속되었다. 수사가 진행되는 상황에서도 형제복지원에서는 계속해서 사망 사건이 일어났고, 두 달 후 울주군 농장에서는 원생 한 명이 사망하고 35명이 집단 탈출하는 사건이 일어났다. 언론은 연일 형제복지원 사태를 대서특필했고 세상이 들썩거리는 듯했다. 밝혀진 바로만 513명이 죽었고 대부분 암매장된 것으로 추정되었으며 일부 시신은 의과대학에 해부용으로 팔려간 것이 확인되었다. 그러나 세간의 관심은 거기까지였다. 정치권의 비호 속에 수사는 제대로 이루어지지 않았고 박인근 원장에 대한 처벌은 2년 6개월의 가벼운 형에 그쳤다. 그리고 수사가 진행되는 4개월 동안 원생 3,000여 명은 아무런 보상도 받지 못한 채 '석방'되었다.

"원장이 구속된 후에 한 달 정도 지났을까. 50명씩 불러다 놓고 면담을 했습니다. 내 옆에 있던 친구한테 물어보더라고요. 나가면 갈 데 있습니까. 그 친구가 대답하기를, 오라는 데는 없어도 갈 데는 천지요, 했습니다. 내 차례가 됐습니다. 부모형제도 없는데 어디로 갈 겁니까, 하길래, 나도 그 친구 따라 했습니다. 오라는 데는 없어도 갈 데는 많습니다.

말은 그렇게 했어도 내가 갈 데가 어디 있겠습니까. 형제원 나왔는데 한 친구가 '창호야, 서면 가자' 했습니다. 서면이 어딘지도 모르고 따라갔습니다. 갔더니만, 와⋯⋯ 형제원 식구들이 거기 다 와 있더라고요. 대한극장 앞 지하도 분수대에 형제원 식구들이 아주 바글바글했습니다.

당장 먹고살 방법이 없었습니다. 일을 하려고 해도 주민등록 자체가 안 되어 있으니까 갈 데가 마땅치 않았습니다. 돈이 있으면 여관에서 자고 돈이 없으면 심야다방에서 잤습니다. 1,500원만 주면 잘 수 있었습니다. 그때부터 사고를 치기 시작했습니다. 나는 고아원에서만 살았으니까 세상을 잘 모르지만 1985년도나 1986년도에 형제원에 들어온 사람들은 바깥 사회를 좀 알지 않습니까. 걔들이 가자는 대로, 하자는 대로 따라갔습니다.

배운 게 도둑질이라고, 아리랑치기를 했습니다. 서면에는 나이트클럽이나 룸살롱이 많았어요. 술 취해서 비틀거리는 사람들 옆구리를 공격하면 힘을 못 씁니다. 그리고 지갑을 터는 겁니다. 절도죠. 얼마 안 해보고 금방 잡혔습니다. 부산구치소에 갔더니만, 와…… 거기 절반은 형제원 식구들이었습니다."

"와……" 하고 말할 때 김창호의 눈앞엔 그날의 구치소 풍경이 선한 듯했다. 반가움인지 어이없음인지 알 수 없는 묘하게 들뜬 말투였다. 지하도 분수대에서 해방감과 설렘, 이상한 불안과 긴장을 공유했던 그들은 불과 몇 개월 만에 범죄자가 되어 구치소에서 만났다. 때는 1987년이었고, 김창호는 스무 살이었다. 한국 사회가 가장 뜨거운 한 시절을 통과하고 있던 그때, 가난했던 소년들이 도착한 스무 살의 풍경은 삭막하고 위태로웠다.

감옥 바깥의 감옥

"초범이라 집행유예로 풀려나와서 부산 초읍에 있는 중국집에 취직을 했어요. 사장님이 참 잘해주셨습니다. 내 사정을 듣더니 주민등록증을 꼭 만들어야 한다고 했어요. 주민등록증 없으면 한국 사람 아니라면서, 차비까지 챙겨줬습니다. 기억을 더듬어서 꽃동산보육원이 있던 평택 진위면사무소에 찾아갔어요. 형제원 오기 전에 그곳에 있었으니까 거기 가면 내 기록이 남아 있을 줄 알았습니다.

그런데 보육원은 장애인시설로 바뀌어 있었고 내 기록도 없다고 하더라고요. 다시 형제원이 있던 부산 주례로 갔습니다. 그런데 거기도 내가 어디에서 왔는지에 대한 기록은 없었습니다. 그럴 수밖에 없는 것이, 형제원은 나를 부랑아라고 잡아갔으니까 기록이 없는 게 당연했습니다. 돈은 다 떨어졌고, 어디로 가야 할지도 모르겠고, 딱 죽겠더라고요. 결국 포기하고 돌아왔습니다.

몇 개월 지나서 사장님이 다시 얘길 하셨어요. 이번엔 평택시청에 가보라면서. 그래서 또 시청에 찾아가서 내 사정을 이야기했습니다. 꽃동산보육원에 있었던 건 확실한데 나는 기록을 못 찾겠다, 당신들이 좀 찾아달라, 그러고는 부산으로 돌아왔습니다. 시간이 지나서 부산 식당으로 서류가 왔더라고요. 내 기록을 찾았는지 본적을 꽃동산보육원이 있던 경기도 평택시 진위면으로 해놨더라고요. 사실 나는 내 나이를 잘 몰랐는데, 거기에 그렇게 적혀 있었습니다. 1968년생이라고.

중국집 사장님이 참 잘해주셨는데 몇 개월 후에 문을 닫았습니다. 그 뒤에 신발공장에 들어갔습니다. 그런데 공장은 못 다니겠더라고요. 적응이 안 됩니다. 몇 개월도 못 버티고 나왔습니다. 사람들 눈초리가 이상한 것 같아서 자꾸 눈치를 보게 돼요. 실제로는 그런 게 아닌데, 기분이 자꾸 그래요. 공장에 취직하면 호적등본, 주민등록등본은 기본적으로 떼어오라고 합니다. 떼어보면 사람들은 다 가족이 나오는데 나는 달랑 혼자만 있잖아요. 그럼 고아인 게 뻔하지 않습니까.

작은 식당 같으면 주인한테 사정을 다 말하지만 공장 같은 곳은 사람이 많으니까 그럴 수가 없잖아요. 그게 너무 힘들었습니다. 형제원에서 나왔다고 하면 쓰레기 취급을 받았습니다. 차라리 교도소에서 왔다고 하는 편이 더 나았어요. 고아라는 이야기도 안 하고, 형제원에서 나왔다는 이야기도 안 하고 살았습니다. 그러니까 늘 조마조마하고. 나한텐 너무 안 맞았습니다. 나는 저 사람들하고 안 어울린다고 생각했어요."

김창호와 인터뷰하던 날 합천 카페에서 받아온 책 《오두막》에는 교도소 생활을 오래 한 사람들이 겪는 삼중고*가 나온다. 김창호가 실제 교도소 생활을 한 것은 이보다는 뒤의 일이지만, 책에서 말하는 출소자의 어려움은 선감학원이나 형제복지원 같은 강제수용소에서 성장한 김창호의 어려움을 설명하기에도 꼭 맞는 듯 보였다. 삼중고란 첫째가 사회적 편견과 차별, 둘째가 신체적 질병, 셋째가 알코올중독이나 우울증 같은 정신적 질병이다. 무엇보다 이들은 사회적 관계 맺기에 취약한데, 이유는 이들이 오직 교도소의 논리에 익숙해져 있기 때문이다.

교도소에서는 죄질이나 수형 경력, 주먹, 나이 등에 따라 서열이 명확하게 정해지고 만사가 서열로 굴러간다. 하지만 사회생활을 할 때는 역할이나 능력, 외모, 취향, 규범, 명분 등 다양하고 복잡한 요인들을 염두에 두고 처신해야 하는데, 일반인은 성장 과정에서 자연스럽게 습득한 이것들이 출소자들에게는 거의 불가능하게 느껴질 정도로 까다로운 과업이라는 것이다. 그래서 출소자들은 회사에 취직해도 한 달도 못 견디고 나오는 경우가 태반이다. 이들에게 사회는 '감옥 바깥의 감옥'이다. 교도소가 눈에 보이는 벽으로 이들을 가둔다면 사회는 보이지 않는 벽으로 이들을 가둔다. 김창호의 표현에 의하면 바로 '눈초리들의 감옥'인 것이다.

"껌팔이, 구두닦이, 신문팔이 같은 일을 했습니다. 껌 같

• 이재영, 《오두막》, 한국기독학생회출판부, 2016, 41~42쪽.

은 건 내가 슈퍼에서 사서 100원, 200원에 팔았고, 신문은 본사에 가서 50부씩 받아다가 버스 안에서 팔았습니다. 오전에는 '조선일보'를 팔고 오후에는 '부산일보'를 팔았습니다. 그런 사람들 지내는 숙소가 따로 있어서 거기에서 지냈고요. 창원에서 설비 일 하는 친구가 있어서 그 일을 도와주기도 했습니다. 온수 설비도 하고 변기나 하수구도 뚫고요.

그렇게 살면서도 아리랑치기를 했습니다. 두 번째 걸렸을 땐 상습이라고 8개월 형을 받았는데, 그때가 아직 첫 번째 받은 형의 집행유예 기간이 안 끝났을 때라서, 앞에 받았던 형까지 1년을 더 살았습니다."

오두막 공동체,
'눈초리 받는' 존재에서 '눈길을 주고받는' 존재로

김창호는 세 번 교도소에 갔다. 김해교도소, 진주교도소, 청송교도소. 다 합쳐서 3년을 살았다. 마지막 청송교도소에서 나온 것은 2001년 12월 27일. 나오자마자 친구에게 연락해 "그곳으로 가도 되느냐" 물었지만 "지금은 어렵다"는 말을 들었다. 자꾸만 손을 벌리는 그를 친구들은 부담스러워했다. 그의 나이 서른넷이었다.

오래전 형제복지원에서 나왔을 때처럼 찾아갈 사람도

고단한 몸을 누일 집도 없었다. 그는 더 이상 기운 넘치는 20대도 아니었고 형제복지원에서 다친 허리는 나이가 들수록 점점 통증이 심해지고 있었다. 하는 수 없이 그처럼 갈 곳 없는 사람들이 모여 있는 갱생보호소에 찾아갔다. 규율과 통제가 싫어 내키지는 않았지만 선택의 여지가 없었다. 그리고 김창호는 뜻밖에도 그곳에서 평생의 인연이 될 한 사람을 만났다.

"갱생보호소에 자원봉사 오신 목사님이 있었는데 그분이 저를 뭐라도 하나 더 챙겨주려고 했어요. 좋은 데가 있으면 데려가고, 맛있는 거 먹을 일이 있으면 데려갔습니다. 교회에 데려다주고 끝나면 밥 먹고 다시 갱생보호소에 태워주셨어요. 목사님은 저처럼 갈 곳 없는 출소자들 몇 명하고 같이 생활하고 있었습니다. 갱생보호소를 나와서 그 집으로 들어갔습니다. 그 공동체에는 세 부류의 사람들이 있었어요. 출소자, 알코올중독자, 그리고 (원양어선 같은) 배를 탔던 사람들이요. 서로 마음이 잘 안 맞고 술 취하면 싸움도 많이 나서 그 생활도 쉽지는 않았지만 그래도 목사님이 잘 조율해줬습니다."

김창호가 말하는 이 공동체가 바로 지금 합천에 자리 잡은 오두막 공동체로 이어졌다. 2002년의 이 만남에 대해 공동체의 대표 이재영 목사는 그의 책 《오두막》에서 이렇게 썼다. "그가 좀 더 어렸을 때, 그의 죄질이 좀 더 낮았을 때 만나지 못해 안타까웠다." 실은 나는 이 공동체에 대한 어떤 혐의를 버리지 못한 상태였는데, (종교의 이름으로 온갖 악행을 자행하는 시설이 얼마나 많은가) 이 문장을 읽고 곧바로 자세를 고쳐 앉았다. 그저 하나의 문장일 뿐이었는데 거기엔 김창호에 대한 애틋함과 진심 어린 안타까움 같은 것이 담겨 있었다. 그는 이어서 이렇게 썼다.

창호가 바라는 것은 그저 평범한 삶이었다. 돈을 벌어 자립하고 결혼도 하고 싶어 했다. 지인에게 부탁해 섬유회사에 취직시켰다. 하지만 반년을 채우지 못했다. 일하는 데 필요한 기술은 금세 배웠지만 일하는 사람들과 관계 맺는 기술을 가르쳐주는 사람은 없었기 때문이다. 또 많은 돈을 가져본 적이 없어서 돈을 관리하는 법도 몰랐다. 대개 출소자들이 그러하듯 돈은 독이 되어버렸다. 우리 부부는 이전의 실패를 교훈 삼아 창호와 함께 생활하며 돌보았다. 창호의 월급을 대신 관리하여 몇 년 후에는 그의 이름으로 17평의 임대아파트를 장만해주었다. 하지만 창호는 그 아파트에 들어가 살기 싫어했다.
"그 큰 아파트에 혼자 살면 너무 외로울 것 같아요."
그는 나지막이 말했다. 그 말을 듣고 더 이상은 아파트에 들어가라고 권하지 못했다. 창호의 불안은 쉬이 달래기 어려웠다. 다음 끼니를 언제 먹을지 알 수 없었던 기억이 몸에 새겨져 있어 자주 폭식을 했다. 또 수시로 박탈감과 무력감에 화가 나서 누군가를 해치고 싶은 충동으로 이어지면 그걸 참아내느라 눈알이 시뻘게질 정도였다.

공동체를 만난 후 김창호는 조금씩 안정을 찾아갔다. 거동이 불편한 노인을 돌보기도 하고 처지가 어려운 이웃에게 쌀을 사서 보내주기도 하며 공동체의 든든한 일꾼이 되었다. 그러나 공동체는 출소자 집단이라는 이유로 여러 차례 동네에서 배척을 당했다. 농사를 지어 자립하기 위해 울진의 시골 마을에 너른 땅을 사서 들어갔을 때, 처음엔 반기던 주민들도 그들이 출소자라는 사실을 알고 나면 눈빛이 변하고 마을에서 나가도록 압력을 넣었다. 그 후 경주로 이사하기 위해 계약까지 했지만 이번에도 주민들의 반대로 결국 들어가지 못했다. 김창호의 인생엔 고아, 형제복지원 출신에 이어 범죄자라는 낙인까지 더해졌다. '눈초리들의 감옥'은 이제 실제로도 위력을 발휘해 그를 동네에 발붙이지 못하도록 했다.[*]

2006년 공동체는 합천 쌍백면의 깊은 산골짜기에 자리를 잡았다. 그러나 공동체는 단지 '쫓겨난 사람들'에 머무는 것이 아니라 '자본주의가 만들어낸 구조적인 가난과 도시의 편의와 경쟁, 효율과 속도가 만들어낸 병폐에 대한 반성'으로서의 대안적인 삶을 모색했다. 처음엔 출소자들만 있었지만 그 후 장애를 가진 사람과 그 가족들, 그리고 공동체의 지향에 동

---

[*] 같은 책, 210~216쪽.

의하는 사람들이 모이기 시작해, 현재의 열여섯 가구를 이루었다. 그들은 장애든, 범죄 경력이든, 알코올중독이든, 있는 그대로의 모습을 존중하고 받아들이며 모두 각자의 방, 각자의 집을 갖고, 일체의 프로그램이 없이 밥과 예배만 함께 나누는 삶을 살고 있다.**

김창호와 함께 마을 길을 걷는 동안 드문드문 집이 나타날 때마다 김창호는 나에게 그 집 사람들에 대해 설명해주었다. 어느 노부부는 지나가는 김창호에게 집 수리를 도와달라 했고 그는 인터뷰가 끝난 후 들르겠다고 약속했다. 진주에서 두 번째 인터뷰를 하던 날에도 합천에서 누군가가 그에게 전화를 걸어와, "저녁에 고기를 구워 먹으려는데 네가 눈에 밟혀서 먹을 수가 없다"며 빨리 돌아오라 했다. 그는 이곳에서 일방적으로 '눈초리를 받는' 존재가 아니라 이웃들과 따스한 '눈길을 주고받는' 존재가 되었다. 그리고 2012년 가을, 김창호는 야생화가 흐드러지게 핀 산골짜기에서 공동체 식구들의 축복을 받으며 결혼식을 올렸다.

"살면서 제일 기뻤던 게 결혼해서 집사람과 함께 사는 겁니다. 나는 내가 결혼을 하게 될 거라고는 생각도 안 했습니다. 다른 공동체하고 교류하다가 알게 되었습니다. 집사람은 정신 장애가 있지만 생활하는 데 큰 어려움은 없습니다. 처음

•• 같은 책, 244~250쪽.

에는 장인, 장모님이 저를 달갑게 생각하지 않았어요. 넉넉하고 여유 있는 사람한테 딸을 보내고 싶은데 나는 쥐뿔도 없으니까. 그런데 지금은 예뻐하세요. 집사람 몸이 안 좋은데 같이 잘 사니까요."

부부는 이 마을의 초입, 가장 아래쪽에 컨테이너 한 칸을 얻어 지낸다. 대부분의 시간을 이곳에서 보내지만, 컨테이너 집의 특성상 여름과 겨울 나기가 어려워 그때는 진주에 가서 산다. 진주의 집은 방이 두 개 딸린 빌라 집이어서 컨테이너에 비할 바가 아니었지만, 부부는 '집'보다 '이웃'과 '공동체'가 더 절실한 사람들이었다. 김창호의 아내 역시 자신이 나고 자란 고향인 진주보다 합천의 공동체가 더 편하다고 말했다.

"도시보다 시골이 좋습니다. 집사람이 낯선 사람들 속에서 사는 걸 힘들어해요. 부산에 아파트에서도 살아봤는데 윗집에서 쿵쿵 소리 나는 걸 무서워했습니다. 하지만 여기는 해치려는 사람이 없다고 생각하니까 잠을 편하게 잘 수 있습니다. 저도 아무도 모르는 사람 속에서 살기 싫었고요. 하나라도 더 챙겨주려는 사람들 속에서 사는 게, 저한테도 집사람한테도 더 좋습니다.

공동체 식구들이 알코올중독자, 전과자, 이런 사람들인데, 도시에선 유혹이 너무 많습니다. 엎어지면 코 닿을 데 편의점 있잖아요. 술 먹고 싶으면 참을 수가 없거든요. 여기에선 잡생각이 안 납니다. 예전에는 화가 나면 나쁜 생각도 들었습니다. 목사님 못 만났으면 나는 또 친구들 불러내서 나쁜 짓하고 교도소에 가 있을 겁니다. 공동체 식구들을 만나고선 자꾸 선한 마음이 들어요. 16년 됐는데 그동안 나쁜 생각은 안 들었습니다. 이분들 봐서라도 그러면 안 되겠더라고요."

피해보상 받고 싶습니다

"선감학원에 있었던 이야기는 아예 꺼내지를 않고 살았습니다. 선감도 나오면서 이제 선감도는 나하고 완전 끝이다, 내 인생에 없다, 그랬습니다. 주민등록 할 때도 선감학원에 있었다는 이야기는 안 했습니다. 하기 싫었습니다. 형제원 식구들(피해자 모임)한테도 얘기 안 했어요. 그게…… 신경이 좀 쓰였습니다. 쟤는 뭐하는 놈인데 선감학원도 가고 형제원도 갔냐고 할까봐. 혹시나 안 좋게 이야기할까봐. 말을 안 하려고 했어요. 그런데 내가 이걸 밝히는 이유는 피해보상을 받고 싶어서입니다.

선감도하고 형제원에서 살았던 거 합치면 한 11년 정도 됩니다. 아무리 부모 없이 살았다고 해도, 11년이면 사람 일은 모르는 거 아닙니까. 거기 들어가지 않았다면 지금보다는 더 잘될 수 있었을 겁니다. 진상을 규명해서 우리 누명도 좀 벗었으면 좋겠습니다. 죄 없이 잡혀간 거, 쓰레기 취급 받은 거,

11년이나 노역하고 보상도 못 받은 거, 생각하면 너무 억울합니다. 혼자 살 때는 그나마 괜찮았는데 지금은 밥을 먹을래도 숟가락을 두 개 올려야 하니까, 돈은 없고 힘들 때가 많습니다."

듣는 사람이 있어
가능한 이야기

그는 자신의 고통이나 상처를 구구절절이 설명하는 사람이 아니었다. 비밀 많은 삶을 살아온 그는, 예상컨대 자신의 삶을 미주알고주알 이야기하는 데 익숙하지 않을 것이다. 그가 불쾌해할 만큼 꼬치꼬치 캐물었던 나의 질문 과정은 삭제한 채 그의 대답만을 이어서 붙이고 재배치한 이 글은 인터뷰 과정에서의 이상한 긴장과 오해, 어긋남 같은 것들을 담지 못했다. 따라서 그것이 의미하는 어떤 진실들은 누락되었다. 이를테면 이런 것이다. 극단적 경험을 한 사람들은 자신의 경험을 제대로 표현하지 못하는데, 이유는 말 그대로 극단적인 경험 자체가 일상적인 언어로는 표현하기 어렵기 때문이란 이야기를 어디선가 들은 적이 있다. 그런데 김창호와 내가 겪는 소통의 어려움은 다른 종류의 것이었다. 그는 극단적 세계에서 유년의 일상 전체를 보냈고 그 안에서 성장하고 언어를 배웠다. 나는 언어가 사회적 약속임을 절실하게, 그리고 몹시 구체적으로 느꼈다. 그와 나의 사회는 달랐다. 나에겐 '극단'이 그에겐 '일상'이었으므로, 우리의 언어는 그 기준 자체가 달랐던 것이다.

그리고 김창호의 마지막 이야기, 그러니까 형제복지원 피해자 모임에서조차 자신이 선감학원 출신임을 말하지 않았다는 사실을 듣고 나는 뒤통수를 맞은 것처럼 아득해졌다. 되짚어보면 그는 처음부터 "선감학원에 대한 이야기를 하지 않고 살았다"고 여러 차례 말했다. 주민등록을 하기 위해 자신의 기원을 증명해야 했던 때조차도 4년간 살았던 선감학원이 아니라 고작 몇 개월을 지냈던 꽃동산 보육원으로 찾아갔다고 하지 않았던가. 나는 그 말을 누차 들으면서도 그 의미를 '제대로' 접수하지 못하다가, 그가 형제복지원 피해자 모임 같은, 추측컨대 그 이야기를 하기에 가장 안전하고, 심지어 매우 적절해 보이기까지 한 관계 안에서조차 예외 없이 그 말을 하지 않고 살았다는 사실을 듣고서야 그 말을 문자 그대로 이해하게 되었다.

"쟤는 뭐하는 놈인데 선감학원도 가고 형제원도 갔냐고 할까봐. 혹시나 안 좋게 이야기할까봐."

그렇게 말할 때 그의 표정은 종이에 손을 베인 듯 시리고 쓰라린 표정이었다. 무뚝뚝하고 거친 경상도 사나이 같았던 그가 순간 24시간 주변 경계를 늦출 수 없어서 서서 자는, 혹은 눈 뜨고 자는 초식동물처럼 느껴졌다. 고단해 보였다.

김창호는 고아였다. 따뜻한 보살핌이 필요했지만 국가

는 그를 가두고 때리고 착취했다. 초등학교 친구들은 그를 고 아라고 업신여겼고, 사회에선 형제복지원 출신이라고 쓰레기 취급했다. 가난과 박탈감, 트라우마로 평범한 생활을 할 수 없었던 그는 범죄를 저질렀고 다시 전과자라는 낙인이 찍혀 동네에서 배척당했다. 오두막 공동체는 김창호처럼 학대당하고 냉대받고 배척당한 사람들이 서로를 끌어안으며 살아가고 있었다. 나는 이 공동체의 모습에 깊은 인상을 받았다.

특히 공동체의 일상에 대해 쓴 아래의 글은 우리 사회가 선감학원이나 형제복지원 문제의 진상규명과 피해보상을 넘어 피해생존자들의 고통과 불안, 트라우마를 어떤 태도로 끌어안아야 하는지에 대한 방향을 제시하는 것처럼 보였다. 특별한 프로그램을 만들어 그들을 '선도'하거나 '교화'시키는 것이 아니라, 그저 각자에게 그들 몫의 자리를 내어주는 것, 실은 국가와 사회가 힘없고 가난한 그들에게서 '빼앗은' 자리를 되돌려주는 것이다.

공동체의 하루는 지극히 평범하다. 그저 먹고 자고 싸고 일하고 쉬는 일상의 반복이다. 그 일상을 여럿이 함께 나눌 뿐이다. 명망 있고 위대한 업적을 이룬 사람도, 악명 높고 흉악한 범죄를 저지른 사람도 별수 없이 일상을 산다. 지루하고 따분한 일상이 어느 누구에게나 공평하게 인생의 대부분을 차지한다는 사실을 누군가는 불행으로, 또 누군가는 다행으로 여길 수 있다.

오두막의 일상은 축복이다. 오두막에는 걱정과 염려 탓에 잠들지 못하던 사람, 불안을 달래지 못해 밤낮 화장실만 들락거리던 사람, 악착같이 경쟁하느라 탈진한 사람, 걸핏하면 화가 치밀어 누군가를 욕하고 때려야만 하던 사람, 술을 끊지 못해 가족에게도 버림받은 사람, 원인 모를 증상 탓에 끊임없이 고통에 시달리면서 한시도 마음을 놓지 못하던 사람들이 있다. 이들의 사정은 각양각색이지만 오두막에 오고 나서는 모두가 평범한 일상을 보내고 있다. 그리고 전혀 특별할 것 없는 하루의 일상을 마치 천상의 하루처럼 소중히 여긴다.[*]

한 달 동안 김창호의 녹취록을 붙들고 씨름하는 동안 산골짜기 카페에서 만났던 여성의 말이 계속 머릿속에서 맴을 돌았다.

"모든 게 내 뜻대로 될 때, 그땐 신이 필요하지 않아요."

바꾸어 말하면, 아무리 노력해도 내 뜻대로 되지 않을 때 우리에겐 신이 필요하다, 가 될 것이지만 어쩐지 그녀의 말투와 눈빛은 이렇게 말하는 것 같았다.

'최선을 다했으니 이젠 신에게 맡깁니다.'

•   같은 책, 145~146쪽.

발달장애인 아들이 있는 그녀가 어떻게 살아왔을지는 짐작하고도 남았으므로 그녀의 말은 나에게 이상한 위로와 평화를 주었다. 아무리 노력해도 아들을 바라보는 사람들의 냉대와 박대의 눈초리를 막아낼 재간이 없었던 그녀는 그곳에서 자신처럼 상처 입은 사람들에게 시원한 커피를 내려주고 따뜻한 인사를 건네며 살아가고 있었다. 아무리 발악해도 뜻대로 되지 않는 삶을 살았던 그들은 서로를 만나 한 몸을 이루고 서로에게 신이 되어주었다.

마지막으로 김창호가 정말로 말하기 어려운 것들을 말해주었음을 강조하고 싶다. 용기를 내어 이야기해준 김창호에게 응원과 존경의 마음을 보낸다. 한편으로 그가 말할 수 있었던 것은 들으려는 사람들이 있어 가능했다고 나는 생각한다. 형제복지원 대책위원회와 피해자 모임이 있어 그가 형제복지원의 경험을 말할 수 있었고, 선감학원 대책위원회가 있어 37년 만에 그가 선감학원의 이야기를 시작할 수 있었으며 출소자의 어려움을 껴안으려는 오두막 공동체가 있었으므로 그가 자신의 과거를 솔직하게 말할 수 있었을 것이다. 국가에 의해 유년의 시간을 통째로 유린당한 소년이 이후의 삶을 어떻게 살아야 했는지에 대한 귀한 증언이 될 것이다. 다시 한 번 고마움을 전한다.

부록

명랑사회,
거리의 아이들을
'정화'하다'

: 선감학원 사건의 역사적 배경과 피해자의 고통

하금철 글

▼ …… 뇌종양 진단을 받고 시한부 생명을 살아가는 張
春植 씨(42. 경기 안양시 호계동 경향아파트 7동 403호)가 "죽
기 전에 어머니를 한 번만이라도 봤으면 여한이 없겠다"
며 여덟 살 때 헤어진 어머니 柳금옥 씨(65세 가량)를 애타
게 찾고 있는데…… ▼ …… 지난 60년대 인천 부평3동
미군부대 주변에서 종업원으로 일하던 어머니(당시 30세
안팎)와 단둘이 살았던 張 씨는 어느 날 곡마단 구경에 정
신이 팔려 길을 잃었으며 이후 서울아동보호소와 삼척 대
구의 고아원, 제부도 선감학원 등을 전전…… ▼ …… 이
와중에서 성도 전 씨에서 張 씨로 바뀌었다는 그는 "어머
니가 왼쪽 겨드랑이 밑의 물 사마귀 등 나의 신체적 특징

---

1   이 글은 필자의 석사학위 논문(〈한국의 부랑인 강제수용: 빈곤의 범죄화와 사회안보의
    '적敵' 만들기〉, 성공회대NGO대학원, 2017)을 선감학원 관련 내용을 중심으로 수정 및
    재구성한 글임을 밝힌다.

을 기억할 것"이라며 연락(0343-56-0398)을 고대……[2]

그저 부모 잃은 어린아이의 안타까운 사연을 전하는 것처럼 보이는 위 기사는 우리가 아주 중요한 의문을 갖도록 유도한다. 곡마단 구경을 하다가 길을 잃은 아이는 분명 경찰에 인계되었을 것이다. 우리는 당연히 경찰이 아이의 신원과 연고자를 파악한 후 부모를 찾아줄 것이라고 기대한다. 그러나 기사는 그런 과정이 있었는지에 대한 설명 없이, 인천에 살던 아이가 갑자기 서울아동보호소로 옮겨졌다고 전한다. 이후 그 아이는 이러저런 고아원과 선감학원[3] 등을 전전했다. 그 와중에 성까지 바뀐다. 신원을 파악하는 절차가 단 한 번이라도 제대로 진행되었다면 일어나지 않았을 일이다.

그저 동정의 마음을 불러일으킬 뿐이었던 이 20여 년 전의 사연을, 이제 우리는 국가폭력 피해로 받아들인다. '선감학원 출신'이라는, 평생을 가도 지워지지 않는 부끄러움과 낙인의 이름을 당당히 드러내면서 자신의 억울한 경험을 말하기 시작한 선감학원 피해생존자들 덕분이다. 이 책은 총 9명의 피해생존자의 생애사를 전하면서 그들이 겪은 아픔의 시간들을 함께 나누고자 했다. 이들이 이토록 참혹한 고통을 겪어야 했

---

2   〈휴지통〉, 《동아일보》, 1996. 5. 21.
3   기사에는 제부도로 표기되어 있지만, 실제 선감학원은 제부도보다 북쪽의 선감도에 있다. 제부도와 선감도, 대부도가 인근에 붙어 있어 이렇게 혼동하는 경우가 많다.

던 이유는 무엇일까. 그들은 왜 가족과 자기 이름마저 잃고 그 상처를 꼭꼭 숨기며 수십 년을 살아야 했던 걸까. 그들의 고통을 단순히 '안타까운 사연'이 아니라 국가폭력 피해로 여겨야 하는 이유는 무엇일까. 그들의 아픔에 진정으로 공감하는 것 혹은 상처를 회복하는 길에 동참하는 것은 이 이유들을 온전히 이해하는 것에서부터 출발한다. 우리는 역사에서 그 답을 구하고자 한다. 그것은 단지 선감도라는 작은 섬에서 벌어진 일이 아니다. 대한민국이 근대화라는 미명 아래 밀어붙였던 일이다.

거리의 아이들에게 일제가 붙인 이름, '불량소년'

1910년대 초 조선에 건너온 일본인 기자 아카마 기후는 식민통치하에서 근대도시로 급속히 변화하던 수도 경성의 뒷골목을 누비고 다녔다. 돈키호테적 기질이 다분했던 그는 이른바 '변장 탐방' 방식으로 근대 경성의 뒷골목 풍경을 좇았다. 일본인으로서의 우월감을 한껏 뽐내고 싶은 욕망을 숨기지 않은 그는, 경성 빈민들의 가난한 살림을 신기하고 낯선 눈빛으로 들여다보았다. 그런 그의 눈을 사로잡은 것은 거리의 쓰레기를 뒤져 연명하던 넝마주이 아이들의 삶이었다.

온종일 망태를 걸머지고 다녀도 30~40전 수입밖에 안 되는 넝마주이의 눈에, 사립문이 활짝 열린 집 안에 벗어던진 구두며 짚신, 부엌문 앞에 내놓은 냄비며 솥, 세숫대야가 보인다면? '저놈을 하나 슬쩍하면 1원이나 2원은 되는데' 하는 마음이 드는 것은 오히려 당연할 것이다…… 이런 좀도둑이 매일 50명 가까이나 시내를 어슬렁거리고 있으니까. ……

움집이든 뭐든 자기 집이라고 정해진 곳에 살면서 넝마를 주워 가족이 입에 풀칠을 하는 자는 또 그렇다 쳐도, 부모형제도 친척도 없이 그야말로 들판의 한 그루 삼나무 바람에 꺾여 거지가 된 자는 눈 가는 데 있는 나쁜 동료의 꼬임을 받아 넝마주이가 되고, 쓰레기통을 뒤지면서 나쁜 쪽으로 지혜를 더욱 연마해간다. 저물녘의 거리를 어슬렁거리거나 축제 때 인파 속으로 스며들어 '뭐 떨어뜨린 물건이나 없을까' 하고 매의 눈으로 노리고 다닌다. 대청소 때는 집집을 배회하면서 사람들이 방심하는 틈을 노렸다가 슬쩍해서는 달아난다. 엄청나게 큰일을 저지르는 것은 아니지만, 살금살금 털어가는 상습범이나 그들은 깍정이패 '절도단'인 것이다.[4]

4 　아카마 기후, 《대지를 보라》, 서호철 옮김, 아모르문디, 2016, 61~62쪽.

그의 눈에 거리의 가난한 아이들은 '좀도둑' '잡범'의 기질이 다분한, 평화롭고 깨끗한 거리에서 보기에는 흉한 부산물이었다. 거리의 부랑아들에 대한 상투적인 인간적인 동정의 시선 사이사이에 부랑아들이 곧 이 사회에 불필요하고 해가 되는 존재라는 시각이 묻어난다. 결국 그는 "이 아이가 평생 거지 생활에 만족한다면 문제는 없겠지만, 만일 이 특수한 감각을 악용할 기회가 생긴다면 어떻게 될까?"라고 물으며, "그것이 나쁜 쪽으로 흐를 충분한 가능성이 있음을 부정할 수 없다면, 우리는 사회를 위해 연구하고 또 계획을 세워야 한다고 믿는다"라고 결론을 내린다.[5]

총독부 그리고 조선의 엘리트들의 생각 또한 이와 다르지 않았다. 그들은 이때부터 거리의 가난한 아이들을 '불량소년'이라 부르기 시작했다. 부랑아는 단지 경제적 빈곤의 문제가 아니라 부랑아가 가지고 있는 '불량성'과 그 '불량성'의 전파가 문제라고 여겨졌다. 이미 신문지상에는 "불량소년의 절대 다수는 일상 종유從遊하는 그 동료 중 불량자의 감언이설적 유인" 때문이며 "1인의 불량소년을 그대로 방임한다면 그 수는 기하급수적으로 격증하야 필경 그 사회는 불량군不良群으로써 충만되고" 말 것이라고 우려하는 말들이 쏟아져 나오고 있었다.[6] 즉, 불량소년의 전파를 차단하는 것이 총독부의 주요

---

5 같은 책, 129쪽.

임무로 떠오르기 시작한 것이다.

이를 위한 본격적인 법적 조치로 총독부는 1923년 〈조선감화령〉을 제정했다. 〈조선감화령〉은 "연령 8세 이상 18세 미만의 자로 불량행위를 하거나 불량행동을 할 우려가 있고 적당한 친권을 행사하는 자가 없는 자" 등을 감화원이라는 시설에 수용하도록 한 제도다. 이에 따라 1923년 9월 30일 함경남도 문천군에 '영흥학교'라는 감화원이 최초로 설립되었다. 이 법이 말하는 '불량행위'란 도대체 무엇이며, 또한 '불량행동을 할 우려가 있는 자'는 어떻게 구별할 수 있을까? 법령 조문에는 그에 대한 구체적인 설명조차 없는데, 다만 아래의 기사를 통해 그 의미를 유추할 수 있을 뿐이다.

평양경찰서에서는 작년부터 불량소년배의 근절을 위하야 이미 적지 않은 불량소년을 검거하야 왔는바 아직까지도 남아 있는 무리들 중에는 특히 도벽 있는 불량소년배의 발호로 각 상점의 절도 피해는 역시 적지 않아서 크게 두통을 앓튼 동서에서 지난 삼사 양일 밤에 사법형사들의 총출동으로 **부내 각처에서 현행범 비현행을 물론하고 전부터 주목하야 오든 불량소년** 김순기(16)외 열 명을 인치하고 방금 언중 취조 중이라는데 이들은 동서에서 즉결처

---

6   〈불량소년의 선도문제〉, 《동아일보》, 1936. 9. 17.

분도 하지 않코 취조를 마친 후 일건 서류와 함께 전부 검
사국으로 송치하게 되리라 함.(강조는 인용자)[7]

불량소년이란 무엇인가에 대한 대답으로 돌아온 것은
"현행범 비현행을 물론하고 전부터 (평양경찰서가) 주목하야 오
든 불량소년"이라는 동어반복이었다. 단순화해서 말하자면,
경찰이 수상하다 여기면 그길로 불량소년이 되는 것이다. 다
시 말하면, 일단 부랑하는 소년들을 검거하고 범죄 혐의는 취
조 과정에서 자백을 통해 확보하는 방식으로, 수사행위 사후
에 불량소년을 만들어내는 것이다. 따라서 '불량소년'이라는
개념에 의해 거리의 부랑아들은 특별한 위법행위 없이도 경찰
에 의해 언제라도 단속·구금될 수 있게 되었다.

〈조선감화령〉에 뒤이어 불량소년을 사법적 차원에서
특별보호하기 위한 〈조선소년령〉과 〈조선교정원령〉이라는 부
속법이 1942년에 제정되었다. 이 법령은 그전까지 소년 사건
을 일반 성인 범죄 사건과 다름없이 다뤄온 점을 개선해, 처벌
보다는 보호와 선도, 갱생에 초점을 두는 것으로 선전되었다.
미야모토 법무국장은 경성중앙방송국을 통한 담화에서 〈조선
소년령〉 제정의 의미를 다음과 같이 설명했다.

---

7   〈도벽 잇는 불량소년 검거 평양서에서〉, 《동아일보》, 1928. 8. 8(소현숙, 〈식민지 시기
    '불량소년' 담론의 형성: '민족/국민' 만들기와 '협력'의 역학〉, 《사회와역사》 107, 2015
    에서 재인용).

이 소년보호의 신제도는 소년에게 대하야 특별한 보호처분의 제도와 형사처분의 제도를 포함하고 잇는 것으로서, 한마디로 말하면 보호처분의 제도는 20세 미만의 소년으로서 죄를 범하되 형사소송의 필요가 업다고 인정한 자와 아직 죄를 범하지는 안 햇스나 불량성이 잇서 그 성품이 생활환경에 따라서는 죄를 범할 우려가 잇다고 인정하는 자를 교도하야 심신을 교정하고 보호하는 제도이고 형사처분의 제도는 20세 미만의 소년으로서 죄를 범하야 형사소추가 필요하다고 인정되어 기소된 자의 처분에 관하야 소년의 보호교양의 근본정신에 기하야 원측적으로 사형과 무기형을 적용치 안을 것, 형기를 장단으로 정해서 언도하는 소위 부정기형의 채용, 가석방의 조건의 완화 등 조선형사령과 조선감옥령에 대한 특례를 설정한 제도이다.[8]

즉 경미한 범죄 또는 범죄가 아니라도 불량성이 보이는 행동을 할 경우 보호처분을 통해 선도하고, 형법에 따라 기소해야 하는 경우라도 성인에 비해 최고 형량을 낮추도록 했다는 것이다. 보호처분을 실제 집행하는 기관인 경성소년심판소의 우에노 요시키요 소장 또한 지금까지는 소년범죄자를

---

8 〈전과의 낙인 안 밧도록 범죄소년 교정보호〉, 《매일신보》, 1942. 4. 18.

소년형무소에 보내 '전과자'라는 낙인을 찍는 데 그쳤지만, 소년령 제정을 통해 앞으로 "이들에게 갱생의 문을 열어주고 광명 잇는 생활을 만들어주고 더욱이 전시에 1년에 4만 4천 명이나 넘는 인적자원을 선도보육하여 생산확충의 위용한 국민이 되게"할 것이라고 설명했다.[9] 그러나 이런 해설과는 달리 〈조선소년령〉의 보호처분은 사실상 우범소년으로 낙인찍힌 이들을 예방구금하는 것에 지나지 않았다. 즉 죄에 대한 처벌은 완화했을지 몰라도, 죄를 범하지 않은 경우에도 '우범자' '불량소년'이라는 꼬리표를 붙여 보호와 선도, 갱생이라는 미명으로 강제구속을 시행했다. 앞서 미야모토 법무국장의 담화가 실린 《매일신보》 기사 하단의 소년보호기관 관계자 좌담회 기사에서, 경성보도연맹의 한 관계자는 "학생 가운데 모자를 이상하게 쓰는 것, 옷에 특색을 내려고 하는 것, 모자표를 꾸브리는 것, 양복 안에 일홈(이름) 쓰는 것을 띠여버리는 것, 이상한 구두를 신는"[10] 것 모두가 불량소년·소녀의 신호라고 단정짓고 있다.

---

9 〈14세 이상 20세 미만의 범죄소년, 완인으로 보호교육〉, 《매일신보》, 1942. 3. 30.
10 〈불량소년들의 교화대책도 토의: 매일의 소년보호좌담회(하)〉, 《매일신보》, 1942. 4. 18.

선감학원의 설립

　　선감학원은 일제의 이런 부랑아 단속 및 수용 조치를 위한 감화정책과 함께 등장하게 되었다. 특히 선감학원이 설치된 1942년은 일제가 태평양전쟁에 매진하던 시기로, 강제수용된 부랑아들을 전시 군수물자 동원 등에 활용하면서 참혹한 강제노역으로 내몰았다.

　　1940년 5월 30일 경기도지사로 부임한 스즈카와는 취임사에서 경성에 있는 토막土幕의 정리와 부랑아의 일소를 제1의 목표로 내세우며 경기도에 새로운 감화원 설립을 추진하기로 결정했다. 이 계획을 구체적으로 실행한 것은 관변조직인 '조선사회사업협회'였는데, 경기도사회사업협회는 1941년 10월 기부금 50만 원으로 선감도 전체를 매수했다.[11] 1941년 겨울 76호의 선감도 주민을 도외로 철거시키고 일반 독지가들에게 거둔 돈으로 공사를 시작한 경기도는 "총후의 꿋꿋한 황국신민"을 연성하겠다는 목표를 내걸고 선감학원 설치를 준비하여, 1942년 5월 29일 공식 개원하게 된다.[12]

　　개원 초기에는 200여 명이 수용되었으나 나중에는 500명까지 수용한다는 목표가 제시되었다. 당시 경기도 등에 근

11　〈집 없는 천사낙원〉, 《매일신보》, 1941. 11. 13.
12　〈거리의 천사에 낙원, 선감학원 4월에 개원식〉, 《매일신보》, 1942. 3. 15.

1943년 11월 선감학원 야외 교육 장면. 선감학원의 원아 교육은 일제에 대한 충성심을 강제 주입하는 방식으로 이루어졌다. ⓒ 경기창작센터

무하던 소학교 교원과 순사 및 형무소 간수 등이 파견되어 원아들의 교육을 담당했다. 이들은 전체 원생을 민가를 수리해 만든 숙사인 료寮에 분리 수용하고, 각 료는 한 명씩의 료장을 선임해 관리하도록 했다. 현재 남아 있는 1943년 11월 당시 선감학원 야외 교육 장면이 담긴 사진에서 칠판에 다음과 같은 글귀를 적어놓고 원생들을 지도하는 것을 확인할 수 있다. "천황폐하의 감사한 호의로 우리들도 군인이 될 수 있게 되었다. 명예로운 일본의 군인이 된다는 일은 더없는 행복이다. 나는 몸을 단련하고 마음을 닦아서 훌륭한 청년이 될 것이다. 그리

고 지원병이 되어 천황폐하의 고마운 은혜에 보답할 것이다."

이런 목표하에 운영된 선감학원은 결국 수용된 원생들에 대한 심각한 인권 유린을 초래했다. 원생들은 식사 준비, 숙사 청소 및 관리, 실과라는 명목으로 강제된 각종 노역을 담당했으며, 과중한 규율과 체벌, 급식 부실 등을 이기지 못하고 탈출을 시도했다. 1942년 10월 선감학원 방문기를 통해 원생들의 생활을 미화했던 신문기사도 선감학원 개원 당시 수용된 원생 193명 중 9명이 도망쳐 184명이 남아 있다고 밝혔는데(기사 본문에는 174명이 남았다고 적혀 있으나 계산 착오에 따른 오기인 듯하다), 도망친 원생 중 2명은 바다에 빠져 숨졌음을 정확히 밝히고 있다.[13] 그 외에도 탈출을 기도하다가 구타로 죽은 경우, 영양실조로 죽은 경우, 굶주림을 참지 못해 초근목피草根木皮를 씹다가 독버섯류를 잘못 먹어 죽는 경우 등 수많은 희생이 이어졌다. 이들은 섬의 한 구석의 야산에 암매장되었다고 전해진다.[14] 이렇게 끔찍한 일들이 빈발했음에도 선감학원은 오로지 '전쟁동원'에만 매달렸고, 훈련시킨 소년들을 '취업'이란 이름으로 탄광이나 금속제작소 등에 강제동원했다.[15]

---

13 〈악에의 동기는 취미〉,《매일신보》, 1942. 10. 15.

14 정진각, 〈선감학원의 설치와 운영〉,《안산시사 1》, 안산시사편찬위원회, 2011.

15 〈가두의 부랑아들이 생활전의 첨병으로〉,《매일신보》, 41.07.03; 〈잘 잇거라 선감도 이제부터 광업전사〉,《매일신보》, 1944. 6. 2.

부랑아에게는 찾아오지 않은 '해방의 날'

해방 이후 미군정이 일제시대의 악법을 폐지한다는 군정법령을 내렸지만, 부랑인 단속을 위한 법령들은 사회적 불안을 잠재운다는 이유로 거의 대부분 효력을 유지했다. 당시는 전시동원 등으로 해외로 이주했던 전재동포가 짧은 기간 동안 대거 귀국한 때였는데, 그 규모가 대략 250만 명 수준(해방 직후 약 2년간)으로 추산된다.[16] 미군정은 이들에 대한 구호정책은 방기하고 전재민의 도시 집중을 막는 데만 힘을 쏟았다. 결국 부랑아 대책 또한 치안 위주의 추방에 초점이 맞춰질 수밖에 없었다.

신문지상에는 거리를 활보하는 부랑아의 존재가 '뜻있는 사람들'과 '위정자'에게 "전율 이상의 공포"[17]를 주고 있다며 경계하는 언설이 주를 이뤘다. 또 이들은 일정한 숙소 없이 떠돌며 구두 닦기, 담배 장사 등을 하지만, 실상은 "어둠의 거리'의 안내인 노릇"[18]을 하며 악의 구렁에 빠져들고 있다는 점이 강조됐다. 한 신문기사는 부랑아를 대놓고 "재수를 잡치게 하는" '거머리때' 혹은 '암적 존재'라고 표현하기도 한다.[19]

---

16 이연식, 〈해방 직후 '우리 안의 난민·이주민 문제'에 관한 시론〉, 《역사문제연구》 35, 2016, 138-140쪽.

17 〈전쟁 이면의 사회상〉, 《경향신문》, 1952. 5. 27.

18 〈거리의 불량아〉, 《경향신문》, 1952. 4. 13.

이에 서울시는 1947년 사직공원 안에 부랑아보호소를 설치[20]하고, 서울시청 사회과 직원으로 하여금 경관을 대동시켜 부랑아를 취체取締하는 활동을 벌인다.[21] 이 부랑아보호소는 "수용된 아동의 이력을 조사한 후 범죄 경향이 있는 아동은 정상 아동에게 악영향을 주지 않도록 특별한 기관에 수용하고 정상적인 아동은 시 고아원으로, 양친 있는 아동은 각기 양친에게로 보낼 것"이라고 명시했다. 그럼에도 보호소가 설치된 지 5개월도 지나지 않아 탈출 아동이 80명에 달했다는 사실[22]에서 우리는 보호소가 얼마나 열악한 상황에 놓여 있었는지를 알 수 있다. 게다가 서울의 미화를 위한다는 이유로 부랑아 및 거지 약 900명을 한 번에 시내에서 300리 떨어진 철도가 없는 곳으로 보내기도 했다.[23]

부랑아보호소는 한국전쟁 당시 건물 상당수가 파손되어 운영에 어려움을 겪다가, 1960년 국제연합한국재건단UNKRA 원조비에 국고·시비로 총 4,965만 5,000환을 지원받아 당시 서대문구 응암동에 1,000여 명의 아동을 수용할 수 있는 건물을 새로 지어 '서울시립아동보호소'로 재개소했다. 그런데

---

19 〈거지 단속을〉, 《경향신문》, 1958. 2. 19.

20 〈부랑아보호소를 사직공원에 설치〉, 《민중일보》, 1947. 10. 19.

21 〈부랑아에 구호의 손길! 2백여 명을 수용〉, 《한성일보》, 1948. 12. 8.

22 〈도망자가 태반 중앙보호소의 부랑아들〉, 《민중일보》, 1948. 3. 13.

23 〈부랑아 추방〉, 《조선중앙일보》, 1947. 8. 23.

부록

1961년 5월 26일 서울시 직원들이 부랑아를 수용하고 있다. ⓒ 서울사진아카이브

1961년 서울시립아동보호소의 부랑자 수용 모습. 아동뿐 아니라 성인들도 다수 눈에 띈다.
ⓒ 국가기록원

1960년 당시 아동보호소의 수용 연인원 1,831명 중 45퍼센트에 달하는 824명이 실제 부모가 생존해 있었다. 이들을 수용한 원인 또한 모호하게 기재되어 있다. "생활고, 엄격한 생활, 악우惡友 관계, 허영심, 사소한 과오에서 오는 공포심, 자주적인 의식, 주위 환경의 불순." 어린아이들에게서 흔히 나타날 수 있는 이런 특성들이 부랑아의 성질로 쉽게 분류됐고, 그것이 이들을 수용하는 근거가 되어버린 것이다.[24] 그 때문에 아동보호소는 언제나 과밀 상태였는데, 1961년 내내 1,500명이 넘는 아동을 동시 수용했다. 당국은 이렇게 '쓸어 담은' 아이들을 부모를 찾아 돌려보내주기보다는 지방에 분산 수용하는 데 열을 올렸다. 당시 신문만 보더라도, 1961년 8월 10일에 '소행이 극히 나쁜' 부랑아 70명을 목포 고하도의 국립감화원에 보낸 사건, 18세 이상의 노동력 있는 부랑자 450명을 대관령 개간지에 강제노역 보낸 사건,[25] 1961년 10월 말에는 아동보호소 수용인원 중 400명을 광주, 대전, 충주, 인천 등으로 분산시킨 사건 등을 접할 수 있다.[26]

　　무엇보다도 가장 아이러니한 것은 4·19 직후 나타난 부랑아보호소 운영과 관련한 국가의 대응이었다. 4·19 당시의 대학생 시위는 이승만 대통령의 하야로 봉합되는 듯했지만,

24　〈槪況〉, 서울시립아동보호소 발간 자료, 1961.
25　〈浮浪兒 70名을 木浦 感化院에〉, 《경향신문》, 1961. 8. 11.
26　〈지방 분산 수용 서울 부랑아 400명〉, 《동아일보》, 1961. 10. 24.

생활고에 시달리고 있던 도시 하층민들의 시위는 꾸준히 이어졌다. 이를 두고 1960년 6월 1일 정국 수습책을 논하는 자리에서 곽상훈 민의원 의장은 "이제 (4·19혁명의) 뒷수습과 그 목적한 방향으로 향해" 가야 할 이 시점에 "일부 몰지각한 사람과 학생들이 배후에 불순한 사주를 받아 평화롭고 정당한 의사를 표시하는 데에 그치"지 않고 "각처에서 파괴 폭행이 나오"고 있다고 비난했다. 그러면서 "4·19의 신성한 희생을 이용해가지고 그 그늘을 이용해가지고 해서 이 국가 안위를 위태롭게 하는" 행위에 대해서는 "속속 검거해서 엄단하지 않으면 이 나라가 불법 천지가 될 것"이라고 강조했다.[27] 거리 부랑아 단속은 이에 따른 구체적 조치였다. 1960년 8월 24일 신문 보도에 따르면 이미 그 시점에 전년도 부랑아 수용 후 전원 조치 인원(700명)을 넘어섰으며 이 중 80퍼센트 이상이 4·19 이후 잡혀온 인원이었다고 한다. 특히 미국 아이젠하워 대통령 방한을 앞두고 있던 6월 9일 단속에서는 한 번에 561명의 부랑아가 아동보호소에 잡혀 들어왔다.[28] '4·19의거 학생대책위원회'가 자진해서 문교부, 국무원 사무국, 국방부 등 관계 당국과 협의해 '아이크 환영 준비 학생위원회'('아이크'는 아이젠하워의 애칭이다)를 구성한 것과 너무도 대조적인 풍경이었다.[29]

---

27 〈치안 유지 대책에 대한 국회 및 정부 연석회의〉, 제4대 국회 회의록, 1960. 6. 1.
28 〈서울을 떠나는 꼬마 이민열차〉, 경향신문, 1960. 8. 24.

1956년 8월 28일 선감학원 신축 건물 기공식. ⓒ 국가기록원

　　선감학원을 비롯해 일제시대에 만들어진 감화원들
은 바로 이런 맥락들 속에서 사회에 그대로 존속하게 되었다.
1946년 2월 미군정은 주로 경성의 부랑아 수용을 목표로 했
던 선감학원 시설을 경성부의 상부 기관인 경기도에 이관했
다. 1950년 한국전쟁이 발발하자 전략 요충지인 이 섬은 다시
미군들의 손에 넘어갔고 중대 병력의 미군이 섬에 주둔하면서
1954년 4월 주한 미1군단 원조사업AFAK으로 사무실, 교사校舍,

29　천정환 외, 《혁명과 웃음: 김승옥의 시사만화 〈파고다 영감〉을 통해 본 4·19혁명의 가
　　을》, 앨피, 2005, 119쪽.

아동 및 직원 관사, 병원, 목욕탕 식당 등 총 건평 2,613평에 총 41동의 건물을 신축했다.[30] 미군이 철수한 후인 1955년 9월에는 한미재단 원조금 1,300만 환으로 주한 미1군단 원조사업으로 지은 건물을 보수하고 직업보도시설을 마련했다.[31] 이후 1961년 12월 30일 제정된 〈아동복리법〉이 부칙 조항을 통해 선감학원 등 기존 감화원을 아동복리시설로 간주하면서 일제 유산의 승계가 사실상 최종 승인됐다.

선감학원 피해자들이 겪은 고통

…… 재작년 5·16혁명 직후 당국은 …… 불량배에 일대철퇴를 내려 엄중히 징치하는 동시에 일부는 건설작업에 동원하여 전비前非를 회오悔悟할 계기를 마련하였다. 이에 대해서 우리는 쌍수를 들어 환영하였고 박수를 보내지 않는 사람은 거의 없었다. 최근에 이르러 불량배들은 다시금 고개를 쳐들어 이들을 징치하라는 여론이 비등하기 시작하였다. ……

상기한 파양분자들은 특별한 종족이 있는 것도 아니요 때

---

30 〈원아 생활 극히 저열…… 방대한 시설과 막대한 예산 비해〉, 《경인일보》, 1956. 8. 30.
31 같은 기사.

를 가리는 것도 아니다. 그러므로 언제나 어디서나 경계를 요하는 사회악이다. 또 이들은 전 국민 공동의 적인 만큼 그들에 대한 처벌은 엄하면 엄할수록 좋다.[32]

　　쿠데타로 권력을 잡은 박정희 정권은 빈약한 정권의 정당성을 채우기 위해 끊임없이 '사회악'을 호출했다. 불량배와 윤락 여성, 소매치기, 그리고 거리의 부랑아들은 명랑한 사회를 좀먹는 후진적 요소로 지목되었다. 이들에 대한 조치는 위 기사에서처럼 단순한 '경계'나 '엄한 처벌'에만 그치지 않았다. 거리를 순찰하는 경찰 등이 자의적으로 '불량함'과 '부랑성'을 지목해 즉각 단속하게 되면 그길로 재판도 없이 수용소로 격리되었다. 1975년 제정된 부랑인 단속 및 수용 조치를 위한 규정이었던 〈내무부훈령 410호〉에서도 "많은 사람들이 모이거나 통행하는 곳과 주택가를 배회하거나 …… 건전한 사회 및 도시 질서를 저해"하는 행위를 단속 대상으로 지목하고 있지만, 구체적으로 어떤 행위가 건전한 사회 및 도시 질서를 저해하는 행위인지는 정작 밝히고 있지 않다. 그들의 불법성은 단지 경찰의 단속 행위 이후에 자의적으로 재구성되는 것에 지나지 않았으며, 처벌의 강도와 양 또한 국가의 재량에 맡겨졌다.
　　이른바 '후리가리'는 이러한 단속 행정을 상징적으로

---

[32] 〈거리의 파괴분자들을 발본색원하라〉, 《동아일보》, 1963. 5. 13.

표현하는 말로, 경찰의 실적 채우기식 일제 단속을 뜻한다. 선 감학원 원생들도 그런 식으로 '부랑아'로 지목되어 단속에 걸 렸고 끝내 선감도로 보내졌다. 선감학원 피해자들의 진술을 바탕으로 그 단속과 수용 조치 과정을 정리해보면, 서울에서 단속된 아동들은 대부분 서울시립아동보호소로 보내졌다. 이 후 소위 '악질 부랑아'로 분류되면 선감학원으로 전원 조치되 었다. 경기도를 포함한 타 지역에서는 단속반 공무원에 의해 선감학원에 바로 수용되었다고 한다. 고아원 등 각종 아동시 설에서도 아이들을 선감학원으로 전원시켰다(선감학원 원생들 의 수용부터 퇴소 이후까지의 과정을 그린 〈그림 1〉 참고).

이어서 위와 같은 강제수용 조치 이후 선감학원 내에 서 어떤 일이 벌어졌는지를 살펴볼 필요가 있다. 이는 그 고통 의 현장을 제3자적 위치에서 관찰하기 위해서가 아니라, 현재 까지도 생존자들을 괴롭히고 있는 그 고통의 의미를 이해하고 상처를 치유하기 위한 우리 동료 시민들의 과제를 모색하기 위함이다. 즉 그들의 고통을 단지 개인의 '증상' 혹은 '치료'해 야 할 대상이 아니라, 우리 사회가 만들어낸 '참상'이자 '사회 적 고통'으로 인식하자는 제안이다. 이것은 우리 모두가 함께 풀어가야 할 '숙제'이다.[33]

---

33 아래에 인용된 피해자 증언 중 이 책에 수록되지 않은 이의 증언은 〈선감학원 사건 진 상조사 및 지원방안 최종보고서〉(경기도의회, 2017.6)에 실린 구술조사 녹취록에서 인 용했다.

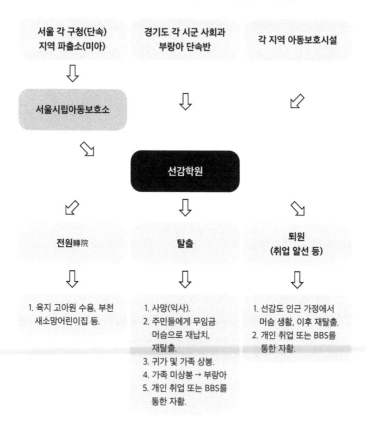

〈그림 1〉 선감학원생들의 수용~퇴소 이후까지의 과정

| 서울 각 구청(단속) 지역 파출소(미아) | 경기도 각 시군 사회과 부랑아 단속반 | 각 지역 아동보호시설 |

서울시립아동보호소

선감학원

전원轉院

1. 육지 고아원 수용, 부천 새소망어린이집 등.

탈출

1. 사망(익사).
2. 주민들에게 무임금 머슴으로 재납치, 재탈출.
3. 귀가 및 가족 상봉.
4. 가족 미상봉 → 부랑아
5. 개인 취업 또는 BBS를 통한 자활.

퇴원 (취업 알선 등)

1. 선감도 인근 가정에서 머슴 생활, 이후 재탈출.
2. 개인 취업 또는 BBS를 통한 자활.

선감학원 피해자들의 진술을 바탕으로 단속 및 수용 조치 과정을 도표로 재구성한 것.[34]
선감학원 원생들의 수용부터 퇴소 이후까지의 과정이 나타나 있다.

---

34 정진각, 〈선감학원 운영 실태 조사〉, 선감학원 사건 진상조사 및 지원 방안을 위한 학술 회의(경기도의회), 2017. 5. 26.

1) 납치와 사회적 존재의 소거

대부분의 피해자들은 자신들이 강제로 납치되어 선감학원에 들어오게 되었다고 진술한다. 대부분 경찰 또는 단속 공무원에 의해 납치가 행해진 까닭에, 가족이 실종신고를 내더라도 별반 소용이 없었다.

수용 조치 이후 인적사항을 전혀 다르게 기록하는 경우도 있었다.[35] 생년월일이 다르게 기재되는 것은 흔한 일이었다. 선감학원 원생 중 다수는 생일이 5월 29일인데, 선감학원 개원 기념일인 이날을 일괄적으로 원생들의 생일로 정해버렸기 때문이다. 또한 다수의 생존자들은 퇴소 또는 탈출 이후 성인이 되어서야 호적이 말소된 것을 알게 되었다고 한다. 그래서 그들이 호적을 다시 만들려면 선감학원에 찾아가 입소 기록을 떼어와야만 했다. 게다가 많은 생존자들은 원생 10명 중 단 1명 정도만이 학교에 다닐 수 있었다고 증언한다. 선감학원 인근에 국민학교 분교가 있었음에도 말이다.

어느 정도 나이가 찬 아동(10대 후반 정도)을 취직시켜 퇴소하도록 하는 경우도 있기는 했다. 그러나 이를 온전한 직업보도로 보기는 어렵다. 말이 취직이지 실제로는 섬 인근 지역

---

35 1969년경 수원에서 가족을 잃고 길을 헤매다 단속에 걸려 선감학원에 입소하게 된 곽은수 씨(혜법스님)의 원아대장에는 그의 이름이 '현용수'에서 '한용수'로, 나중에는 '곽은수'로 고쳐진 흔적이 있었다. SBS 〈궁금한 이야기 Y〉, '48년 전 잃어버린 가족의 이름들, 무엇이 스님의 기억을 지웠나' 편(2017. 6. 30).

주민 가정에 양자 또는 머슴살이로 보내는 것이었기 때문이다.

18살 정도에 선감도에서 스뎅 그릇 도매상으로 취업을 시켜줬어요. 그 집 아들이 고등학생이고 나랑 동갑인데, 그 집에서 그 아이랑 같이 잤어요. …… 그릇가게에서 돈도 안 주는 거야. 나를 데리고 가면서 뭘 조건으로 걸었는지는 몰라도 돈을 안 주더라고. 주인아저씨 하는 이야기가, 여기서 오래 일하다보면 장가보내주고 가게 차려준다고 해서 들어간 거지. (그런데 돈을 안 주니까) 2년 정도 있다가 뛰쳐 나왔지.

—정○○

김○○ 씨의 경우, 다른 원생 3명과 함께 바다를 건너 대부도 쪽으로 탈출했으나, 동네 주민에게 잡혀 다른 가정에 머슴살이로 팔려갔다 1년 뒤에야 나올 수 있었다. 이후 군대 갈 나이가 되어 서류를 떼러 선감학원에 다시 찾아갔을 때, 자신이 도망간 루트가 전부 기록되어 있는 것을 확인했다. 그는 선감학원 측에서 자신을 잡을 수도 있었는데, 이미 나이가 차서(당시 17세) 그냥 방조한 것으로 보인다고 했다. 정○○, 김○○ 씨의 이야기를 참고하면, 선감학원은 이들을 사회로 내보낸 것이 아니라 나이가 차 관리가 어려워진 원생을 그저 아무 준비 없이 방출시킨 것에 불과해 보인다.

그렇게 방출된 원생들은 사회에 나와서도 소위 '정상적인' 삶을 영위하지 못했다. 적지 않은 이들이 퇴소 후 다시 넝마주이, 구두닦이 등을 하며 부랑인 생활을 이어나가야 했다. 탈출 후 인천에서 구두닦이를 하며 노숙 생활을 하다가 경찰 단속에 붙잡혀 선감도로 다시 끌려간 이대준 씨의 이야기를 들어보자.

인천 율목동에 보면 BBS라고 있어요. 청소년센터. 구두닦이 같은 거 하는 아이들 관리하는. 이것도 사실 인천시에서 관할하는 거지. 거기에 선감도 출신들도 많이 있었고. 낮에는 구두닦이 일 하고, 저녁에 들어오고. 여기에도 사무국장이 있어서 아침저녁 조회를 다 해요. 그런데 나는 또 그런 게 (선감학원에서의 생활과 다르지 않아) 싫어서 거기도 안 들어갔어요. 그래도 거기는 때리고 그러는 건 없었죠. 그래서 우리는 그냥 한데서 자고 밥도 얻어먹고 다녔어요. 스무 살 넘어서도 깡통 차고 동네마다 돌아다니면서 하루에 한 끼 먹고. 그러다가 빈집에서 한 30명이 자고 있었는데 경찰이 들이닥친 거예요. 빈집이니까 우리가 거기서 며칠을 잤거든요. 그런데 수상히 여긴 누군가가 경찰에 신고를 했나봐요. 그래서 결국 경찰이 우리를 구월동에 있는 선인원으로 보내버린 거예요. 선인원이라는 곳도 완전 감옥이에요. 거긴 개인이 운영한 곳인지는 모르지만 아주 악랄한 곳이에요.

선인원에 3일 동안 있다가 다시 선감도로 보내졌어요. 선인원에서는 이미 조회를 다 해가지고 우리가 선감도 출신이라는 걸 다 알고 있었어요.

이렇게 국가와 그 대리자들에 의해 강제로 납치된 아동들은 가족을 비롯한 모든 인간관계로부터 절연돼 모든 것(옷, 신발, 머리카락까지)을 상실한 채 알몸으로 시설에 수용되었다. 이렇게 입소한 원생들은 아우슈비츠 생존자 프리모 레비가 말한 것처럼 "고통과 욕구만 남은, 존엄성이나 판단력을 잃어버린 텅 빈 인간"이 되었다. 그렇게 그들의 "삶과 죽음은 인간적인 친밀감 따위에 전혀 영향받지 않고 아주 가볍게 결정될" 위치에 놓이게 된다.[36] 선감학원이라는 수용소는 이처럼 한 인간 존재를 '바닥'으로 추락시키면서 시작됐다.

2) 그들만의 효율성

원생들의 비인간적인 삶의 조건은 강제노역에서 더욱 명확하게 드러난다. 강제노역 현장을 묘사한 피해자들의 말을 들어보면, 과연 노역의 진짜 목적이 무엇이었지를 되묻게 된다. 값싼 노동력을 확보해 경제적 이윤을 초과 착취하기 위함

---

36 프리모 레비, 《이것이 인간인가》, 이현경 옮김, 돌베개, 2007, 35쪽.

인가? 아니면 강도 높은 직업훈련을 통한 순응적인 노동자 만들기인가? 경제적 이윤의 초과 착취는 임금을 주지 않았다는 것만으로 충분히 증명된다. 순응적인 노동자를 만들려고 했다는 것 역시 강제된 집단적 규율을 통해 증명되는 바이다. 그러나 아래 증언은 그것만으로는 충분히 설명되지 않는 지점이 있다는 것을 알려준다.

그리고 겨울에는 나무해와서 뗄감 써야지. 나중에는 연탄이 들어오기는 했는데, 42공탄 연탄 봤어요? (가슴둘레 두 배 정도 크기를 손 모양으로 그리며) 42공탄은 이렇게 크다고. 그거를 우리 열 살 때, 바닷가에서 배가 들어와요. 배가 엄청 커서 선착장에 못 대니까 이만한 각목을 두 개 깔아요. (선착장과 배를) 오가는 판이에요. 배에서 나갈 때는 연탄을 들고 줄 서서 나가니까 출렁출렁한다고. 사람이 박자를 맞추며 걸어도 순간 발 조정이 틀려서 엇박자가 생기면 바다에 빠져버린다고. 거기서 죽지는 않아. 그래도 아주 높아요. 어린애들이 연탄을 안고 떨어지는 거야. 그걸 들고 숙소까지 (리어카나 다른 운반 수단도 없이) 그대로 옮겼어요. 들고 가다가 연탄이 부서지면 또 엄청 맞았지.
　　　　　　　　　　　　　　　　　　　　　　　—이대준

겨울에 (바다에) 뻘이 나타나면, 뻘에다 돌을 던져놔요. 그러면 거기에 굴이 생겨요. 그 작업을 했었어요. 그것도 고무신 신고. 발이 얼마나 시렵겠어요, 한겨울에. 그리고 소를 키웠어요. 20마리, 30마리 키웠어요. 소들이 겨울에 먹을 게 있어야 되잖아요. 억새풀을 잘게 썰어서 큰 통에다가 재워놔요. 그걸 하는 게 다 우리 같은 어린애들이에요. 낫도 안 줘요. 손으로 하던가, 우리가 돌로 만들어요. 돌 두 개를 갖고 다니면서 억새풀을 꺾어서 짓이겨서 하루에 40킬로씩 해야 돼요.

—이○○

경제적 이윤을 추구하는 것이 목적이라면 작업의 능률을 확보할 수 있도록 최소한의 조치가 있어야 한다. 이를테면 연탄을 나를 때 리어카 같은 운반 수단을 이용하는 게 상식적이다. 리어카는 여느 시골 마을에서 흔히 볼 수 있는 것으로, 비용을 아끼려고 리어카도 쓰지 않았다는 주장은 납득하기 어렵다. 또한 선착장에서부터 선감학원(현 경기창작센터 위치)까지는 성인의 걸음으로 약 20분 정도 걸리는데, 그 거리를 10세 전후의 아이들에게 자신의 가슴보다 큰 연탄을 들고 오가게 했다는 것은 너무나 비능률적인 처사가 아닐 수 없다. 굴 캐는 작업을 하는데 한겨울에 고무신만 신고 들어가게 했다는 것, 소에게 먹일 풀을 베는데 낫조차 주지 않았다는 것도 마찬가지다. 생산량을 늘려 육지에 내다 파는 것이 목적이었다면 장

화나 낫 정도는 지급해야 하지 않았을까?

이 상황은 프리모 레비가 아우슈비츠에서 겪었던 강제 노역을 회상하며 언급한 바와 정확히 일치한다. "라거에서 노동은 순전히 박해하려는 의도에서 나온 것이었지, 실제로 생산 목적에는 쓸모없는 것이었다. 영양실조에 걸린 사람들에게 석회를 푸게 하거나 돌을 쪼개게 하는 것은 오로지 박해의 목적에만 쓰이는 것이었다."[37] 레비는 또 수용소에서 급식으로 주는 죽을 숟가락도 없이 입으로 핥아 먹어야 했다는 점을 자주 언급한다. 숟가락을 구하기 위해서는 암시장에서 죽이나 빵을 주고 사야 했다. 그런데 아우슈비츠 수용소가 해방되었을 때 피수용자들은 "창고에서, 막 도착한 강제이송자들의 짐꾸러미에서 나온 알루미늄, 강철, 심지어 은으로 된 숟가락 수만 개 외에도, 완전히 새것인 투명 플라스틱 숟가락 수천 개를 발견했다". 레비는 이것이 "근검절약의 문제가 아니라 굴욕감을 주려는 정확한 의도에서 나온 것"이라고 해석한다.[38] 선감학원에서 피해자들이 느낀 것 또한 이와 다르지 않다.

가끔 위생 검열을 해요. 그런데 더운물이 없으니까 닦지를 못해서 우물에 가서 찬물로 그냥 고양이 세수하는 거

---

37 프리모 레비, 《가라앉은 자와 구조된 자》, 이소영 옮김, 돌베개, 2014, 15쪽.
38 같은 책, 138쪽.

야. 그럼 때가 팔꿈치 이런 데 그대로 있는 거야. 위생 검
열할 때 때가 있으면 엄청 맞거든. 그럼 안 맞으려고 논에
가서 얼음 깨서 돌로 때를 미는 거야. 그럼 피가 엄청 나
지. 비누도 없이 때를 미니까. 그래도 맞는 것보다 나으니
까 하는 거지. 손톱은 돌 같은 데 갈아서 깎고. 쓰메끼리
(손톱깎이) 자체가 없으니까.

—정○○

    결코 위생적일 수 없는 이런 조건에서 수시로 당하는
위생 검열은, 결국 자신이 더럽고 불결하다는 것을 매일같이
확인받고 모욕당하는 절차에 지나지 않는 것이다. 테렌스 데
프레의 말처럼 "서로의 얼굴과 몸이 똥오줌으로 뒤범벅이 되
어 있을 때, 서로의 몸에서 견디기 어려운 냄새가 풍기고 있을
때, 인간은 어느 정도까지 자존심을 유지할 수 있을까? 그리고
다른 사람의 요구에 대하여 어느 정도의 존경심을 가지고 호
응할 수 있을까?"[39] 결국 수용소의 비효율적이고 비경제적인
모든 생활 조건과 과도한 규율은 피수용자들을 인간 이하로
격하시키고 그들의 존엄을 파괴하기 위한 장치였던 셈이다.

---

39   테렌스 데 프레, 《생존자》, 차미례 옮김, 서해문집, 2010, 118쪽.

3) '쓸데없는 폭력'의 쓸모

수용소 내에서 자행되는 폭력 역시 비정상적으로 보일 만큼 과도했다. "빠따를 한 대라도 안 맞은 날은 오히려 불안할 정도"라고 말하는 이도 있을 정도로 폭력은 일상이었다. 그 폭력에는 어떤 목적도 방향도 없는 듯했다.

그곳에선 새벽처럼 일어나야 했다. 새벽 5~6시경에 일어나면 "산꼭대기 정도에 있는" 사무실 앞까지 선착순 집합을 했다. 늦게 가면 맨 뒤에서부터 빠따를 맞았다. 꼭 허벅지만 때렸는데 엉덩이보다 허벅지가 더 아프기 때문이다. 인원을 점검할 때 한 사람이라도 없으면 바로 원산폭격에 들어갔다. 머리를 처박은 땅바닥엔 굴 껍데기가 깔려 있었다. 좌로 두 번. 우로 두 번. 그 위에서 작은 머리를 데굴데굴 굴리다보면 머리에 굴 껍데기가 박혀 피가 났다. ……
일렬로 원생들을 엎드려뻗쳐 시킨 뒤 원생이 원생을 때리는 '줄빠따'라는 게 있었다. 원생 열 명이 누워 있으면 맨 앞 원생이 일어나 아홉 명의 원생을 때린 뒤 맨 뒤로 가서 엎드린다. 그다음 원생이 일어나 또 아홉 명의 원생을 때린 뒤 맨 뒤로 가서 엎드린다. 맨 첫 번째로 때린 사람의 순서가 되면 줄빠따는 끝난다. 이불 뒤집어씌운 한 사람에게 여러 사람이 달려들어 때리는 '다구리'도 있었다. 그 안에서 폭력은 원생이 원생을 때리는 구조로 작동했다.

—오광석

　　대체 왜 이런 잔인하고 불필요한 폭력이 자행된 것일까? 프리모 레비에 따르면, 수용소의 논리 안에서는 이 폭력들이 전혀 쓸데없는 것이 아니었다고 지적한다. 레비가 말하기를, 전쟁의 경우 그 목표가 아무리 사악한 것이라 할지라도 결코 고통을 가하는 것 자체를 목표로 하지는 않는다. 전쟁에서 고통은 일종의 부산물일 따름이다. 그러나 수용소는 고통을 유발하는 폭력 행사 그 자체를 목적으로 한다.[40] 즉 '쓸데없는 잔인함'이야말로 이 폭력의 본질이다. 이와 관련해 레비는 유대인 집단학살 수용소를 관리했던 프란츠 슈탕글의 견해를 소개한다. 슈탕글은 "그들을 어차피 다 죽일 것이었는데, 굴욕감을 주고 잔혹행위를 하는 것이 무슨 의미가 있었나요?"라는 질문에 "실질적으로 임무를 수행해야 했던 사람들을 길들이기 위해서. 그들에게 자신들이 하고 있었던 일을 하는 것이 가능하도록"이라고 답한다. '자신들이 하고 있었던 일'이란 곧 유대인을 절멸시키는 일을 말한다. 그것이 '가능하도록' 하기 위해서는 유대인을 더 이상 인간이라 할 수 없을 만큼 파괴된 상태에 놓아야, 그 임무를 맡은 자들이 죄책감을 덜 느낄 수 있다는

---

[40]　프리모 레비, 《가라앉은 자와 구조된 자》, 127쪽.

것이다. 레비는 "이것이 바로 쓸데없는 폭력의 유일한 유용성" 이라고 말한다.[41]

선감학원에서 벌어진 폭력의 또 다른 특징은 그것이 대부분 일상의 무료한 시간을 채우는 방식으로 벌어졌다는 점이다. 폭력은 노동 과정에서도 벌어졌지만, 강제적 공동체 생활이 강요되는 숙소에서 더욱 빈번하게 발생했다. 그곳에서 폭력은 마치 '놀이'처럼 행해졌는데, 마치 빈 시간을 채우는 수단인 듯했다.

> 더 끔찍한 건, 사장 놈들이 원생끼리 권투를 시키는 거예요. 권투장갑을 만들어서. 권투 못하겠다면 또 짓밟아버리는 거지. 가혹하게. 거기서 사장 놈들은 재미를 보는 거예요.
>
> ─현정선

이런 폭력이 끔찍한 것은 단순히 폭력의 강도 때문만은 아니다. 이 폭력은 내 옆에 있는 동료의 존재를 지워버린다. 내 옆의 동료가 나를 때리는 가해자이거나 아니면 내가 때려서 밟고 올라서야 하는 대상에 지나지 않게 될 때, 중요한 것은 오직 '내가 살아남는 것'뿐이다.

---

41 같은 책, 152쪽.

우리는 그곳에서 서로를 때렸다. 탈출에 대한 벌이었다. 굴 껍데기 깔린 운동장에서 엎드려 있는 열 명의 아이를 한 사람이 때리는 일을 돌아가면서 했다. 그다음엔 서로 마주 보고 서로의 뺨을 한 대씩 때렸다. 내가 널 때리고, 네가 날 때리고. 이상했다. 난 이렇게 세게 안 때린 거 같은데. 점점 화가 났다. 올려붙이는 손에 힘이 들어갔다. 볼이 씨뻘게졌다. 오른손이 아플 때쯤이면 왼손을 치켜들어 때렸다. 전날만 해도 함께 도주를 계획했던 우리인데 오늘의 우리는 죽일 듯이 서로의 뺨을 휘갈기고 있었다.

—김성환

먼저 도망 나갔다가 도로 돌아온 애들 얘기하는 걸 들었어요. 같이 도망갈 때 옆에서 같이 수영 치면 안 된다, 누구 하나 힘 떨어지고 하면 서로 붙잡고 그러다가 다 죽는다……

—한일영

주변의 관계까지 파괴하는 이 폭력은 결국 자기 자신 또한 심리적으로 파괴하기에 이른다. 유년 시절 가장 친밀한 관계였어야 할 동료들을 인간 이하로 대한 경험이 인간에 대한 가장 기본적인 애착과 신뢰의 감정이 싹트지 못하게 막은 것이다. 피해자 스스로가 "자신의 도덕적 원칙을 위반하고 인간에 대한 기본 애착을 배신하게 될 때" 피해자는 심리적으로 완전히 통제당한다. 이는 살아남은 피해자들의 삶에서 지워지지 않은 채 수치심과 죄책감, 분노와 불신, 그리고 자기혐오를 만들어낸다.[42]

　　이로 인해 많은 원생들이 죽어갔다. 탈출하다 물에 빠져 죽고, 맞아서 죽고, 배고파 죽고. 그렇게 죽은 아이들은 인근 야산 등에 "마대자루에 둘둘 말아 비석도 없이 묻어"버리는 식으로 '처리'됐다. 그 숫자에 대한 정확한 기록은 남아 있지 않지만, 피해생존자와 인근 지역 주민의 증언에 따르면 사망자 시신 수백여 구가 섬 곳곳에 암매장되어 있다고 한다. 실제 지표투과레이더GPR 조사 등을 통해 확인한 결과, 선감도 야산 주변에 약 150여 개의 분묘가 있는 것으로 파악됐다.[43] 이런 '암매장'은 추모의 의례와 기억을 생략함으로써 죽음마저 소멸시키는 행위라 할 수 있다. 한나 아렌트가 말한 것처럼 수용소는 죽음마저 익명으로 만들고 완전하고 조직적인 망각 체계를 조직함으로써 수용자들의 도덕적 인격마저 말소시키는 공간이었다.[44]

42　유해정, 〈부랑인 정책과 사회적 고통: 피해생존자들의 경험을 중심으로〉, '장애와인권발바닥행동' 2018년 강의 원고.

43　〈선감학원 사건 희생자 유해 발굴을 위한 사전조사 계획 수립 용역 최종보고서〉, 경기도, 2018, 56쪽.

44　한나 아렌트, 《전체주의의 기원 2》, 박미애·이진우 옮김, 한길사, 2006, 240쪽.

4) 탈출 또는 퇴소 그 이후의 삶

이 폭력의 공간에서 가까스로 탈출에 성공하거나, 아니면 스무 살을 채우고 퇴소 조치되어 풀려난 원생들은 어떻게 살았을까. 〈선감학원 아동 인권침해 사건 보고서〉[45]에서는 선감학원 피해자 28명을 대상으로 설문조사를 진행해 이들의 퇴소 이후 삶을 알아봤다. 우선 퇴소 직후 5년 사이에 어떤 방식으로 생계를 꾸려갔냐는 질문에 절반에 해당하는 인원(14명)이 '구걸 및 부랑 생활'(구두닦이 등 포함)을 했다고 답했다. 이는 수용자들로 하여금 부랑 생활을 끝내 소위 '정상적인' 사회인의 삶을 살게 하겠다는 선감학원의 목표가 완전히 실패했음을 보여준다. 또한 응답자의 40퍼센트에 가까운 인원(11명)이 선감학원 퇴소 후 다른 시설에 입소한 경험이 있다고 답했다. 즉 퇴소 후에도 부랑 생활을 전전하거나 다른 시설을 오가며 '버려진 존재'로 살 수밖에 없었던 것이다. 이런 불안정한 생활 조건은 지금까지도 이어져, 대다수가 55세 이상의 고령층에 들어섰음에도(40대 1명, 50~55세 1명) 많은 경우 월 100만 원 이하의 수입으로 살아가고 있고(5명), 기초생활수급자로 살아가는 경우도 적지 않다.(6명)

그러나 현재의 경제적 빈곤은 그저 '박탈'의 작은 단면에 지나지 않는다. 그들은 이미 유년기에 안정적으로 거처할

---

45 〈선감학원 아동 인권침해 사건 보고서〉, 국가인권위원회, 2018.

수 있는 '장소'를 박탈당했다. 그런 조건은 성인이 된 이후에도 지속되었다는 것을 위 수치들은 보여주고 있다. 가정을 꾸리는 등 안정적인 삶을 영위하는 것이 그들에게는 쉽게 허락되지 않았다. 이른바 '정상적인' 생애주기로 간주되는 모든 것들이 그들에겐 기적과 같은 일로 여겨졌다. "사회에서 살아가는 법을 모르는 이들에게 방법을 가르친다는 시설에 들어간 것이 정상적인 생애 이력을 형성하는 경로와 더욱 멀어지게 되는 계기가 되는 아이러니"[46]한 상황이었다. 자신을 의미 있는 존재로 세상에 드러낼 기회는 이들에게 끝내 주어지지 않았다.

역설적이게도 그들은 범죄나 자살과 같은 방식으로 비로소 스스로를 인간적인 존재로 드러낼 수 있었다. 이 책에 실린 생애사에서도 드러나듯, 그들은 살기 위해서 어쩔 수 없이, 또는 세상에 대한 분노와 절망을 터뜨리면서 범죄와 가까워졌다. 앞의 피해자 조사에서도 28명 중 9명의 응답자가 교도소 재소 경험이 있다고 답했다. 그들에게 '범죄'는 온통 적뿐인 세상을 향한 말 걸기의 한 방식이었다. 물론 그 말은 세상이 들을 수 있는 '말'이 아닌 그야말로 분노와 절규였고, 세상은 이에 응답하지 않았다. 이 응답받지 못한 이들은 자살을 생각하거나 끝내 그 길로 가고 만다.

---

46 이상직, 〈또 하나의 근대적 라이프코스: 형제복지원 수용자들의 생애 구조와 시간 의식〉, 《배제에서 포용으로: 형제복지원의 사회사와 소수자 과거청산의 과제》, 서울대 사회발전연구소 주최 심포지엄, 2018. 11. 19.

나는 야바위꾼이었고 깡패였고 사채업자였고 홈리스였고 약물중독자였고 선감학원과 삼청교육대의 피해생존자이고, 전과자다. 지울 수만 있다면 지난 모든 과거를 지우고 싶다. 죽고 싶어서 수차례 자살을 시도했다.

―김성환

선감도에 같이 있던 김○○이라는 애가 있어요. 15년 전에 개도 나처럼 비슷하게 고통받고 살다가 쪽방에서 자살했어요.

―이○○[47]

그의 주변엔 선감학원에서 지낸 친구들이 몇 있다. 종종 만나지만 선감학원에 대한 이야기는 일절 하지 않는다. 한 친구는 페인트칠 일을 하고, 파주에서 고깃집 하던 친구는 일이 잘되지 않더니 나중에야 자살했다는 소식을 들었다.

―오광석

프리모 레비는 자살이 동물의 행위가 아니라 전적으로

---

47 이 말을 전한 이○○ 씨는 선감학원에서의 아픈 기억을 트라우마로 안고 살다가 2017년 10월 56세의 나이로 세상을 떠났다.

인간의 행위라는 점을 강조한다. 수용소에서 그는 "어떤 식으로든 피로와 추위를 피하고 구타를 피할 생각을 해야 했다"[48]. 이처럼 생각해야만 하는 다른 일(동물의 일), 즉 코앞에 닥친 죽음과도 같은 고통을 피하는 일에 몰두하느라 자살을 생각할 틈이 없었다는 것이다. 그러나 사회에서는 자신의 인간적인 말 걸기를 받아줄 어떤 대상도 발견하지 못했다. 그래서 그는 인간으로서의 마지막 행위를 자기 자신을 향해 한다. 스스로를 소멸시키는 방식으로.

함께 아파할 차례

허일용 씨는 여섯 살 무렵 쌍둥이 형과 함께 할머니 손을 잡고 시장통에 나섰다가 길을 잃었다. 할머니를 찾아 헤매던 형제는 인근 파출소에 인계됐고, 영문도 모른 채 선감도로 보내졌다. 형은 그곳에서 2년 후 사망했다. 배가 고파 담요를 뜯어 먹다 죽었다는 이야기를 누군가가 해줬지만 정확한 이유는 알 수 없었다. 형의 유골은 2016년 7월 KBS〈추적 60분〉의 도움으로 선감도 한 야산에서 찾을 수 있었다. 53년 만의 일이었다.

---

48   프리모 레비, 《가라앉은 자와 구조된 자》, 88~89쪽.

그를 처음 만났을 때, 그는 한숨 섞인 목소리로 이렇게 말했다. "어떻게 살아보려고 했는데, 이러고 실패작 인생으로 살고 있지." 살아온 날들이 벌써 육십 해를 넘겼지만 그의 곁에 남은 거라곤 유골로 돌아온 쌍둥이 형뿐이다. 그는 그렇게 죽어간 아이들이 자신의 형뿐만이 아니라며, 국가와 사회를 향해 오직 이 한마디를 전하고 싶다고 했다. "억울하게 죽어간 아이들에게 신사적으로 좀 합시다."

어떻게 하면 죽어간 아이들에게, 그리고 살아남은 이들에게 '신사적'일 수 있을까. 물론 국가가 사과해야 한다. 거리를 어지럽힌다는 이유만으로 수십 년 동안 공권력을 동원해 아이들의 거주지를 박탈하고 인권을 유린한 책임을 져야 한다. 명예회복과 보상이 뒤따라야 하는 것 또한 당연하다. 그러나 국가의 사과는 '신사적'으로 보이기 위해 정장 한 벌을 꺼내 입는 것에 불과할 뿐이다. 특히나 우리 사회의 다른 구성원들이 그 책임을 온전히 '국가'라는 타자에게 돌린 채 피해자들을 동정하기만 한다면 그것은 다소 비겁한 행동이 아닐까. 국가가 법적으로 마련한 사과와 보상 절차가 끝나면 마치 다른 시민들의 책임도 끝난다는 듯 말이다. 이런 태도는 시민들의 역할을 고작 국가의 잘못을 비난하는 것에 한정시킬 따름이다. 피해자들의 상처는 그들의 특수하고 개별적인 경험 속에서 생긴 것이 아니다. 그것은 우리 사회가 '명랑사회'를 만들겠다며 아이들을 '쓸어 담는' 과정에서 생긴 필연적인 상처였다. 그들의 상처는 곧 이 사회가 얼마나 미성숙하며 야만적이었는지를 보여주는 거울이며, 그 상처는 결국 우리 사회의 상처다. 정장 한 벌 걸친다고 얼굴의 상처가 가려지지는 않는다. 거울을 똑 바로 쳐다봐야 한다.

이제 피해자들이 아니라 우리 사회가 아파해야 할 차례 다. '슬픔은 나누면 반이 된다'는 얄팍한 이유 때문이 아니다. 슬픔의 크기를 줄이는 것이 아닌, 그 슬픔을 우리 사회가 떠안 을 때, 비로소 더 성숙하고 인간적인 사회를 향해 한 걸음 나아 갈 수 있지 않을까. 따라서 사과는 매우 구체적이어야 한다. 우 리 국가와 사회가 무엇을 어떻게 잘못했는지 명명백백히 드러 내고 그것을 공식적인 역사적 기록으로 남겨야 한다. 비용이 들고 시간이 걸리더라도 그렇게 해야 한다. 그렇게 해서 이전 과는 전혀 다른 사회 공동체를 건설해야 한다. 반드시 그렇게 하겠다고, 피해자들과 우리가 함께 약속해야 한다. 야만과 고 통의 세월을 건너온 피해자들이 그렇게 할 것을 요구하며 우 리에게 말을 건네고 있다.

범죄를 저지른 사람은 그 대가를 치러야 합니다. 뉘우치 지 않는다면 말이죠. 그러나 말로만 뉘우치는 것은 안 됩 니다. 저는 말로 하는 뉘우침으로는 만족하지 않아요. 팩 트로써 자신이 더 이상 예전의 사람이 아니라는 것을 증 명하는 사람이라면, 저는 용서할 준비가 되어 있어요. 물

론 너무 늦지 않게 증명해야겠지만 말이죠.[49]

—프리모 레비

---

49 〈프리모 레비와 《라 스탐파》지의 인터뷰: "이해하는 것이 용서하는 것은 아니다"〉(프리모 레비, 《가라앉은 자와 구조된 자》, 이소영 옮김, 돌베개, 2014에 수록).

1923년	부랑아 수용시설의 법적 근거인 〈조선감화령〉 제정, 최초의 감화원으로 '영흥학교'(함경남도 문천군) 설립.
1941년 10월	경기도사회사업협회가 기부금 50만 원으로 선감도(현 경기도 안산시 소재) 전체를 매수해 감화원 설치 추진.
1942년 5월 29일	선감학원 개원, 도심 내 부랑아 200여 명 1차 수용.
1946년 2월 1일	관할 기관을 경기도로 이관, 1982년 패쇄될 때까지 경기도에서 운영.
1950년	한국전쟁 발발, 선감도에 미군 주둔.
1954년 4월	주한 미1군단 원조사업AFAK으로 사무실, 교사校舍, 아동 및 직원 관사, 병원, 목욕탕, 식당 등 총 건평 2,613평에 41동의 건물 신축.
1955년 9월	한미재단 원조금 1,300만 환으로 주한 미1군단 원조사업으로 지은 건물을 보수하고 직업보도시설 마련.
1957년 2월 9일	경기도 선감학원 조례 제정.
1961년 12월 30일	〈아동복리법〉 제정. 부칙조항을 통해 일제강점기에 만들어진 기존 감화원을 아동 복리시설로 인정.
1963년 2월 22일	경기도 선감학원 조례 전면 개정.
1965~1982년	경기도 선감학원 조례 일부 개정.
1982년 10월 1일	경기도 선감학원 폐지.
2016년 2월 4일	경기도의회 선감학원 진상조사 및 지원 대책 마련 특별위원회 구성 결의.

2016년 2월 24일 〈경기도 선감학원 아동·청소년 인권 유린 사건 피해조사 및 위령사업에 관한 조례〉 제정

2017년 7월 18일 경기도의회, 〈선감학원 희생자 및 피해자에 대한 국가 차원 의 조사 및 지원대책 마련을 위한 특별법〉 제정 촉구 결의.

2017년 8월 30일 경기도의회, 〈선감학원 진상조사 및 지원 대책 마련 보고 서〉 제출.

2017년 11월 23일 선감학원 피해자들이 국회 정론관에서 기자회견을 열어 진 상규명 촉구. (진선미 의원 공동주최)

2018년 1월 경기도, 선감학원 사건 희생자 유해 발굴을 위한 사전조사 계획 수립 용역 최종보고서 제출.

2018년 11월 국가인권위원회, 국회의장·행정안전부 장관·경기도지사에 게 선감학원 사건 진상규명 및 피해자 지원 방안 마련 촉구 의견 표명.

2018년 12월 31일 이재명 경기도지사, 선감학원 피해자 면담. 선감학원 피해 실태 파악 등 지원 방안 마련 약속.

한국 사회가 거쳐온
야만의 시절에 관한 보고서

김동춘·성공회대 사회과학부 교수

부랑아들, 그들은 1960~1980년대에 도시의 길거리를 돌아다니던, 대부분의 사람들이 기피했고 더러는 측은한 마음으로 바라보았던 거리의 소년들이었다. 부모 형제 없고, 돌봐주는 사람 하나 없었던 그들은 종종 범죄의 유혹에 넘어가곤 해 도시의 '독버섯'이라고 일컬어지곤 했다. 그들 중 일부가 선감도라는 서해 앞바다의 섬 안에 위치한 수용시설에 이유도 없이 잡혀 들어가 필설로 다할 수 없는 비인간적인 대우를 받았다. 거기서 탈출하려던 소년들 중 상당수가 물에 빠져 죽었고, 어떤 소년들은 다시 붙잡혀 삼청교육대, 형제복지원 등의 수용시설에 또다시 감금되었다. 이런 상상하기도 어려운 사연들을 추적하고 인터뷰한 '비마이너' 기자들의 용기는 아무리 칭찬해도 지나치지 않을 것이다.

　　민주화 이후 국가가 민주화운동가, 좌익 활동 전력자나 그 가족들에게 가한 감시와 폭력, 그리고 군대에 징집되어 의문의 죽음을 당한 청년들의 억울한 사연이 비교적 많이 알려지게 되었다. 이는 김대중 정부 이후 과거사 위원회가 다수 설립되어 이들에 대한 국가폭력의 사실이나 인권침해에 대한 조사가 이루어지고, 사건이 대중에게 공개되었기 때문이다. 그러나 가정 파괴나 가난 때문에 거리에 나왔다가 정말로 우연히 경찰에 잡혀 선감도 같은 수용시설에 수감되어 짧게는 1~2년, 길게는 20년 동안이나 폭력을 당한 사람들이 있다는 것을 우리 사회는 거의 몰랐다.

이 기록들을 보면 1987년 민주화 이전까지 한국이라는 국가는 비단 정치적인 이유로 '외부자'로 분류한 사람들에게만 탄압과 폭력을 가한 것이 아니라, 모두가 가난했던 그 시절 가족이 보호할 수 없고 이웃과 사회도 관심을 두지 못했던 소년들까지 '벌거벗은 생명'으로 내몰았다는 사실을 알 수 있다. 한 가족의 구성원이어야만 국민 자격이 부여되던 시절, 가족의 보호를 받지 못했던 청소년들은 그렇게 위험한 존재로 낙인찍혀 인간 이하의 대접을 받았다.

수용시설 입소 이력이나 전과 이력은 평생의 멍에가 되어 이들의 인생을 갈기갈기 찢어놓았다. 그러나 이들 소년, 청소년들에게 그토록 가혹한 폭력을 행사한 국가는 여전히 자신의 잘못을 온전히 인정하지도, 성의를 다해 이들의 원통한 이야기를 듣지도 않고 있다.

나는 이 귀중한 보고서가 용케 살아남은 소수가 국가에 던지는 고발장이자, 국가와 한편이 되어 이들을 멸시·천대하고, 이들의 고통을 못 들은 체했던 우리 모두에 대한 고발장이라고 생각한다. 행정 당국, 경찰, 언론인, 성직자, 연구자들은 응당 이들의 외마디 비명에 귀를 기울였어야 했지만, 그 누구도 그렇게 하지 않았다. 작은 인터넷 매체의 몇몇 청년 활동가들이 이런 작업을 했다는 것에 대해 우리 사회는 또 한 번 부끄러워해야 한다.

국민으로 태어났으나 국민으로 대접받지 못한 이들의 아픈 역사는 더 이상 반복되어선 안 된다. 나아가 민주화운동 과정에서 폭력의 피해를 당한 이들은 물론 폭력을 가한 이들 역시 선감학원 피해생존자들 이야기를 통해 지난날을 되돌아볼 기회를 가졌으면 한다. 기성세대에게는 우리 사회가 얼마나 심각한 야만의 시절을 거쳐왔는지 깊이 되돌아보는 묵상의 시간이 필요하다. 이 책이 그런 성찰에 매우 훌륭한 소재가 되리라 생각한다.

선감학원,
그 절망의 핵심을 직면하기

최현숙·구술생애사 작가

이 죽음들과 삶들을, 이 원통함을 어찌해야 하는가?

2017년 말부터 '비마이너'에 올라온 글들을 읽어나갈 때는 이토록 힘들지 않았다. 아마 다른 일들을 하며 띄엄띄엄 읽어서였나보다. 2019년 2월 이 책의 초고를 받아 연이어 읽고서는 한 달 넘게 통증과 절망에 붙들려 있었다. 글을 읽는 것만으로도 무저갱 같은 절망과 통증에 시달리는데, 그 고통과 분노를 살아내는 사람들은 대체 어떠할까? 삶을 제대로 시작해보기도 전인 열 살을 전후한 나이에, 국가의 손아귀에 붙잡혀 거리에서 '쓸어 담겨져' 낯선 섬에 부려진 아이들. 그 섬에서 집단생활을 하며 극심한 폭력과 강제노역을 당한 아이들. 도망치다 갯벌과 바다에 빠져 죽고, 폭력과 굶주림으로 죽은 아이들. 고아원에서부터 삶이 뭉개지기 시작해, 여러 시설들과 선감학원과 형제복지원과 삼청교육대를 거치며 범법과 부랑으로 이어진 어떤 63년의 생애. 그중 36년을 교도소에서 살아낸 사람이 내면에 지니고 있는 통한과 상처와 분노는 어떠할까?

섬을 나와서도 스스로 목숨을 끊은 사람들도 있고, '선감학원 출신'이라는 낙인과 자괴로 입을 닫고 숨어 사는 사람들, 그리고 살아 증언하는 사람들도 있다. 그럼에도 진상규명, 명예회복,

책임자 처벌, 정당한 보상은 요원하기만 하다. 이 절망의 핵심은 나아진 것도 나아질 것도 없다는 점이다. 그들이 붙들려 고통당한 시절로부터 반세기가 지난 2019년 현재, 우리 모두는 자본과 국가가 만들어놓은 착취와 굴종의 세상에서 피해자 혹은 방관자 혹은 가해자로 살고 있다. 선감학원 피해생존자들은 지금껏 자신의 방식으로 세상과 우리를 향해 비명을 질러왔다. '국가폭력'의 원통함과 분노를 다시 헤집으며 비명으로 저항하는 바로 그 자리에서 우리가 함께하는 수밖에 없다.

아무도 내게 꿈을 묻지 않았다

초판 1쇄 펴낸날	2019년 4월 5일
초판 2쇄 펴낸날	2024년 9월 10일
기획	비마이너
글	하금철, 홍은전, 강혜민, 김유미
펴낸이	박재영
편집	임세현·이다연
마케팅	신연경
디자인	조하늘
제작	제이오
펴낸곳	도서출판 오월의봄
주소	경기도 파주시 회동길 363-15 201호
등록	제406-2010-000111호
전화	070-7704-5018
팩스	0505-300-0518
이메일	maybook05@naver.com
X(트위터)	@oohbom
블로그	blog.naver.com/maybook05
페이스북	facebook.com/maybook05
인스타그램	instagram.com/maybooks_05
ISBN	ISBN 979-11-87373-87-2 03300

만든 사람들

책임편집	임세현
디자인	조하늘